# Mama Mutig

Rebecca Lolosoli
Birgit Virnich

# Mama Mutig

Wie ich das erste Frauendorf Afrikas gründete

südwest

FSC®
www.fsc.org
MIX
Papier aus verantwortungsvollen Quellen
FSC® C014496

Das für dieses Buch verwendete FSC®-zertifizierte Papier *Munken premium cream* liefert Arctic Paper Munkedals AB, Schweden.

ISBN 978-3-517-08713-9

Programmleitung: Silke Kirsch
Projektleitung: Esther Szolnoki
Lektorat: Susanne Schneider, München
Bildredaktion: Sabine Kestler
Fotografien: Sven Torfinn/laif, mit Ausnahme von:
Birgit Virnich: 125 o., 133 o., 136 (2),
137 (2), 138 (2), 139 u., 140 u.; Privat: 123 o.
Satz: Lore Wildpanner, München
Reproduktion: Artilitho, Trento
Druck und Verarbeitung: GGP Media GmbH, Pößneck
Printed in Germany
817 2635 4453 6271
www.suedwestverlag.de

# INHALT

Es sind Frauen wie Rebecca Lolosoli, die Afrikas Zukunft beeinflussen werden. Sie hat durch ihre persönliche Situation Tabus gebrochen und die Gesellschaft verändert. Ohne dass sie je vom Feminismus westlicher Prägung gehört hätte, hat sie für die Rechte der Frauen gekämpft und ist dabei einen ganz eigenen, afrikanischen Weg gegangen, heraus aus der Armut in eine lebenswürdige Existenz. Und trotz aller Widrigkeiten hat Rebecca dabei nie ihre Lebensfreude verloren. Davon können auch wir Europäer lernen.

*Birgit Virnich*

# PROLOG

Im sanften Morgenlicht glühen unsere Hütten in der nördlichen Halbwüste Kenias wie goldene Schatzkisten. Langsam ragen die ersten Sonnenstrahlen über das Gebirgsmassiv in die ausgedörrte Savanne. Die Berge säumen majestätisch den Horizont. So ruhig ist es in unserem Frauendorf nur in den ersten Morgenstunden. Es ist, als wären wir Frauen und Kinder in Umoja die Einzigen weit und breit in der Endlosigkeit dieser Graslandschaft – wie Überlebende nach einer Naturkatastrophe. Entgegen allen Prognosen haben wir dieses vertrocknete Stückchen Erde in eine kleine Oase verwandelt. »Umoja« bedeutet auf Suaheli »zusammen«. Jedes Mal, wenn eine neue Frau zu uns kam, haben wir gemeinsam angepackt, aus Zweigen eine Hütte für sie gebaut, die Hütte mit Dachmatten aus Sisal abgedeckt und alles mit Rinderdung und Schlamm verschmiert. Mittlerweile ist so ein ganzes Frauendorf entstanden, hinter einem Schutzwall aus Dornenzweigen.

Wie jeden Samstag will ich gleich mit den Kindern das Land nach Plastiktüten durchkämmen, die sich im Unterholz verfangen haben, denn samstags haben die Kinder frei und sie sollen lernen, ihre Umwelt sauber zu halten. Ich will, dass sie stolz sind auf dieses Dorf und die herrliche Landschaft, eine der tierreichsten in ganz Kenia. Unten im bräunlichen Wasser des Flusses Uwaso, der fortwährend fruchtbaren Schlamm aus dem mächtigen Gebirgsmassiv in die Tiefebene schwemmt, lässt sich ein Krokodil müde treiben. Am Flussufer gedeihen meterhohe Palmen. Ein paar Samburu-Hirten treiben gerade ihre Kühe durch unser Land zum Fluss. Während der letzten Dürre waren wir für viele Nomaden aus der Umgebung die letzte Rettung. Auf unserem grünen Landstrich fanden die Rinder meistens noch etwas zum Grasen.

Während ich in der warmen Sonne durch das Unterholz gehe, rast ein paar Meter entfernt ein Geländewagen auf unser Dorf zu. Ich bekomme nicht mit, was meine Freundinnen erleben und mir später erzählen. Auf dem Campingplatz, den wir betreiben, kommt das Auto mit quietschenden Reifen zum Halten. Laut schimpfend springt ein Mann heraus. Lucy, eine meiner engsten Freundinnen, kocht gerade Tee für amerikanische Touristen, die auf unserem Campingplatz in Umoja übernachtet haben. Sie schaut durch unser kleines Küchenfenster, starrt den schwitzenden Mann an und braucht ein paar Sekunden, um zu begreifen, dass dieser wutschnaubende Mensch mein Mann ist. Ich lebe getrennt von ihm. Er ist völlig aufgebracht. Mit einem Gewehr in der Hand läuft er in das kleine Lokal und schreit sie wütend an: »Wo ist Rebecca?« – »Ich weiß nicht«, erwidert die zierliche Frau sichtlich entsetzt und sie versucht, Zeit zu gewinnen, ihn abzulenken. Doch er ist wie besessen. Er lässt Lucy nicht aussprechen, schiebt sie grob beiseite. Nagusi, meine beste Freundin, eine ältere Samburu-Frau, die gerade den Tisch deckt, versucht ihn zu beschwichtigen. Als sie ihre Hand auf seinen Arm legt, stößt er sie wütend weg. Alle Versuche, ihn zu beruhigen, lassen ihn nur noch aufgebrachter werden. »Redet nicht herum«, herrscht er sie an. »Ihr verschwendet meine Zeit. Sagt mir sofort, wo sich meine Frau herumtreibt.« Wütend dringt er in die Küche ein, wirft polternd Gläser um und durchwühlt eine Schublade nach Papieren. Hastig steckt er ein paar Geldscheine, Dokumente und die Schlüssel zu den Touristenunterkünften ein, die wir auf dem Campingplatz betreiben. »Ich werde Rebecca kriegen«, schreit er. »Ich werde sie umbringen. Sie wird diesen Tag nicht überleben. Dafür werde ich sorgen. Das könnt ihr Rebecca sagen. Es kann hier nur einen geben, sie oder mich.« Nach dieser Drohung drängt er Lucy, die sich schützend vor die Lebensmittel gestellt hat, beiseite und packt die Vorräte, die wir kilometerweit zu Fuß geschleppt haben, in einen Karton. Laut fluchend schmeißt er alles in seinen Geländewagen und rast in einer dichten Staubwolke davon.

Als ich Minuten später am Campingplatz ankomme, winken mich Lucy und Nagusi, meine langjährigen Mitstreiterinnen in Umoja, aufgeregt zu sich herüber. »Du musst hier sofort verschwinden. Dein Mann wird alles tun, um dich zu finden«, erklären sie ohne große Umschweife. Ich bin schockiert. Eigentlich sollte an diesem Wochenende in Umoja ein Workshop zum Thema Frauen und Menschenrechte stattfinden. Doch daran ist jetzt gar nicht mehr zu denken. Eine bessere Lektion zum Thema gäbe es ohnehin nicht.

Mittlerweile haben sich die Frauen in ihren roten Shukas, den traditionellen Tüchern, um mich herum versammelt. Es ist das erste Mal, dass jemand mit einem Gewehr durch den Dornenzaun eingedrungen ist. Sie sind aufgewühlt. Längst haben die meisten gelernt, mit dem Hohn und Spott der Männer aus der Umgebung umzugehen. Fast jede hier ist schon als Flittchen bespuckt worden, wenn sie im Nachbardorf Archer's Post eigenständig eine Ziege gekauft hat. Denn das machen bei uns Samburus traditionell nur Männer. Andere sind als dreckige Lesben beschimpft worden, wenn sie in dem staubigen Straßendorf ihren Perlenschmuck verkauft haben. Selbst nach fünfzehn Jahren können viele Samburu-Männer nicht verstehen, dass wir Frauen in Umoja größtenteils ohne sie auskommen. Doch dieser Vorfall heute erschüttert uns alle zutiefst.

»Der Hass in seinen Augen war beängstigend«, meint Lucy. »Er will dich töten und uns zerstören. Du musst aus dem Dorf verschwinden und dich in Sicherheit bringen.« Fassungslos starre ich Lucy an. Mein erster Reflex: Ich will kämpfen und mir das von meinem Mann nicht bieten lassen. Doch so einfach wird es nicht sein. Schweren Herzens muss ich mir eingestehen, dass ich nicht nur mich, sondern auch die anderen Dorfbewohnerinnen gefährde.

Ratlose Blicke. Betretene Stille. Bei dem Gedanken, ohne mich weiterzumachen, schauen mich einige Frauen sorgenvoll an. Sie sind verunsichert. Doch sie sprechen es nicht aus, um es mir nicht noch schwerer zu machen. »Ich werde bald wiederkommen«, versichere ich, obwohl ich im tiefsten Inneren spüre, dass jetzt ein weiter Weg vor mir liegt. Eine Odyssee. Ich atme tief durch und spüre, wie sich Nagusis Arm unter meinen schiebt. Sie hakt mich unter. Ich schaue in ihre braunen Augen, die viel Leid gesehen haben. Sie wird mit mir kommen. Meine treue Freundin, die vor vielen Jahren vor ihrem Mann geflohen ist und in Umoja Unterschlupf fand. Sie kennt das alles besser als ich. Jahrelang hat ihr Ehemann sie immer wieder geschlagen. Zum Abschied aus dem Dorf stimmen wir ein Lied an: »Zusammen schaffen wir es. Umoja.« Manche Frauen ballen ihre Fäuste. Ihr Entschluss steht fest: Sie werden in Umoja bleiben, auch ohne mich, und ich werde wiederkommen.

Niemand wird uns für immer aus unserem Dorf vertreiben, für das wir so lange gekämpft haben. Jetzt gilt es stark zu bleiben. Keine von uns ahnt, dass der heutige Tag der Auftakt für einen unerbittlichen Kampf um unser Dorf ist. Die Landpreise in der Halbwüste sind explodiert, seit chinesische Straßenbaufirmen eine Teerstraße durch Archer's Post bis in den Norden Kenias und nach Äthiopien gebaut haben. Der Wert unseres Landes ist also gestiegen, und das ist wahrscheinlich der Grund, warum mein Mann das riesige Grundstück nun an sich reißen will.

In Windeseile stopfen wir ein paar Klamotten in einen Rucksack und machen uns schweren Herzens auf den Weg. Schweigend laufen wir über den staubigen Pfad zur Hauptstraße, vorbei an spielenden Kindern und Ziegen zur Polizeistation von Archer's Post. Ich möchte das Feld nicht völlig kampflos räumen. Bevor ich in den Bus nach Nairobi steige, will ich Anzeige erstatten. Der Beamte in der dunklen Polizeiwache lächelt uns nur müde an und zeigt vielsagend auf den vergilbten Dokumentenstapel auf seinem Schreibtisch. »Warum regst du dich so auf? Er ist doch dein Mann«, sagt er. »Er hat dich in deine Schranken gewiesen. Das ist doch sein Recht.« Gelangweilt wendet er sich seinen Kollegen zu. Sie reden über meinen Mann und loben seinen Geschäftssinn, seine Arbeit als Chief Councillor im obersten Rat der Samburus – er ist einer der wichtigsten Männer in der Region. Als mein Ehemann habe er das Recht, mich zu züchtigen, selbst mit einem Gewehr. Nach Samburu-Tradition betrachtet er mich als sein Eigentum.

Skeptisch mustert uns der Polizist. »Wieso kommt ihr damit zu uns? Es ist doch eine Familienangelegenheit. Da müsst ihr selbst eine Lösung finden«, rät er uns. Er weigert sich sogar, die Aussagen der beiden Zeuginnen Lucy und Nagusi zu Protokoll zu nehmen. Erst nachdem wir bei seinen Vorgesetzten in Isiolo, der Bezirkshauptstadt südlich von Archer's Post, waren und der Polizeibeamte von dort eine Anweisung erhalten hat, schreibt er einen Bericht. Widerwillig versichert er mir, meinem Mann das Gewehr abzunehmen. Doch er warnt mich: Wenn keine Gefahr mehr bestehe, könne er meinem Mann das Gewehr wieder zurückgeben.

Wenig später verlassen wir Archer's Post und nehmen den nächsten Bus nach Nairobi. Die ganze Fahrt über hält Nagusi meine Hand und versucht mich abzulenken, während wir über ein schnurgerades Teerband durch ein dichtes Akaziendach rasen, das bis zum Horizont reicht. Graubrauner Boden und kilometerlange Stromleitungen fliegen an uns vorbei und die Ebenmäßigkeit der Strommasten wird nur manchmal durch silberne Wellblechdächer unterbrochen, die zwischen den kleinen Manyattas – so nennen wir unsere Hütten und unsere dörflichen Gemeinschaften, die aus mehreren solcher Hütten bestehen –, aufblitzen, die sich nahtlos in die Landschaft einfügen. Am liebsten würde ich das alles festhalten, doch ich muss loslassen und mich in Sicherheit bringen. Und so sauge ich alles auf, was ich sehe: ein paar ocker bemalte Samburu-Krieger, sogenannte Morani, versprengte Kamele, die gelassen zwischen chinesischen Teerwagen und Bautrupps am Straßenrand grasen, Ziegenherden, die emsig das bisschen Gras zupfen, das im sandigen Boden überlebt, und rote Tücher, die zum Trocknen in den Hecken hängen. Wehmütig schaue ich auf meine Heimat. Das sind meine Leute da draußen und ich werde mich von meinem Mann nicht von hier verjagen lassen, so viel steht fest.

Stunden später auf der neuen mehrspurig ausgebauten Autobahn in die Megacity schnürt sich mir die Kehle zu. Wir fahren durch die Vorstädte von Nairobi, vorbei an vierstöckigen Betonkästen, vorbei an Betonslums. Manche dieser mehrstöckigen Gebäude sind nicht einmal verputzt. Den Investoren sind die Gelder ausgegangen. Die Gebäude wirken kalt und abweisend. Dennoch leben dort Menschen, dicht an dicht. Auf den schmalen Balkonen flattert ihre Wäsche. Wie Ameisen strömen Tausende am Straßenrand in die Hauptstadt und hechten den Matatus, den Minibussen, hinterher. Händler verkaufen ihre hoch aufgetürmten Waren, klein geschnittenes Zuckerrohr oder geröstete Maiskolben. Ein paar Samburu- und Somali-Hirten treiben ihre Ziegen durch dieses Chaos. Wo wollen diese Menschen nur alle hin?, frage ich mich. Wovon leben sie? Viele kommen bestimmt vom Land wie wir. Wie fasst man hier nur Fuß? Mein Herz pocht. Ich mache mir Sorgen. Wie soll es jetzt weitergehen? Wie kann man in diesem Moloch überhaupt überleben?

Erschöpft von der Holperpiste steigen Nagusi und ich später aus dem verstaubten Samburu-Express in der Tom Mboya Street in der Innenstadt von Nairobi aus. Wie benommen stehen wir inmitten hupender und stinkender Matatus, die im Minutentakt Passagiere ausspucken und neue einladen. Vom Scheinwerferlicht der Busse geblendet suchen wir nach dem Weg. »Delmar Hotel, Accra Road« steht auf unserem Zettel, den uns eine Frau in Umoja beim Abschied in die Hand gedrückt hatte. Mühsam arbeiten wir uns durch das Gedränge vor und müssen dabei höllisch aufpassen, nicht von einem der laut fluchenden Matatu-Fahrer überfahren zu werden. Eingeschüchtert presse ich unseren Rucksack an mich. Im River Road District tummeln sich die Diebe von Nairobi. Zwischen den schreienden Matatu-Schaffnern, den schrill gekleideten Huren, den Rastamännern, Backpackern und Souvenirhändlern fühlen wir uns völlig fremd. Ich spüre einen Kloß im Hals. Wie kann ich mich im Herzen von »Nairobbery«, wie die Stadt wegen ihrer hohen Kriminalität genannt wird, sicher fühlen? Wie soll ich mich in dieser Anarchie zurechtfinden?

Ein Inder, der in einem pink glitzernden Stand Pornohefte und -filme verkauft, grinst uns an und schmunzelt über unsere unbeholfene Art. Nagusi und ich sind heilfroh, als wir gegen Mitternacht völlig erledigt auf unser wackliges Hotelbett sinken. Durch die Fenster dröhnt eine Kakofonie aus lauter Gitarrenmusik, kenianischem Hip-Hop und Reggae. Es ist Samstagabend und in den Clubs der Innenstadt geht die Party jetzt erst richtig los. Nagusi schaut mich verzweifelt an und zieht die hauchdünnen dreckigen Vorhänge zu. Irgendwann schlafen wir ein, doch mich plagen fürchterliche Albträume. Ein Gewehr ist auf mich gerichtet. Der Schütze hat den Finger am Abzug. Er drückt ab. In letzter Sekunde werfe ich mich zur Seite und der Schuss geht ins Leere. Immer wieder schrecke ich hoch.

Als ich noch ganz verschlafen in der Dämmerung aus unserem trüben Hotelfenster hinausschaue, schieben sich unter uns schon wieder wummernde Matatus wie rollende Diskotheken durch die enge Straße. Wie sollen wir das aushalten? In meiner Heimat habe ich zwar immer Menschen um mich herum gehabt, doch diese Menschenmengen und der Lärm der Großstadt sind für mich unerträglich. Ich sehne mich nach der frischen Luft, den zwitschernden Webervögeln und den herrlichen Schirmakazien. Mir ist zum Heulen zumute. Es ist mir ein Rätsel, wie man hier auch nur einen klaren Gedanken fassen kann. Nagusi ermutigt mich. »Du bist stark«, meint sie. »Du wirst dich dran gewöhnen.« Gähnend begleitet sie mich durch die stickigen, düsteren Hotelgänge.

Auf dem Weg in den Frühstücksraum des Hotels wird mir fast übel. Der Geruch alten Bratenfetts hängt in dem dunklen, holzvertäfelten Essraum. In den Fugen zwischen den Fliesen hat sich der Dreck der Jahrzehnte gesammelt. Zwischen klappernden Tellern, dampfenden Töpfen und Pfannen bereiten schwitzende Köche in der Küche Würstchen, Eier und Speck für Rucksackreisende aus aller Welt zu. Ich bekomme hier keinen Bissen herunter. Wir bestellen Chai, kenianischen Tee. Als sich meine Augen an die Dunkelheit im Speisesaal gewöhnt haben, entdecke ich an einer Wand ein Kalenderblatt einer europäischen Winterlandschaft direkt neben einer Kohlezeichnung eines Samburu-Kriegers. Touristensouvenirs. Zwischen all den Menschen auf der Durchreise fühle ich mich plötzlich völlig entwurzelt.

Wie konnte alles nur so weit kommen? Nie hätte ich mir träumen lassen, dass mich mein eigener Mann wie einen Hund aus meinem Dorf jagt. Wir haben fünf gemeinsame Kinder. Wir sind seit mehr als dreißig Jahren verheiratet. Eine unbändige Wut steigt in mir auf. Hätten die Frauen mich nicht gewarnt und in letzter Minute verhindert, dass ich ihm in die Arme laufe, würde ich vielleicht jetzt gar nicht hier sitzen. Was ist nur falsch gelaufen, dass mein eigener Mann mich aus dem Weg räumen will, um an ein Stück Land zu gelangen? Von der Decke hängt ein eingeschalteter Fernseher an Ketten herunter, es läuft gerade eine Seifenoper aus Nigerias Traumfabrik

»Nollywood«, in der eine reiche Öl-Erbin in Lagos in Tränen ausbricht, weil ihr Mann sie vergiften will, um an ihr Geld zu gelangen. Ich frage mich, wie weit mein Mann gehen wird, um das Land von Umoja zu bekommen.

Ich bin froh, dass Nagusi bei mir ist. Vor fünfzehn Jahren habe ich ihr in höchster Not unter die Arme gegriffen. Sie war von britischen Soldaten vergewaltigt worden und ihr eigener Mann hatte sie obendrein noch verprügelt, verhöhnt und aus ihrem Haus verjagt. Als auch ich dann von einem Schlägertrupp verprügelt wurde, gründeten wir 1995 gemeinsam Umoja. Ich kehrte dann zwar noch einmal nach Hause zurück, doch mit der Zeit wurde der Druck meiner Schwiegereltern auf mich zu groß und die Streitigkeiten mit meinem Mann steigerten sich ins Unerträgliche, sodass ich schließlich ganz nach Umoja zog.

Um mich auf andere Gedanken zu bringen, singt Nagusi mit mir im trostlosen Hotelzimmer Lieder und spricht von früher. Wenn ich durch die gusseisernen Gitter des Hotelfensters auf die Straße blicke, dann sehe ich dort die Busse, die nach Isiolo und Maralal in die Heimat fahren. Am liebsten würde ich gleich den nächsten schwer bepackten Samburu-Express zurück nach Umoja nehmen. Aber das wäre viel zu gefährlich. Nagusi legt den Arm um meine Schultern, als könne sie Gedanken lesen. Sie weiß, wie ich mich fühle. »Du musst jetzt Geduld haben. Die Zeit wird kommen«, meint sie. In ihren hellbraun schimmernden Augen sehe ich die anderen Frauen, ich höre ihr Gelächter, ihre Stimmen. Ich sehne mich nach der unendlichen Weite, der Stille der Halbwüste und den freundlichen Gesichtern der Samburus. Und es ist, als ob mein Vater direkt neben mir stehe. Ich erinnere mich noch genau.

# EINE AFRIKANISCHE KINDHEIT – DIE TOCHTER DES GROSSEN CHIEF

Ich sehe vor mir, wie mein Vater, der große Chief Ditan Lasangurikuri, in seinen abgelaufenen schwarzen Sandalen aus alten Autoreifen, in sein rotes Tuch gewickelt auf einem Felsplateau stand und auf die heiligen Berge der Samburus schaute. Vor unseren Augen ragte der »Berg des Kindes«, den wir Samburus Ol Doinyo Lengeyo nennen, in den knallblauen Himmel. Eine Ewigkeit stand er völlig konzentriert auf seinem linken Bein, das rechte angewinkelt, betrachtete die Vögel, die um den majestätischen Gipfel schwebten, und schaute zu, wie sich die braunen Gerenuk-Gazellen auf ihre Hinterläufe stellten und Giraffen gleich an den Akazien fraßen. »Es wird bald regnen«, sagte er, als sich die Sonne wie ein roter Ball hinter das gewaltige Bergmassiv schob. Keiner konnte das mit solch einer Treffsicherheit sagen wie mein Vater. Ditan Lasangurikuri, der große Samburu-Chief, konnte die Zeichen der Natur deuten. Genüsslich zerrieb er Blätter und Lehm in seiner Hand und konnte daran erkennen, wann sich der nächste Regenschauer ankündigte. Er war noch erdverbunden genug, das verborgene Zusammenspiel der Elemente lesen zu können, und hat mir einiges von diesem alten Wissen mit auf den Weg gegeben.

In der Trockenzeit ließ er seine Herden im Grasland des riesigen Bergs in der Nähe der Quellen grasen. In dieser Jahreszeit, wenn es lange nicht geregnet hatte oder auch wenn es Zwistigkeiten mit anderen Stämmen gab, ging mein Vater in die Berge, betete und meditierte. Manchmal durfte ich ihn ins Gebirge begleiten. In der Stille der Berge fühlte ich mich ihm ganz nah. Jede seiner Gesten prägte ich mir ein. Genau wie er starrte auch ich hoch zum Ol Doinyo Lengeyo, sah die Dunstschwaden, die an ihm vorbeizogen, und wartete darauf, dass er sich mir offenbarte. In diesen Momenten auf dem glatten Hochplateau fühlte ich mich tief verwurzelt mit der Erde und die Energie des mächtigen Gipfels strömte durch meinen Körper. Voller Genugtuung ließ ich meinen Blick über das atemberaubende Tal schweifen, durch das kleine Dik-Dik-Gazellen und Antilopen huschten. Bis heute gibt mir dieser Glaube an die Naturkräfte Halt im Leben. Das ist der Urglaube der Samburus, auch derer, die als Christen getauft sind.

Ich war die Lieblingstochter meines Vaters und ihm wie aus dem Gesicht geschnitten. Als ich älter wurde, sah ich ihm immer ähnlicher, vor allem, wenn ich meinen Kopf nach alter Samburu-Sitte glatt rasierte. Es ist, als lebe seine Seele in mir weiter, als habe er mir seine Talente mit auf den Weg gegeben. Mein Vater war ein überaus gütiger Mensch. Wenn er mich sah, muss der weise, alte Mzee, wie ihn die Menschen im Dorf und in der Umgebung respektvoll nannten, gestrahlt haben. Meine Mutter hat mir erzählt, dass er stolz auf mich war. Ich war sein Sonnenschein. Jedenfalls hat er mich oft in Schutz genommen und weniger streng behandelt als meine sechs Geschwister. Als er mich als Säugling erblickte, soll er freudig gerufen haben: »Diese hier gehört mir.« Damit bestätigte er nach alter Nomadensitte die Vaterschaft, gab aber auch zu erkennen, dass er mich unter seine Fittiche nehmen wollte.

Obwohl mir als Mädchen keine Ziegen zustanden, schenkte mein Vater mir immer wieder ein Zicklein und erklärte mir, ich solle nun gut auf es aufpassen. »Man nennt uns auch das Volk der weißen Ziegen. Du bist jetzt für sie verantwortlich. Wenn sie krank wird, musst du dich um sie kümmern. Wenn sie die richtigen Kräuter frisst, dann wird ihre Milch dafür sorgen, dass du groß und stark wirst«, erklärte er mir. »Die Tiere sind wertvoll, sie sind der Reichtum unserer Familie.« Ich glaube, ich war gerade fünf Jahre alt geworden, obwohl ich das nicht ganz genau weiß, da wir Nomaden unsere Geburts- und Todestage nicht genau registrierten, höchstens das Geburtsjahr. Und selbst unsere Geburtsjahre bedeuten uns nicht so viel. Eigentlich orientierten wir uns nur an den Jahreszeiten oder großen Ereignissen.

Ich nahm seine Worte ernst und ließ meine kleinen Schützlinge nicht mehr aus den Augen. Selbst beim Spielen liefen sie immer hinter mir her. Oft redete ich auch mit ihnen. Ihre Markierung kannte ich ganz genau und wenn wir sie mit den anderen Ziegen aus dem Dorf zu den besten Weideplätzen führten, fiel es mir leicht, sie am Abend anhand ihrer eingeritzten Ohren von den anderen zu trennen. Wenn sie Zecken hatten, entfernte ich sie, und wenn sie sich an den Dornen der Akazien Wunden rissen, verband ich diese. Bald waren sie wohlgenährt und mein Vater lobte meine Fürsorgepflicht und Geschicklichkeit im Umgang mit ihnen.

Als ich sechs Jahre alt war, erlaubte mir mein Vater, mit den älteren Jungen loszuziehen, um die Kühe zu hüten. Das machte ich gerne, denn wenn die Kühe ihre Kälber säugten, gab es auch immer etwas Milch für uns Kinder. Mit den ersten Sonnenstrahlen sprang ich auf und lief ins Tal hinunter. Unter einer Akazie wartete schon Lpalai, ein dürrer achtjähriger Junge aus der Nachbarschaft mit einer riesigen Zahnlücke, den mein Vater als meinen Beschützer auserkoren hatte. Zusammen mit seinen Freunden trieben wir die Kühe aus unserem Dorf in die Berge. Lpalai ging nicht zu Schule. Seine Eltern fanden es nach alter Nomadensitte wichtiger, ihn die Tiere hüten zu lassen. Für mich gab es nichts Schöneres, als den ganzen Tag mit den Jungen durch die trockene Graslandschaft zu stromern. In diesem Alter wurden wir Samburu-Mädchen und -Jungen noch gleich behandelt.

Sobald die Kühe friedlich grasten, hockten wir uns in den Schatten unter eine Schirmakazie und spielten. Wir fingen Heuschrecken und beobachteten, wie sie sich ihren Weg durch das trockene Gras bahnten. Dabei sangen wir Kinderlieder, die uns unsere Nachbarin Mama Meroni beigebracht hatte, und schnitzten Holzpfeile. Wenn wir fertig waren, stand meistens einer der Jungs auf, warf in einer Entfernung von drei oder vier Metern etwas Erde in die Luft und die anderen versuchten die kleine Staubwolke mit den Pfeilen zu treffen. Lpalai, was so viel heißt wie »mein Bruder«, rückte beim Zielen immer sein Lederarmband und seine Muschelohrringe aufgeregt zurecht. Er war ehrgeizig und zweifellos der beste Schütze unter den Jungs. Fast immer traf er die Mitte der Fabelwesen, die sich in der Luft abzeichneten, und hüpfte dann glücklich auf und ab.

Lpalai und ich waren unzertrennlich. Er nannte mich Npalai, Schwester, obwohl wir nicht verwandt waren. Er ließ mich nie aus den Augen. Zum einen wollte er meinen Vater, den Chief unseres Dorfs Wamba, nicht enttäuschen, zum anderen waren wir zwei Seelenverwandte. Wir liebten die Tiere und genossen sowohl unsere Freiheit als auch die Verantwortung, die man uns übertragen hatte. Trotz aller Spiele verloren wir unsere Tiere nie aus den Augen.

Wenn wir Hunger hatten, suchten wir im Unterholz nach wilden Beeren. Ich legte dann auch immer ein paar in eine alte Blechdose, die mir meine Mutter geschenkt hatte, und nahm sie mit nach Hause. Wenn ich die zerkratzte Dose abends in unserer Manyatta öffnete, verströmten die Beeren einen intensiven Geruch, der sich in unserer ganzen Hütte ausbreitete. Wohlig rollte ich mich in der Dunkelheit auf meinem Rinderfell zusammen und ließ mir die süßen Beeren auf der Zunge zergehen. Am nächsten Morgen zog ich dann wieder mit Lpalai und den anderen kleinen Viehhirten aus der Umgebung los. Manchmal kamen auch meine Freundinnen mit und wir ritzten mit den Jungs Baumrinden an, sahen zu, wie das Harz aus dem Baum quoll, und warteten, bis es hart geworden war. Das war unser Kaugummi, auf dem wir den ganzen Tag herumkauten. Wir nannten es Retiti.

Eines Tages auf dem Heimweg hörten wir plötzlich neben uns im dichten Gras ein Brüllen, das Mark und Bein durchdrang. Hinter einem Akazienbusch lag eine Gruppe kräftiger, brauner Tiere. Die Mädchen, die mitgekommen waren, rannten, so schnell sie ihre Beine trugen, zurück. Ich aber war neugierig und versteckte mich mit Lpalai und den anderen Jungen hinter einem Felsen. Von dort zielten die Jungen mit ihren selbst geschnitzten Speeren auf die Tiere. Doch sie konnten nicht viel ausrichten. Die meisten Pfeile gingen daneben und die gefräßigen Bestien rissen in aller Ruhe eine Kuh nach der anderen. Wir waren uninteressant für sie. Für mich war es das erste Mal, dass ich solche riesigen Tiere aus der Nähe sah. Mein Herz pochte und ich hoffte, dass sie uns nicht bemerken würden. Wir alle brachten kein Wort heraus und starrten wie gebannt auf die fressende Meute.

Plötzlich nahm Lpalai meine Hand und flüsterte mir zu: »Komm. Lauf jetzt so schnell du kannst.« Ohne zu zögern sprang ich auf und presste meine Dose mit den Beeren an mich, während die anderen Jungen sich zwischen die Felsen kauerten. Lpalai und ich rannten wie zwei Antilopen unter den Akazienbüschen hindurch und schwebten regelrecht über dem Sandboden, sodass uns ihre dicken Dornen nichts anhaben konnten. Völlig außer Atem retteten wir uns in unsere Manyatta, riefen meinen Vater und erzählten ihm aufgeregt, was passiert war. Meine Dose hatte ich noch immer fest in meiner Hand. »Die Hunde der katholischen Priester haben unsere Kälber aufgefressen«, erklärte ich. Lautes Gelächter von den Erwachsenen, die neugierig zuhörten. Lpalai prustete. Nach all der Anspannung konnte er sich kaum halten vor Lachen. Mein Vater schaute mich liebevoll an, erleichtert, dass ich heil davongekommen war. »Es waren Löwen«, warf Lpalai ein und rieb aufgeregt seine abstehenden Ohren, während er unsere Begegnung mit den Wildkatzen in leuchtenden Farben schilderte. Ich hatte bisher noch nie einen Löwen gesehen. Die einzigen großen Tiere, die ich kannte, waren die braunen Hunde der italienischen Missionare in Wamba. Obwohl ich mich mit meiner Unkenntnis lächerlich gemacht hatte, war ich stolz, das Abenteuer mit Lpalai so mutig überstanden zu haben.

Um zu retten, was noch zu retten war, führte Lpalai unsere Morani zu den Kuhkadavern. Die Löwen hatten sich vollgefressen in die Berge zurückgezogen, um dort zu schlafen. Die Männer aus unserem Dorf ließen sie ziehen und holten sich das, was von den Kühen übrig geblieben war. Manche Tiere hatten gebrochene Beine und mussten getötet werden. So viel Fleisch auf einmal hatte es in unserer Manyatta noch nie gegeben. Für uns Kinder war es ein herrliches Festessen, und mein Vater saß in dieser Nacht noch lange am Feuer und erzählte gut gelaunt von meinem Großvater und seinen riesigen Rinderherden. Doch für die Erwachsenen war dieses großzügige Mahl auch ein herber Verlust. Wir Samburus lieben unsere Tiere und es war nicht üblich, so viele Kühe auf einmal zu schlachten, denn die Herden stellten den ganzen Stolz meines Vaters dar.

Ich kann mich noch genau an seine Blicke, seinen Geruch und sein Lachen erinnern. Vieles mache ich genau wie er. Zwischen uns war eine Nähe, die er zu meinen sechs Geschwistern, glaube ich, nicht hatte. Ich durfte sogar zugucken, wenn er sein Messer wetzte und einer Ziege den Hals aufschlitzte, obwohl es einer Samburu-Frau untersagt ist, eine Ziege zu schlachten. Und wenn das Blut im hohen Bogen aus dem Schlund spritzte, schaute ich nicht angeekelt weg wie die anderen Mädchen. Ich wollte alles ganz genau wissen, alles verstehen. In den Nächten am Feuer saugte ich seine Worte und Geschichten auf.

Als ich älter wurde, half ich den Frauen tagsüber öfter, Feuerholz zu sammeln. Sie zeigten uns Mädchen, wie wir es am besten stapelten, als Holzbündel schnürten und mit einem Lederriemen über der Stirn schleppten. Eines Tages war ich mit einer Gruppe Mädchen und der alten Nai Mara Mara unterwegs, die uns fast immer begleitete. Es hatte lange nicht mehr geregnet. Rund um unsere Manyatta war der Boden staubtrocken und wie leergefegt. Wir fanden nur vereinzelt ein paar Stöcke. Also liefen wir weiter als gewöhnlich in die Halbwüste. Plötzlich versperrte uns ein Elefant den Weg. Keine hatte ihn kommen sehen. Er hatte sich im Schlamm gewälzt und die beige Farbe des Sandes angenommen. Er passte perfekt in die Landschaft, hatte sich auf leisen Sohlen genähert und war keiner von uns aufgefallen.

Die alte Nai Mara Mara, eine hagere Samburu-Frau, hielt sofort inne. »Nicht bewegen«, raunte sie uns zu. Sie habe die Gabe, mit wilden Tieren zu sprechen, hieß es im Dorf. Ich war sehr gespannt, ob sie das wirklich konnte. »Versteckt euch hinter den großen Felsen«, flüsterte sie uns zu, »und zieht eure Köpfe ein.« Ob sie den Elefanten mit übel riechenden Kräutern verjagte oder ob sie einfach nur auf ihn einredete, vermag ich nicht zu sagen. Wir wagten es nicht, uns aufzurichten. Wir blieben mucksmäuschenstill hinter den Felsen sitzen. Als wir Minuten später aufstanden, zog der Elefantenbulle in Richtung Fluss davon. Nai Mara Maras Talent kam noch ein paarmal zum Einsatz, und jedes Mal schaffte es die Elefantenflüsterin, die Tiere zu verscheuchen. Mit ihrem zerfurchten Gesicht starrte sie die Elefanten minutenlang an, bis diese verdrossen kehrtmachten. Sie schien ihnen ihren Willen aufzwingen zu können. »Es ist alles eine Frage der Konzentration«, erklärte sie uns Mädchen mit tiefer Stimme. »Ihr dürft den Tieren keine Angst zeigen. Es gibt Dinge, die nur wir Frauen können.«

Ich war tief beeindruckt. Diese Kräfte, die nur wir Frauen besitzen, wollte ich ergründen. Fortan löcherte ich die alte Kräuterhexe, bis sie uns die gesamte Botanik auf den Hängen rund um den benachbarten Mount Warges erklärt hatte. Sie wusste nicht nur, welches Holz am besten brannte. Beim Sammeln zeigte sie uns auch, wo besondere Heilpflanzen wuchsen, und erläuterte uns ihre Wirkung. Wenn unsere Tiere krank wurden, holte sie ein Kraut aus ihrem Lederbeutel, der immer an ihrem Gürtel baumelte, und verabreichte es den Patienten, die sich dann meistens schnell erholten.

Ich war fasziniert und besuchte die alte Nai Mara Mara oft in ihrer Hütte, wo die Witwe allein lebte. Meine Mutter schickte mich manchmal mit etwas Essen hinüber, denn nach alter Samburu-Tradition halfen wir Mädchen den Frauen im Dorf, die selbst keine Kinder hatten. Ich holte Wasser für sie und schaute zu, wie sie Tee gegen Erkältungen, Magenbeschwerden oder Durchfall für die Menschen in unserer Manyatta braute. Meine Mutter sorgte dafür, dass jeder in unserer Siedlung genug zu essen hatte. Sie tat dies nicht nur, weil sie die Frau des Chiefs war, sondern auch ein überaus großzügiger und sozialer Mensch. Sie schickte nie jemanden fort, der an unsere Tür klopfte. Manchmal verschenkte sie sogar unsere letzte Milch, und mein kleiner Bruder und ich weinten. Es sei unsere Pflicht, mit anderen zu teilen, brachte sie uns bei und sang uns ein Lied, sodass wir auf andere Gedanken kamen. Sie hat mir beigebracht, mich um das Wohl anderer zu sorgen.

Von Mama Meroni, einer jungen Frau in unserem Dorf, habe ich die alten Samburu-Kinderlieder gelernt. Keiner kannte sie wie Mama Meroni, die sich grazil wie eine Gazelle bewegte. Ich erinnere mich noch genau, wie sie auf einem Holzschemel im Schatten vor ihrer Hütte mit ihrer Tochter hockte und geduldig Perlen auffädelte. Wenn sie anfing zu summen, zog sie uns Kinder magisch in den Bann. Wir hörten auf zu spielen und versammelten uns eng aneinandergeschmiegt vor ihrer Hütte. Mama Meroni sang die alten Melodien in einer kristallklaren Stimme und wiegte sich dabei im Rhythmus der Musik.

Wie gebannt schaute ich dabei auf ihre Lippen, ihre samtweiche Haut und ihr ebenmäßiges Gesicht. Über ihrem eng anliegenden Perlenstirnband kräuselte sich kurzes, schwarzes Haar. Wie alle verheirateten Samburu-Frauen trug sie ein wuchtiges Halsband aus Giraffenhaaren und Leder, das sogenannte Mporro, einfache Kreolenohrringe aus Metall und ein schlangenförmiges Armband aus Kupferdraht um den Oberarm. Wenn die hochgewachsene Samburu-Frau mich in ihre Arme schloss, saugte ich ihren holzigen Geruch ein und ließ mich neben ihr nieder. Sofort stimmte sie dann ein Lied über die hübschen Samburu-Mädchen an, die tapfer und erhobenen Hauptes zum Fluss schreiten, vorbei an Löwen und heulenden Hyänen.

Lachend zeigte sie uns auch, wie man Ziegen melkt. Mit ihrer warmherzigen Art wirkte sie beruhigend auf die Tiere, sodass selbst die störrischsten unter ihnen stillhielten. Tiere und auch wir Kinder waren gerne in ihrer Nähe. Mama Meroni strahlte Würde und Geborgenheit aus. In ihrer Gegenwart fühlte ich mich völlig zufrieden und stark. Mama Meroni machte mir auch vor, wie ich meine Shuka binden musste. Ich wollte es genauso schön machen wie sie. Mit ihren braunen Augen ermunterte sie mich liebevoll. Selbst das Holzschleppen war mit Mama Meroni keine große Anstrengung. Wenn wir dann erschöpft ins unser Dorf zurückgekehrt waren, lehrte sie mich manchmal noch, wie man aus Sisal Dachmatten webt. Die Stunden mit ihr vergingen wie im Flug. Selbst abends lief ich oft noch zu ihrer Hütte, setzte mich zu ihr und wir beobachteten das rege Treiben der laut schnatternden Webervögel. Wie Pfeile schnellten die gelben Vögel mit Federn im Schnabel durch die reine Luft und bauten kunstvoll ihre Nester in den Akazien. Manchmal schwatzten wir dann auch noch und sie erzählte mir eine Geschichte über die tapferen Samburu-Krieger. Neben Mama Meroni vergaß ich die Zeit.

Doch eines Tages nahm alles eine fürchterliche Wende. Wir Kinder hatten mit Mama Meroni den ganzen Nachmittag in der prallen Sonne Holz für das Dorf gesucht. Normalerweise waren wir immer nur bis zum Fluss gegangen, doch heute mussten wir bis in die Berge hoch. Vor lauter Anstrengung schwitzten wir und wechselten uns beim Tragen des schweren Holzbündels ab. Da es schon später Nachmittag war und die Sonne langsam über dem Gebirge verschwand, eilten wir ins Dorf zurück. Wie so oft klebte eine ganz Horde Kinder Mama Meroni an den Fersen. Ausgelassen schmetterten wir das Lied vom Adler, der in schwindelerregender Höhe über den Menschen schwebt. Doch kaum waren wir ins Dorf zurückgekehrt und hatten das Dornengebüsch hinter uns zugezogen, kam uns der wütende Ehemann von Mama Meroni entgegen. Aufgebracht schrie er sie an. Schlagartig verstummte unser Gesang und das Gemurmel der Frauen, die über ihren Feuerstellen das Abendessen zubereiteten. Wir Kinder und die Frauen blickten entsetzt zu dem hageren Nomaden. Aus Angst, ihn noch wütender zu machen, versuchte ich, die Jüngeren zu beschwichtigen. Doch die Kleinsten unter uns Kindern fingen an zu weinen.

Bevor ich überhaupt verstand, was los war, schlug der grimmige alte Mann hemmungslos mit seinen knöchrigen Händen auf Mama Meroni ein. Wankend ging die magere junge Frau zu Boden. Schnaubend trat der Ehemann sie noch ein paarmal in die Magenkuhle. »Wo hast du dich herumgetrieben? Und mit wem?«, schrie er außer sich vor Zorn. »Ich war mit den Kindern unterwegs. Wir haben Feuerholz geholt«, beteuerte sie. Doch ohne eine Antwort abzuwarten, schlug er in einer dicken Staubwolke weiter auf sie ein. »Lüg mich nicht an. Wo warst du?« Ihr stolzer Blick wirkte auf einmal so verletzbar. Plötzlich schwang der Mann in äußerster Wut einen Holzstock durch die Luft. Ich wollte mich auf sie werfen, doch ich war wie versteinert und schaute hilflos zu, wie er den Stock mit aller Kraft auf die junge Frau schlug. Mama Meroni fiel wie ein gefällter Baum zu Boden. Leblos blieb die Nomadin vor meinen Augen im Staub liegen. Er hatte ihre Hauptschlagader getroffen und das Blut spritzte aus ihrem Hals wie bei den Ziegen. Hilflos schaute ich zu, wie das Leben langsam aus ihrem Körper sickerte.

Ich spürte sofort, dass etwas Fürchterliches geschehen war. Mir kam es so vor, als wäre die Welt stehen geblieben. Zunächst kam kein Wort über meine Lippen. Entsetzt blickte ich in ihre weit aufgerissenen, leeren Augen, die gen Himmel starrten. Und ich begriff: Sie würde nie wieder aufstehen und mit uns tanzen. Nie wieder wird sie wie eine Lerche in der klaren Samburu-Luft trällern. Dann schrie ich voller Verzweiflung. Mama Meroni war tot. Regungslos lag ihr Körper wie der einer Ziege am Boden in einer riesigen Blutlache, umgeben von uns schluchzenden Kindern. Für uns brach eine Welt zusammen. Einige Erwachsene hatten tatenlos zugeschaut. Nun verscheuchten sie uns Kinder eilig, als wären wir Schmeißfliegen, die es wegzujagen gilt.

Als wollten die Frauen die Erinnerung an diese schreckliche Tragödie schnellstens verwischen, stimmten sie Lieder an und versuchten uns Kinder mit alltäglichen Aufgaben abzulenken: Feuer machen, Mehl stampfen. Sie riefen uns zur Feuerstelle, wo sie Tee kochten. Der alte Samburu habe versehentlich zu hart zugeschlagen, hieß es. Vielleicht habe sie ja auch einen heimlichen Liebhaber gehabt und ihn so in Rage gebracht, munkelten sie – als ob das den Mord an Mama Meroni gerechtfertigt hätte. Die Gelassenheit der Erwachsenen brachte mich fast um den Verstand. Warum war keiner eingeschritten? Machtlos hatten wir zusehen müssen, wie der grimmige alte Samburu die schöne Meroni erschlug. Stoisch saßen die Frauen unter einer Akazie und bereiteten das Essen vor, als wollten sie sich selbst beruhigen. Sie redeten über Banalitäten: das Wetter, das Essen, die Wäsche.

Ich war vielleicht neun Jahre alt und werde den Moment nie vergessen, so tief hat er sich in meine Seele eingebrannt. Wieso durfte der zornige Ehemann auf die gütige junge Frau einschlagen? Noch lange würde mich diese Frage beschäftigen. Eigentlich mein ganzes Leben lang. Seine Kühe würde ein Samburu-Mann nie so behandeln. Es gibt ein Sprichwort unter den Samburus: »Eine Frau ist wie eine Stock. Wenn er zerbricht, holst du dir einen neuen.« In jener Nacht schwor ich, gegen diese Unmenschlichkeit vorzugehen, wenn ich erwachsen wäre. Erst dann konnte ich meinen Tränen freien Lauf lassen, wich die Wut der Trauer.

Am nächsten Tag suchte ich Trost bei den Frauen, die in der sengenden Hitze singend unter einer Schirmakazie saßen und Perlen zu bunten Ketten auffädelten. Der Gesang und die Hitze legten sich beruhigend auf mein Gemüt. Wohlig lehnte ich mich an die Frauen an. In ihrem Kreis fühlte ich mich geborgen. Alle dachten wahrscheinlich dasselbe: Es hätte auch eine von ihnen sein können. Doch keine wagte, darüber zu sprechen. Stattdessen redeten sie mit gedämpften Stimmen über die diesjährige Trockenheit und die Weideplätze für die Tiere.

Eine ganze Zeit lang nach diesem schrecklichen Unfall plagten mich Albträume. Nach und nach veränderte sich der Traum, aber es ging immer um jenen fatalen Nachmittag, als Mama Meroni vor meinen Augen starb. In Zeitlupe schaute ich zu, wie der Mann seine Ehefrau anfiel. Doch in letzter Sekunde verwandelte sie sich in eine weiße Ziege und hüpfte meckernd davon. In manchen Nächten kniete ich im Traum neben der Nomadin, schaute auf ihr Gesicht und richtete sie wieder auf, oder aber ein mächtiger Adler entriss dem Mann in letzter Sekunde den großen Stock und verschleppte den wütenden Samburu ins Gebirge. Mit den Jahren verblasste das Bild ein wenig, doch an den warmherzigen Blick von Mama Meroni erinnere ich mich noch heute.

Von da an beobachtete ich die Frauen ganz genau. Selbst meine starke Mutter wehrte sich nicht, wenn mein Vater sie schlug. Sie nahm es schweigend hin. Andere Frauen im Dorf erlitten widerstandslos Fußtritte ihrer Männer. Wenn sie schrien, verhallten ihre Stimmen in der dornigen Halbwüste wie das Meckern der Ziegen. Ich verbrachte jetzt viel Zeit bei ihnen. Wenn ich nicht mit meinen Freunden spielte, saß ich bei ihnen im Schatten unter den dichten Schirmakazien und schaute zu, wie sie gemeinsam Ziegenhäute streckten und gerbten, auf denen wir schliefen. Dabei sangen sie oft Lieder über geheime Liebschaften. Denn viele von ihnen trafen sich heimlich mit Liebhabern, da ihre polygamen Männer nicht genug Zeit mit ihnen verbrachten. Die Männer verschwanden oft tagelang, weil sie ihre anderen Frauen der Reihe nach besuchten. Ertappten die Ehemänner ihre Frauen dabei, wie sie Liebeslieder über andere Männer sangen, setzte es Schläge, die die Frauen hinnahmen und sogar für angebracht hielten.

Ich selbst wurde als Kind kaum geschlagen. Wenn mein Vater da war, verhinderte er das. Meistens setzte er sich mit mir hin, nahm meine Hand und erklärte mir, ich solle immer fleißig sein. »Nur so wirst du ein guter Mensch. In unserem Dorf müssen alle mithelfen, auch du. Damit du stark wirst.« Manchmal brachte ich ihn auch einfach zum Lachen, wenn ich etwas ausgefressen hatte, und sein Zorn verflog. Meinen jüngeren Bruder Tiras, mit dem ich viel Zeit verbrachte, schlug er dagegen öfter, während er bei mir immer Gnade walten ließ. Ich glaube, ich stand ihm sogar näher als seine Söhne.

Eines Tages hatten Tiras und ich einen kleinen Holzschemel beschädigt, der vor unserer Manyatta stand, seit ich denken kann. Nur die alten Männer aus dem Dorf durften auf diesem alten Hocker sitzen. Wir hatten mit ihm gespielt, dabei war er uns ein paarmal umgefallen und am Ende zerbrochen. Die Überbleibsel hatten wir unbemerkt vor unsere Manyatta gelegt. Meine Eltern bemerkten das kleine Häufchen Holz, das vom Schemel übrig geblieben war, erst spät abends, als Ruhe im Dorf eingekehrt war. Der Aufschrei meiner Mutter hallte daher durch das ganze Tal. Tiras und ich zuckten zusammen. Wir wussten sofort, was passiert war, ließen uns aber nichts anmerken. Meine Mutter jammerte und betete: »Möge Ngai uns schützen.« Ein zerbrochener ritueller Schemel. Was hatte das zu bedeuten?, rätselte mein Vater. Hoffentlich nicht der Vorbote eines großen Unheils. In jedem Fall ein schlechtes Omen. Mein Vater war zutiefst bestürzt.

Als Tiras und ich merkten, wie viel der Hocker unseren Eltern bedeutete, schwiegen wir. Um den Fall aufzuklären, rief mein Vater einen Hellseher, der sofort zum Meditieren in unserer Manyatta verschwand. Als er wieder herauskam, erklärte er, dass zwei Kinder, ein Junge und ein kleines Mädchen, deren Haut hell wie Honig sei, die Übeltäter wären. Damit stand sofort fest, dass mein Bruder und ich gemeint waren. Aus Furcht vor einer fürchterlichen Tracht Prügel begannen wir zu weinen, bis uns unser Vater beiseitenahm und ganz ruhig mit uns sprach. Er war erleichtert, dass es sich um einen Kinderstreich handelte und somit kein Fluch auf unserer Familie lag. Er musste daher keine weiteren Zeremonien einleiten und ermahnte uns nur, zukünftig spezielle rituelle Gegenstände im Haushalt nicht mehr anzufassen.

Kurze Zeit später zogen wir ins Tal hinunter in ein Holzhaus. Die Leute staunten über das moderne Haus, das vor ihren Augen mitten im alten Stadtkern von Wamba entstand. Anders als die Manyattas, die von den Frauen aus Kuhdung gebaut wurden, zimmerten dieses Haus Männer zusammen. In solchen Häusern wohnten bisher nur die Mzungus, die Weißen. Das Ansehen meines Vaters, der mit seinen riesigen Rinder- und Ziegenherden ohnehin einer der reichsten Männer in der Umgebung war, stieg ins Unermessliche. Die Menschen vertrauten meinem Vater und bauten auf seine Weitsicht. Unter seiner Führung würde die Gemeinde zu Wohlstand und Fortschritt gelangen, davon waren sie überzeugt. Täglich bildeten sich lange Schlangen vor seinem neuen Büro, das gleich nebenan errichtet worden war. Sie alle wollten seinen Rat. Stundenlang standen vor allem die alten Männer vor unserem

Haus und palaverten mit meinem Vater. Er war Kummerkasten und Ratgeber zugleich und rund um die Uhr erreichbar.

»Ohne deinen Vater lief nichts«, erzählen mir die Alten, die ihn kannten. Er muss etwa 1920 geboren worden sein. Die Menschen riefen ihn, um Streitereien zu schlichten. Oft dauerten die Verhandlungen und Gespräche tagelang und am Ende gab er seinen Rat. So schaffte er es auch, die ständigen Konflikte mit den Turkana um Weideland beizulegen, und setzte sich so gut es ging für die Interessen der Samburus ein. Mein Vater war ein Chief, der das Vertrauen der Menschen einer ganzen Region genoss und selbst die unterschiedlichen Samburu-Clans vereinen konnte. Bis heute schwärmen die Menschen rund um Wamba von meinem Vater, der zudem auch als ausgesprochen großzügig galt. Aus dem gesamten Gebiet »Greater Samburu« suchten die Menschen Rat bei ihm und bis heute ist er über alle Stammesgrenzen hinweg bekannt. Als seine Lieblingstochter beobachtete ich manchmal die Einigungsgespräche mit den Männern. Ich glaube, ich bin damals unbemerkt selbst zum Chief herangewachsen.

Das neue Domizil schien angebrachter für den Chief von Wamba. Meine Familie feierte den Umzug als Fortschritt, während ich herumjammerte und dem Leben in der Natur in unserer Manyatta nachtrauerte. Dort lebten nun die Zweitfrauen meines Vaters, mit denen ich mich allerdings bestens verstand. Wann immer ich Heimweh bekam, schlich ich mich nachts, wenn alle schliefen, aus unserem Haus und lief durch das dornige Buschland den Hang hoch. Eines Nachts bekam ich einen gehörigen Schrecken. Nur ein paar Meter von mir entfernt hörte ich plötzlich ein tiefes Hecheln im Unterholz. Ich wusste sofort, dass es sich um einen Löwen handelte, und rannte so schnell ich konnte zur Manyatta.

Am nächsten Tag stellte mich mein Vater zu Rede. Er machte sich große Sorgen. In jener Zeit war die Gegend rund um Wamba noch voller Löwen, Elefanten und Nashörner. Ich hätte großes Glück gehabt, meinte er, dass ich nicht angefallen worden sei, denn nachts gingen die Löwen in unserem Tal gerne auf die Pirsch. Eine Zeit lang hielt ich mich an sein nächtliches Ausgehverbot, doch dann zog es mich wieder in die Manyatta, denn ich fand es herrlich, bei meinen Halbgeschwistern unter freiem Himmel zu schlafen. Ich genoss die Gerüche, das Knacken im Unterholz, die Schreie der Hyänen und Affen. Geräusche, die ich seit meiner frühesten Kindheit kannte. Selbst die Dorfältesten, die ständig auf mich einredeten, konnten mich nicht von meinen riskanten Wanderungen abbringen. Irgendwann gaben die Erwachsenen auf, mich zu ermahnen. Vielleicht dachten sie, ich sei eine zweite Nai Mara Mara und gegen die Angriffe wilder Tiere gefeit.

Ich glaube, mein Vater verstand genau, warum es mich immer wieder zur Manyatta zog. Er war eigentlich auch viel lieber dort oben am Hang, genoss das Funkeln der Sterne und erzählte dann Geschichten über meinen Großvater, den ich leider nicht mehr kennengelernt hatte. Er war einer der großen »Paramount Chiefs« in einer langen Linie von Oberhäuptern in meiner Familie. Mein Großvater war der letzte richtige Nomade in unserer Familie, der noch mit seinem gesamten Hausstand, seiner Familie und dem Vieh ungehindert durch Landesgrenzen quer durch die Halbwüste bis nach Somalia wanderte. Das Land, so weit das Auge reichte, gehörte niemandem und allen. Mein Großvater kannte keine Grenzen, auch nicht im Denken. Er sei ein Freigeist gewesen, hieß es unter meinen Verwandten, und hatte es trotzdem geschafft, die weitverstreuten Samburu-Nomaden aus unterschiedlichen Clans im Kampf gegen äthiopische und somalische Viehdiebe zu vereinen.

Doch dann waren die Weißen gekommen, erzählte mein Vater, stellten Zäune auf und zogen Bezirks- und Landesgrenzen, die den Nomaden völlig fremd waren. Das Land der Samburus hieß plötzlich »Northern Frontier District«, nördlicher

Grenzbezirk, und stellte für die britischen Kolonialherren eine Pufferzone zwischen dem reichen kenianischen Hochland und der Grenze zu Äthiopien dar. Die Halbwüste wurde zum Sperrbezirk. Reisende durften die riesigen Weidegründe der Samburus nur mit einer Sondergenehmigung betreten. »Die einzigen Weißen, die sich anfangs hierherverirrten, waren britische Kolonialbeamte und Soldaten. Für sie war unser Land eigentlich nur militärisch und strategisch wichtig, ansonsten waren wir ihnen unheimlich«, erzählte mein Vater. Viehdiebe trieben hier ihr Unwesen und wegen ihrer Raubzüge kam es ständig zu Auseinandersetzungen zwischen den Samburus, den Turkana und den Borana. »Das flößte den Briten Angst ein«, erklärte er. »Sie hielten uns für primitive Nomaden, die sie nicht verstanden und vielleicht sogar verachteten. Unser Lebensstil war ihnen fremd und sie konnten nicht verstehen, wieso wir in dieser unwirtlichen Hölle lebten, die aus ihrer Sicht dem Untergang geweiht war.« Der ohnehin unzugängliche Norden des heutigen Kenia war dadurch noch abgeschotteter, und wir Samburus konnten so unsere Kultur mehr als andere Kenianer bewahren.

Während im Süden des heutigen Kenia, im fruchtbaren »Weißen Hochland«, den sogenannten White Highlands, ein unerbittlicher Kampf um Land wütete und die Briten riesige Tee- und Kaffeefarmen anlegten, war unser Land aufgrund seiner Kargheit ein Randgebiet. Dennoch war auch hier das britische Regime spürbar. Immer wieder übten Kolonialbeamte großen Druck aus, erzählte mein Vater. Sie wollten, dass die unterschiedlichen Stämme in ihre Stammesgebiete zurückkehrten, um zu verhindern, dass die »Afrikaner« sich gegen die Kolonialherren zusammentaten. Mein Vater hielt dagegen. Er schaffte es, die Feindschaft zwischen den Turkana, einem Stamm aus dem Norden Kenias, und den Samburu beizulegen. Er erlaubte den Turkana, in unseren Stammesgebieten zu leben. Dafür verehren sie meinen Vater heute noch.

Neben den Briten waren noch andere Mzungus in Wamba aufgetaucht: italienische Missionare. Sie besuchten die Menschen in den Manyattas und kamen auch zu uns nach Hause. Anfangs hatten die Erwachsenen Angst vor den Fremden und begegneten ihnen mit großem Misstrauen. »Was wollen die von uns?«, fragten sich viele Samburus. Ich selbst weinte, als ich das erste Mal Menschen mit weißer Hautfarbe sah. Sie sahen merkwürdig aus, als kämen sie von einem anderen Stern. Doch sie lernten etwas Samburu und die kenianische Landessprache Suaheli, um sich mit uns unterhalten zu können. Schließlich kamen sie immer öfter abends zu uns und setzten sich zu den Älteren ans Feuer.

Sie hielten uns für Heiden und wollten unseren Glauben verstehen, hieß es. Mein Vater erklärte ihnen, dass wir uns beim Beten unserem Gott Ngai zuwenden und zum heiligen Mount Ngiro oder Mount Kenya ausrichten, so wie sich die Moslems beim Beten nach Mekka verbeugen. »Darüber hinaus lebt Ngai, der Gott der Samburus, in allen mächtigen Bergen, in großen Bäumen und in Wasserquellen«, fügte mein Vater hinzu. »Er hat uns alle geschaffen.« Nachdem sich die Missionare die Erklärungen meines Vaters ganz genau angehört hatten, nickten sie und meinten, Ngai sei eigentlich wie der Gott der Christen, ein allwissender Gott, der alles geschaffen habe.

Ich lernte in diesen Gesprächen am Feuer viel über meine eigene Kultur und verstand, dass es da draußen Menschen gab, die nach ganz anderen Gesetzen lebten. Anfangs waren meine Eltern misstrauisch und glaubten, dass die Missionare uns verabscheuten, doch mit der Zeit begannen sie, sonntags in die Messe zu gehen, zunächst aus Neugierde, dann wurden die Gottesdienste in der katholischen Kirche von Wamba zum wöchentlichen Treffpunkt für die Menschen aus dem Umkreis. Als sich herumsprach, dass sich die Missionare um die Kranken und Gebrechlichen kümmerten, trauten sich immer mehr Samburus in die Kirche.

Mit neun Jahren wurde ich in die katholische Grundschule in Wamba eingeschult. Zwar gab es kein richtiges Schulgebäude, aber die Missionare und Nonnen unterrichteten uns unter einer knorrigen Schirmakazie. Wir sangen die meiste Zeit religiöse Gospel, Lieder über die kenianische Unabhängigkeit und sie brachten uns singend das Alphabet bei. So lernte ich zusammen mit den Jungen lesen, schreiben und rechnen, aber leider auch nicht viel mehr als das. Für uns Kinder war es wie ein Spiel. Wir freuten uns, unsere Freunde zu treffen. Weder meine Eltern noch ich begriffen, wie wichtig eine Schulausbildung war. Sie legten größeren Wert darauf, dass wir als Kinder von Nomaden das Vieh hüten und Hütten bauen konnten. Manchmal schickte mich meine Mutter los, Feuerholz zu sammeln, wenn ich eigentlich Unterricht gehabt hätte. Meine Mutter brauchte meine Hilfe. Mein Vater war gestorben und ohne ihn war das Leben schwer für sie.

Ich war untröstlich, als er starb, obwohl der Tod in unserer Kultur der Übergang in eine andere Welt ist, in der unsere Ahnen leben. Der Tod ist Teil des Lebens. Als angesehener Chief wurde er als erster Samburu in Wamba in einem Sarg beigesetzt. Früher hätte man den Leichnam in den Bergen auf die Erde gelegt und sein Gesicht zum heiligen Ol Doinyo Lengeyo gerichtet. Nach alter Samburu-Sitte wird der Ort, an dem man einem Leichnam bestattet, von den Menschen nur eine Zeit lang in Erinnerung gehalten, sie stellen kein Kreuz auf und markieren diesen Ort auch nicht. Jeder, der vorbeikommt, wirft dort einen Zweig ab. Nach und nach verblasst dann die Erinnerung. Der Verstorbene, so heißt es dann, ist in die Ahnenwelt eingegangen.

Doch mein Vater bekam ein modernes Begräbnis. Die Frauen hatten ihm nach alter Samburu-Sitte den Kopf rasiert und ihn wie zum Schlafen in den Sarg gebettet. Samburus aus der gesamten Region waren gekommen, um ihm die letzte Ehre zu erweisen. Sie legten ihre Zweige in den Sarg und wünschten ihm alles Gute für seine letzte große Reise in das Reich der Ahnen. »Schlaf jetzt allein«, flüsterte ihm meine Mutter zu. Dann pilgerten Heerscharen von Menschen an seinem Sarg vorbei. Die Erinnerung an diesen weisen, großen Mann trage ich bis heute in meinem Herzen. Wenn ich nicht mehr weiterweiß, denke ich an meinen Vater. »Was würde er jetzt tun?«, frage ich mich dann und finde meistens eine Lösung.

Doch nun war es für mich an der Zeit, eine »richtige Frau« zu werden. Meine Beschneidung stand an. Ich hatte selbst darauf gedrungen. Als meine Cousinen feierlich beschnitten worden waren, hatte man sie reich beschenkt und sie mit herrlichem Ziegenfleisch wieder hochgepäppelt. Das wollte ich damals auch und hatte geweint, da mich meine Mutter während der Zeremonie zu meiner Großmutter geschickt hatte. Nun war ich gerade mal dreizehn Jahre alt und redete über nichts anderes mehr. Ich wollte endlich auch eine richtige Frau sein und ich war überzeugt davon, dass erst dieses Ritual mir dazu verhelfen würde. Mein ganzes Leben lang hatte ich nichts anderes gehört. Ich glaubte, dass die Beschneidung etwas Gutes sei. Seit ich ein kleines Mädchen war, hatten mir die Frauen das eingeschärft. Die Beschneidung von Frauen war ein selbstverständlicher Teil unserer Samburu-Kultur. Ich hatte keine Ahnung, wie sehr ich dies später bereuen würde. Erst Jahre später sollte ich verstehen, dass das, was wir Beschneidung nennen, in Wirklichkeit eine Genitalverstümmelung ist.

Eines Tages war es endlich so weit. Meine Freundinnen beneideten mich. Jetzt würde ich in den Kreis der Frauen aufgenommen Meine Mutter hatte ein Schaf schlachten lassen. Mit dem Fleisch würde sie die Beschneiderin und alle Frauen, die beim Ritual halfen, verköstigen. Im Morgengrauen führten sie mich nach draußen vor die Hütte. Mein Körper solle abkühlen, erklärten mir die Frauen, damit ich nicht so viel bluten würde. Die Frauen, die meiner Mutter beim Ritual beistehen würden, hatten sich vor der Hütte versammelt. Mein Herz pochte und ich spürte, wie sich mir der Magen umdrehte. Eine unbändige Angst stieg in mir hoch. Nur widerwillig ging ich zurück in die Hütte und nahm auf dem für mich präparierten Fell Platz. Dann ging alles sehr schnell. Bevor ich mich versah, war ich fest im Griff meiner Patinnen, jener Frauen, die nun dafür sorgen würden, dass das Ritual traditionsgemäß verlief. Eine der Frauen hielt meine Schultern, zwei andere drückten meine Beine auf den Boden. Sie stemmten sich mit ihrem gesamten Gewicht auf mich, sodass ich mich kaum rühren konnte. Als die Beschneiderin mit dem Messer ansetzte, begann ich mich zu wehren. Ich bäumte mich mit aller Kraft auf. Doch da war es auch schon geschehen. Ich spürte, dass ich in einer Blutlache lag. Der Schmerz, der durch meinen Körper schoss, war unerträglich. Tränen liefen mir über die Wangen. Ich hätte am liebsten laut geschrien, aber ich tat es nicht. Ich unterdrückte meine Schreie. Das hatte ich mir geschworen. Ich wollte stark sein, auf keinen Fall Schwäche zeigen. Wie viele Samburu-Mädchen glaubte ich damals, dass wir Frauen diesen Schmerz ertragen müssen.

Die Beschneiderin streute Kautabak ins Feuer, bis dicker Rauch in der dunklen Hütte stand und ich nur noch die Konturen der Frauen erkannte, die um mich herum standen und mich und unsere gesamte Familie segneten. Ich hörte noch die lauten Fruchtbarkeitslieder der Frauen, die von draußen zu mir in die Hütte drangen, doch dann fühlte ich mich plötzlich ganz schwach und versank in eine tiefe Dunkelheit. Ich wurde ohnmächtig. Als ich wieder erwachte, saß meine Mutter neben mir und weinte. Die Beschneiderin hatte entschieden, dass sie das Messer noch einmal ansetzen müsse. Meine Mutter war verzweifelt. Sie wusste, welchen Schmerz mir das zufügen würde. Doch wenn sie sich nun weigern würde, wäre alles umsonst gewesen. Erst wenn die Beschneiderin zufrieden nickte und sie die Klitoris und ein Teil der Schamlippen abgeschnitten hatte, galt das fürchterliche Ritual als erfolgreich und abgeschlossen.

Noch einmal hielten mich also die Frauen fest, obwohl ich ohnehin kaum noch Kraft hatte, mich zu wehren. Der Schmerz war so ungeheuerlich, dass ich wieder ohnmächtig wurde.

Ich erwachte im katholischen Krankenhaus von Wamba auf einer Pritsche und hing am Tropf. Meine Mutter schaute mich besorgt an, erleichtert, dass ich die Augen geöffnet hatte. Verwundert schaute ich auf die Schläuche an meinen Handgelenken und den Plastiksack, aus dem die Flüssigkeit heruntertropfte. »Die Medizin wird dich aufpäppeln«, erklärte mir meine Mutter und streichelte sanft mein Gesicht. Die Ärzte haben um dein Leben gerungen«, meinte sie traurig. Aber nun werde alles wieder gut, versprach sie. Sie hatte mich in die Krankenstation bringen lassen, als die Blutungen nicht aufhörten. Tagelang hatte ich mich im Dämmerzustand zwischen den Welten auf meiner Matratze gewälzt. Meine Mutter machte sich ernsthafte Sorgen und Vorwürfe. Sie wich nicht von meiner Seite und versuchte mich mit Anekdoten aus meiner Kindheit aufzumuntern. Zu Hause flößte sie mir dann noch wochenlang ein Gemisch aus Milch und Rinderblut ein, den Krafttrank der Nomaden, damit ich wieder zu Kräften kam.

Zwar war ich jetzt eine »richtige Frau« und hätte allen Grund gehabt stolz zu sein, doch ich fühlte mich noch eine Zeit lang niedergeschlagen. Es dauerte lange, bis die Schmerzen endlich nachließen. Ich dachte schon, ich würde nie wieder schmerzfrei laufen können. Doch meine Mutter versicherte mir, dass ich schon bald wieder tanzen würde. »Du bist jetzt eine Frau, eine von Gott Geschorene«, meinte sie und legte mir meinen Perlenschmuck als Ermutigung um. Jedes Jahr von dem Tag meiner Geburt an hatte ich einen Halsreifen, einen sogenannten Sayen, geschenkt bekommen, bis die vielen Reifen schwer auf meinen Schultern lagen. Wenn sie bis zum Kinn reichen, ist die Zeit gekommen zu heiraten, hatte mir meine Mutter einst erklärt. »Erst im Alter nimmt die Anzahl deiner Sayen wieder ab«, hatte sie gesagt, »da du sie im Laufe deines Lebens an jüngere Frauen verschenken sollst.« Ich habe meine Sayen später den Töchtern meiner Verwandten und Mädchen überreicht, die mit ihren Müttern in Umoja lebten. Ich wollte ihnen etwas von meiner Kraft geben und sie dazu ermuntern, ihren eigenen Weg zu gehen. So ist über die Jahre und Jahrzehnte ein Band der Solidarität unter uns Samburu-Frauen entstanden.

Als junges Mädchen war ich jedenfalls stolz auf meinen Perlenschmuck. Meine Kollektion sah wunderschön aus, auch wenn sie gewissermaßen Sinnbild für das schwere Los der Samburu-Frauen war. An meinen Unterarmen glänzten breite Armreifen. Beim Tanzen wippten die immer größer werdenden Drahtringe mit unzähligen Perlen von meinem Hals bis zu den Oberarmen im Takt und da ich besonders gerne tanzte und sang, zog ich immer viele Blicke auf mich, vor allem auch die der jungen Morani. Es gab einige, die sich in mich verliebten. Es heißt, ich sei eine Schönheit gewesen, doch lange Zeit traute sich keiner der jungen Männer an mich heran. Keiner wagte es, um meine Hand anzuhalten. Obwohl ich wohl eines der beliebtesten und klügsten Mädchen im Dorf war, hat es lange gedauert, bis die ersten Männer ernsthaft an meine Familie herantraten. Es hatte sich herumgesprochen, dass ich eigensinnig und vorlaut war und meinen eigenen Weg ging. Ich glaube, sie hatten großen Respekt vor mir und sahen mich als die unberechenbare Tochter des großen Chief Lasangurikuri. Wahrscheinlich war ich ihnen zu selbstbewusst. Der erste Anwärter, der bei meiner Familie vorsprach, war ein alter Mann, einer der sogenannten Apayas, der Dorfältesten. Ich glaube, meine Mutter sah das Entsetzen in meinem Gesicht und die Tränen in meinen Augen und verhinderte eine Heirat mit diesem Mann. Aber uns war beiden klar, dass unsere gemeinsame Zeit bald zu Ende sein würde. Über kurz oder lang würde ich heiraten, so viel stand fest.

# ZU AUFMÜPFIG FÜR DAS EHELEBEN

Mit der Zeit waren in unserem kleinen Städtchen Wamba die ersten bunten Verkaufsbuden, die sogenannten Dukas, entstanden. Hinter ihnen ragte der Ol Doinyo Lengeyo jäh in den Himmel empor. Vor ihnen lehnten meist ein paar junge Samburus lässig auf ihren Speeren und unterhielten sich angeregt. Auch wenn sie kein Geld hatten, um sich etwas in den Dukas zu kaufen, verbrachten sie viel Zeit hier, prahlten über ihr Vieh, rückten ihren aufwendigen Kopfschmuck zurecht und blickten zu den Frauen herüber, während sie sich in Pose stellten. Sie wollten uns Frauen imponieren. Manchmal stimmte einer der jungen Morani sogar auf seiner Flöte ein Lied an und schloss verträumt seine Augen. Schnell wurden die Dukas zum Treffpunkt in unserem verschlafenen Dörfchen. Ich freute mich jedes Mal, wenn ich mit ein paar Münzen herrlich duftenden Tee und etwas Zucker für mich und meine Mutter kaufen konnte, denn meistens traf ich dort eine meiner Freundinnen und wir tauschten uns aus. Man erfuhr dort immer irgendeine interessante Neuigkeit.

Eines Tages machte die Nachricht die Runde, die mein ganzes Leben verändern sollte. Sie traf mich wie ein Blitz. Meine Brüder und der Ältestenrat von Wamba hätten für mich einen Ehemann auserkoren, hieß es an einer der Dukas mitten im Dorf. Da die alten Männer von Wamba bei den Verhandlungen dabei gewesen waren, verbreitete sich die Nachricht wie ein Lauffeuer. Zusammen mit meinen Brüdern hatten sie mich mit einem zwölf Jahre älteren Mann verkuppelt. Das ist bei uns reine Männersache. Der Familienrat war sich mit einem Mann aus Archer's Post handelseinig geworden. Wie ich hörte, war er auf die Schule der katholischen Mission in Archer's Post gegangen und unterrichtete an unserer Dorfschule, stammte aber aus dem südlicher gelegenen Archer's Post. Es verschlug mir die Sprache. Ich hatte ihn noch nie zuvor in meinem Leben gesehen, doch das war so üblich in unserer Kultur. Junge Mädchen werden vor vollendete Tatsachen gestellt. Mir war unwohl bei dem Gedanken, dass es nun kein Zurück mehr gab. Tagelang konnte ich an nichts anderes denken.

Im Dorf wurde über nichts anderes mehr geredet. Die Aufregung war groß, meine Ehe war zum Stadtgespräch geworden. Schließlich war ich achtzehn Jahre alt und es wurde höchste Zeit zu heiraten. Erwachsene Frauen, die bei ihren Familien bleiben, werden in unserer Kultur belächelt. Endlich kam ich also unter die Haube, hieß es: der Widerspenstigen Zähmung. Nach gründlicher Suche habe sich ein Löwenbändiger gefunden, erklärten die Freundinnen meiner Mutter lachend. Die Hütte meiner Mutter war für Frauen aus der ganzen Umgebung eine Anlaufstelle, wenn sie Hilfe brauchten, und so verbreitete sich die Nachricht von meiner bevorstehenden Hochzeit auch im Umland von Wamba. Schließlich stammte ich aus einer großen Familie, die über den gesamten Samburu-Distrikt verteilt lebte, und war als Tochter eines Samburu-Chiefs eine gute Partie.

Schon jetzt stand fest, dass Hunderte von Menschen aus unserem weitverzweigten Clan kommen würden. Nach alter Samburu-Sitte ist jeder im Umkreis auf einer Hochzeitsfeier willkommen, auch wenn er nicht ausdrücklich eingeladen worden ist. Eine Hochzeit ist für uns Samburus ein ganz besonderes Fest. Die Vorbereitungen beginnen Wochen vorher, und so war es auch bei meiner Hochzeit.

Ich versuchte, so viel wie möglich über meinen zukünftigen Ehemann herauszufinden. Er sei in Archer's Post in eine Missionarsschule gegangen, in ein richtiges Schulgebäude an der großen Staubstraße nach Nairobi, erzählten die Leute in Wamba. Er sei dort am Rande der großen Samburu-Region aufgewachsen, weniger behütet als ich in der Abgeschiedenheit von Wamba. In Archer's Post gingen täglich Fremde ein und aus, Menschen aus allen Teilen Kenias legten dort einen Zwischenstopp ein auf ihrem Weg von der Küste oder aus der Hauptstadt in den unwirtlichen Norden Kenias, nach Somalia oder Äthiopien. Sie tankten in Archer's Post oder kauften dort Wasser. Die Schilderungen über diese fremde Welt beeindruckten mich zwar, wirkten aber auch bedrohlich auf mich. Die Vorstellung, meinen verträumten Heimatort Wamba am Fuße der mächtigen Gebirgskette Mathew's Range verlassen zu müssen, war beängstigend, gleichzeitig aber auch eine Herausforderung, auf die ich mich zumindest ein wenig freute.

Um mir ein klareres Bild zu verschaffen, fragte ich meine älteren Brüder aus. »Archer's«, wie sie es nannten, sei das Tor zum modernen Kenia am südlichen Rand des großen Samburu-Distrikts, erklärten sie mir. Es war der frühere Stützpunkt britischer Kolonialbeamter. Das Leben dort sei hektischer als im beschaulichen Wamba, wo die Männer täglich unter einer knorrigen alten Akazie im alten Dorfkern saßen. Archer's Post läge an einer Durchfahrtsstraße, erzählten sie. Dort gebe es Bars und kleine Hotels, Hotelis auf Suaheli. Touristen und Ranger würden hier haltmachen, Kiosken vorbeistromern und sich mit Getränkedosen eindecken, bevor sie in den benachbarten Samburu-Nationalpark führen. Die Fahrer großer Lastwagen und Viehtransporter ließen sich in den staubigen Werkstätten von Archer's Post ihre Reifen flicken, da die nächsten Tankstellen viele Hundert Kilometer entfernt lagen. An den kleinen Dukas entlang der Hauptstraße kauften sie ihre letzten Lebensmittel, Wasser und Kaugummi für die Fahrt über die Sandpiste nach Äthiopien im Norden oder in die kenianische Hauptstadt, Nairobi, im Süden. Die nächste Tankstelle lag mehr als zweihundert Kilometer von hier entfernt. Auf den Querrillen der Wellblechpiste brauchten Lkws dafür fast sechs Stunden. In Zukunft musste ich mich in dem quirligen Straßendorf, das eigentlich aus zwei Reihen Geschäften entlang der Straße bestand, zurechtfinden. Die Gesetze dieser schnelllebigen Welt würde ich erst noch lernen müssen. Ich hoffte inständig, dass mir jemand dabei helfen würde. Mir wurde jedenfalls mulmig, wenn ich an die Hochzeit dachte, denn ich hatte keine klare Vorstellung, was nun auf mich zukam. Ich wusste nichts Persönliches über meinen zukünftigen Ehemann und das, was ich über den Ort gehört hatte, in dem ich bald wohnen würde, wirkte nicht gerade einladend. Mir wurde klar, dass ich nun unwiderruflich die heile Welt von Wamba verlassen würde. Ich versuchte mir auszumalen, wie er wohl aussehe. Doch ich würde den Mann, mit dem ich den Rest meines Lebens verbringen sollte, erst im Verlauf unseres Hochzeitsfests kennenlernen. So schrieb es die Tradition der Samburus vor.

Die ersten Gäste trafen in den frühen Morgenstunden in Wamba ein. Einige von ihnen hatten tagelange Gewaltmärsche hinter sich. Sie hatten meine Mutter seit Jahren nicht mehr gesehen, da sie weit entfernt lebten. So war meine Hochzeit auch eine Familienzusammenführung für meinen weitverzweigten Clan. Tanten, Onkel, Cousinen, Cousins und längst verschollen geglaubte Brüder meiner Mutter kamen zu unserem Fest. Während ich noch in der Manyatta meiner Mutter auf den Ältestenrat wartete, lief das Fest draußen bereits auf Hochtouren, zu dem mein zukünftiger Mann einen Hochzeitsochsen geschlachtet hatte. Die Gäste feierten uns wie selten ein Paar in dieser Gegend. Alle wollten uns sehen und wünschten uns viel Glück und viele Kinder. Wir seien ein ideales Paar, das Großes leisten könne für die Gesellschaft, meinten die Elders oder Apayas, die Weisen und Alten, im Dorf. Doch noch waren wir nicht aufeinandergetroffen. Noch hatte ich meinen zukünftigen Mann nicht zu Gesicht bekommen. Ich musste mich noch eine ganze Nacht gedulden. Erst morgen früh würde ich ihn sehen. Jetzt würde mir der Ältestenrat von Wamba erst einmal seine Ratschläge mit auf den Weg geben.

Die Sonne war gerade über dem Bergmassiv untergegangen, als die alten Herren aus unserem Dorf in die dunkle Lehmhütte meiner Mutter traten, um mit mir zu reden. Der Älteste von ihnen, ein sogenannter Mzee – das ist bei uns in Kenia die höfliche Anrede für einen älteren Mann –, war schon ziemlich klapprig auf den Beinen. Er wurde von den anderen in die Hütte geführt. Draußen wurden die Gesänge der Feiernden immer lauter und der Wind blies den Rauch und den Fleischgeruch in unsere Richtung. Die alten Herren setzten sich auf die bereitgelegten Rinderfelle und tranken Tee, den meine Mutter eigens für diese Zeremonie zubereitet hatte. Dann erhob der Mzee als der Älteste von ihnen das Wort und wandte sich an mich. Voller Ehrfurcht sprach der grau melierte alte Mann, an dessen faltigen Ohrläppchen silberne Ohrringe baumelten, in einem für Nomaden typischen Singsang von meinem Vater. Dabei schaute der ehrwürdige Alte immer wieder in die Runde der alten Männer, die andächtig zuhörten, nickten und ihm mit einem lautstarken »Heeeh« beipflichteten. Nach alter Nomadensitte klang sein Vortrag wie ein melodisches, episches Gedicht.

Meine Vorfahren, mein Opa und mein Vater Ditan Lasangurikuri seien große Führer der Samburus gewesen. Mein Großvater hatte noch als richtiger Nomade gelebt und seine riesigen Viehherden durch die trockene Halbwüste getrieben. Mein Vater wurde dann im Laufe seines Lebens sesshaft, schaffte es aber, den gesamten Viehbestand trotz der Dürren in die neue Zeit seit der Unabhängigkeit Kenias zu retten. Dieses hätten sie nur geschafft, weil sie noch nach den alten Bräuchen lebten und im Besitz ihrer jahrhundertealten Kultur gewesen seien. Ihr Blut fließe in meinen Adern. Darauf solle ich immer stolz sein. Heutzutage müsse man lange suchen, um derartig umsichtige Führer zu finden.

Mein Vater habe sich mit den Turkana zusammengeschlossen, die Samburus rund um Wamba geeint und zusammen mit anderen Oberhäuptern dafür gesorgt, dass die Tradition der Samburus im modernen Kenia unbehelligt weiterexistiere, jetzt, da doch die meisten anderen Kenianer ihre Bräuche längst zugunsten einer modernen, geschäftsorientierten Lebensweise abgelegt hätten. Er habe dafür gesorgt, dass die Samburus in der Abgeschiedenheit der Halbwüste ihre Kultur weiterleben konnten, während der Rest des Landes südlich des unzugänglichen Samburu-Distrikts von den Briten, durch den Kolonialismus und von Kenias neuen Politikern völlig verändert wurde. In der modernen Nation seien die Samburus leider ins Hintertreffen geraten, da sie keine starke Lobby in Nairobi hätten, aber mein Vater habe alles in seiner Macht Stehende dafür getan, dass wir unsere Kultur bewahren konnten.

Es sei jetzt meine Aufgabe als Ehefrau und Mutter, unsere Kultur an unsere Kinder weiterzugeben. »Du musst das Vermächtnis deiner Vorväter achten und respektieren. Du trägst das Erbe deiner Eltern in dir und hast die Verantwortung, es fortzuführen. Mit deinem zukünftigen Mann musst du unsere Sitten und Bräuche euren Kindern beibringen und sie somit erhalten. Es ist deine Verantwortung, eure Kinder das rechte Benehmen zu lehren und die uralte Tradition der Samburus mit auf den Weg zu geben.«

Als Tochter des großen Chiefs Ditan Lasangurikuri würde ich nun in die Familie der Lolosolis aus dem südlichen Samburu-Distrikt aufgenommen. »Zusammen werdet ihr über euch hinauswachsen«, erklärte er und schaute mich dabei prüfend an. »Du musst deinen Ehemann und seine Eltern respektieren«, bläute er mir ein. »Du wirst jetzt ein Mitglied der Familie Lolosoli. Die Eltern deines Mannes werden dich wie eine Tochter behandeln und als ihre Schwiegertochter ist es deine Pflicht, dich um sie zu kümmern. Außerdem musst du natürlich auch deiner Verantwortung als Ehefrau und Mutter gegenüber deinem Mann und euren Kindern nachkommen.« Ich war tief beeindruckt von seiner Vision und dankbar für den Respekt, den er meiner Familie und insbesondere meinem Vater und meinem Großvater entgegenbrachte. Seine Ausführungen über die Ehe schnürten mir allerdings die Kehle zu. Sie beschränkten sich auf die Pflichten und die Verantwortung der Ehepartner. Kein Wort über unsere Träume und unsere Wünsche. Ich war am Ende erleichtert, als die Apayas die Hütte meiner Mutter wieder verließen. Dann verbrachte ich eine letzte Nacht bei meiner Mutter, bevor ich am nächsten Morgen meinem zukünftigen Ehemann übergeben wurde. Ich schlief auf dem Rinderfell, auf dem ich während meiner Beschneidung gelegen hatte und zur Frau geworden war. Ich würde es als eines der wenigen Dinge meiner Aussteuer mitnehmen.

Am nächsten Morgen wachte ich auf, als sich die ersten Sonnenstrahlen wieder über das Gebirgsmassiv schoben. Mein Herz pochte. In wenigen Minuten würde ich die von mir heiß geliebte Manyatta meiner Mutter auf dem Hang mit Blick auf den Ol Doinyo Lengeyo für immer hinter mir lassen. Als ich in meinem Hochzeitskleid nach draußen trat, ging ein Raunen durch die Menge. Meine Mutter hatte es für mich angefertigt: drei Ziegenfelle, dick bestrichen mit Ockerpaste und Fett. Dazu trug ich nach altem Brauch ein wuchtiges Lederhalsband mit Giraffenhaaren, das sogenannte Mporro, das nur verheiratete Frauen tragen dürfen, Kreolenohrringe aus Kupfer und ein spiralförmiges Armband aus Metall, das ich über meinen Oberarm gestülpt hatte. Alle staunten, mit welcher Würde ich in mein neues Leben trat. Man sehe mir meine gute Herkunft an, flüsterten sie. Ich sei eine der schönsten Bräute, die Wamba je hervorgebracht habe, hieß es. Vor allem die Älteren waren sehr stolz auf mich.

Um uns herum tanzten die Frauen mit lauten Schreien und Gesängen. Sie hatten sich mit ihren besten Tüchern und ihrem Schmuck herausgeputzt und standen im Halbkreis um die Feuerstelle herum, wo das Fleisch eines Ochsen verteilt wurde – als eine Art Opfergabe für die Apayas. Das war der Startschuss für die Männer, die mit ihrem tiefen, sonoren Brummen den offiziellen Hochzeitsgesang anstimmten. Aus dem Stand sprangen sie meterhoch auf, griffen dann eines der Mädchen und schritten mit ihm zum Rhythmus der Gesänge Hand in Hand rund um unsere Hütte.

Und dann stand er plötzlich vor mir. Ein hochgewachsener junger Mann mit einem ausgesprochen dunklen Gesicht. Das war also der Mann, mit dem ich den Rest meines Lebens verbringen sollte. Er begrüßte mich mit einem breiten Lächeln. Wir brachten beide zunächst kein Wort heraus. Er war nervös und wagte es kaum, mir in die Augen zu blicken. Die Dorfältesten aus Wamba standen Spalier. Sie hatten sich in zwei Reihen mit gekreuzten Speeren aufgestellt und warteten schon auf uns. Wir mussten als Brautpaar an ihnen vorbeilaufen. Dieser Gang durch das Spalier der weisen alten Samburus symbolisiert das Abnabeln der Braut von ihren Eltern und ihrer Familie. Nach alter Samburu-Sitte durfte ich mich dabei nicht umdrehen, da das Unglück bringen könnte. Die Ehefrau soll erhobenen Hauptes das Dorf ihrer Eltern verlassen.

Unser Trauzeuge nahm meine Hand und flüsterte mir zu: »Schau nicht zurück. Komm mit.« Ich glaube, er spürte genau, wie schwer es mir fiel, meine geliebte Familie, meine gütige Mutter zurückzulassen und mich von all meinen Vertrauten loszureißen. Ich gab mir einen Ruck und obwohl die Versuchung groß war, schaute ich nicht zurück. Ich hatte den Eindruck, über den Boden zu schweben, ohne ihn zu berühren, doch ein Teil meiner Seele blieb im herrlichen Wamba bei meiner Familie. Innerlich vergoss ich bittere Tränen und weinte der Großzügigkeit, Menschlichkeit und Liebe meiner Mutter nach, meinen Freundinnen und Freunden. Nach alter Samburu-Sitte liefen mein Mann, unser Trauzeuge und ich noch eine ganze Weile weiter durch die Graslandschaft. Wir kletterten über Baumstämme und durchquerten Flüsse. Der Himmel war makellos. Keine einzige Wolke war zu sehen. Unser Trauzeuge begleitete uns durch die dornige Savanne zu den Hängen des über zweitausend Meter hohen Warges, wo wir durch glasklare Bäche stapften, die herrlich über die Felsen sprudelten.

In meinem Brautkleid kam ich ins Schwitzen. Einmal noch wollte ich mich hier oben auf einen Felsbrocken hocken und meine Füße im Wasser baden, da sah ich mein Spiegelbild und musste an meinen Vater denken. Ich fühlte mich in die Zeit meiner unbeschwerten Kindheit zurückversetzt und wenn ich die Augen schloss, hörte ich im gurgelnden Wasser seine Stimme, die mir immer Mut gemacht hatte. Ganz sicher war er hier in meiner Nähe. Dieser rituelle Gang durch die Savanne war in Wirklichkeit der Abschied von meiner Kindheit. Ein letztes Mal sollte ich mir nun das kristallklare Wasser ins Gesicht spritzen, so wie früher als Sechsjährige. Die Erfrischung hielt nur für einen Moment. In der brütenden Hitze trocknete das Wasser gleich wieder auf meiner Haut und der Zauber war sofort verflogen.

Mein Leben sollte sich von Grund auf ändern – es ging sogar so weit, dass ich einen neuen Namen bekam. Von Geburt an hatte ich Nootulan geheißen. Das war der Name der Glocke, die der Bulle, den man anlässlich meiner Geburt geschlachtet hatte, um den Hals trug. Meine Eltern hatten mir die Glocke um den Hals gehängt und mir den Namen Nootulan gegeben. Nun sollte ich ab meiner Hochzeit Rebecca heißen. Mit diesem christlich-jüdischen Namen wollte meine Familie ihre Fortschrittlichkeit signalisieren und mir den Weg in mein neues Leben in der Familie Lolosoli ebnen, die ihren Sohn schon ganz früh taufen ließ und ihn in die katholische Missionarsschule geschickt hatte.

Da mein Mann ein getaufter Katholik ist, heirateten wir auch noch in der Kirche von Wamba. Ich bestand darauf, in meinem traditionellen Hochzeitskleid, in den Ziegenhäuten, vor den Altar zu treten. Die Worte des Priesters rauschten an mir vorbei. Die ganze Zeremonie war mir fremd. Als mich der Priester fragte, ob ich die Frau diese Mannes werden wollte, war ich völlig überrascht. Es war das erste Mal, dass mich jemand um meine Zustimmung bat, noch dazu ein Mann. Bislang hatte mich überhaupt noch niemand nach meiner Meinung gefragt. Meine Brüder und der Ältestenrat hatten alles entschieden. Plötzlich riss mich mein Bräutigam aus meinen Gedanken und stülpte mir einen Ring über den Finger. Dann küsste er mich. Nun seien wir verheiratet, raunte er mir zu. Er strahlte über das ganze Gesicht. Ich war etwas verwirrt, denn ich wusste, dass uns nun noch der letzte Teil unserer traditionellen Hochzeit bevorstand, den ich schon seit Wochen aus unerklärlichen Gründen fürchtete: die offizielle Begrüßung und Einwilligung seiner Eltern. Bei dem Gedanken daran wurde mir mulmig. Ich kannte sie nicht, würde aber zukünftig bei ihnen leben müssen. Mir stand also ein einschneidender Moment bevor.

Nach einem tränenreichen Abschied in Wamba fuhren wir dann am nächsten Tag über die Holperpiste nach Archer's Post. Der Wagen schaukelte uns über die zerklüftete, steinige Strecke durch die Hügel und reich bewaldeten Berge rund um den Mount Warges bis in das ausgetrocknete Buschland der Halbwüste. Bei dem Lärm sprachen wir kaum. Ich schaute gedankenversunken aus dem Fenster hinaus und trauerte meiner Heimat nach. Mein frisch Angetrauter saß still neben mir. Er gab nicht viel von sich preis. Vielleicht hatte ich ihn aber auch eingeschüchtert. Mit Sicherheit hatte er noch nie zuvor eine so selbstbewusste junge Samburu-Frau kennengelernt. Ich erfuhr jedenfalls nicht viel über seine Familie, und das machte mir Sorgen. Während ich meinen Gedanken nachhing, rumpelte das Auto über die Schlaglöcher der Wellblech-Schotterpiste bis nach Archer's Post. Endlich kamen wir dort an. Ich staunte. Auf den windschiefen Hütten lag eine feine Staubschicht. Hier war alles viel trockener als in Wamba, das vor dem Bergmassiv in dichtes Grasland eingebettet liegt.

Wir waren völlig durchgeschüttelt, als wir am späten Nachmittag in der Einöde eines staubtrockenen Feldes, über das der Wind blies, aus dem Auto stiegen. Hier in Daba, dem Heimatort meines Mannes, der ein Stück östlich von Archer's Post liegt, würde ich nun seine Eltern kennenlernen. Die Tradition verlangte, dass ich mich vor ihrer Hütte auf eine Bank setzte und sie um Einlass in ihre Manyatta bat.

Eigentlich hätte mich seine Mutter mit einer Kuh und einem Betttuch begrüßen müssen, aber das tat sie nicht. Die Stiefmutter meines Mannes, die Zweitfrau seines Vaters, nahm mich schließlich in Empfang. Sie gab sich zwar alle erdenkliche Mühe, mich willkommen zu heißen und sich nichts anmerken zu lassen, aber ich spürte trotzdem, dass etwas nicht stimmte. Auch mein Mann verlor für einen kurzen Moment die Fassung, wirkte sichtlich irritiert, machte dann aber gute Miene zum bösen Spiel. Er hielt meine Hand ganz fest. Er sprach nie über die Missachtung, die mir seine Mutter hier entgegengebracht hatte. Zu diesem Zeitpunkt dachte ich noch, dass er mich einfach nur schützen wollte. Erst viel später sollte ich begreifen, dass ihm einfach nur der Mut fehlte, gegen seine Eltern aufzubegehren.

Um die Stimmung nicht zu verderben, hielt ich meinen Mund. Ich schluckte meine Enttäuschung herunter und verlor kein Wort über die Demütigung. Ich wollte meine Hochzeit nicht trüben. Sie sollte perfekt sein für mich und meinen Mann, dessen ruhige, besonnene Art ich angenehm fand. Doch auch wenn ich darüber hinwegging, empfand ich die Zurückweisung als böses Omen und mir wurde schmerzlich bewusst, dass ich hier draußen keinen hatte, mit dem ich hätte reden können. Also begrub ich den Schmerz tief in meinem

Herzen. Ich wollte stark sein und meiner Familie keine Schande machen. Dennoch fühlte ich mich gekränkt und mir war sofort klar, dass mich meine Schwiegereltern ablehnten. Andere Samburu-Mädchen wurden an ihrem Hochzeitstag freudig von den Eltern ihres Mannes begrüßt, ich dagegen buhlte jahrelang um ihre Gunst und prallte doch immer wieder an einer Wand des Misstrauens ab, bis ich schließlich viele Jahre später aufgab. Vielleicht war ich ihnen zu selbstbewusst. Vielleicht hatten sie sich ein jüngeres Mädchen für ihren Sohn gewünscht. Ich werde es nie erfahren. Fest steht: Sie haben mich nie in ihr Herz geschlossen. Eigentlich habe ich von Anfang an gespürt, dass sie sich gegen mich verschworen hatten, doch in jenen Tagen als Frischvermählte hätte ich mir nie träumen lassen, dass sie auch noch versuchen würden, ihren Sohn gegen mich aufzuhetzen.

Auch wenn das Leben bei meinen Schwiegereltern hart war, so konnte zunächst nichts und niemand unserer Beziehung etwas anhaben. Eigentlich war ich davon ausgegangen, dass wir in Archer's Post leben würden, doch die erste Zeit blieben mein Mann und ich bei seinen Eltern auf dem Land. In der Abgeschiedenheit der Manyatta führten wir ein karges, einsames Leben, das noch dazu erschwert wurde, weil bewaffnete somalische Shifta-Banden und verfeindete Borana-Viehdiebe ihr Unwesen in der Umgebung von Daba trieben. Seit den Siebzigerjahren wilderten sie in dieser Gegend und machten Jagd auf Elefanten, Rhinozerosse und das Vieh der Samburus. Die Somalis waren der Überzeugung, dass sie Anspruch auf einen Teil des Landes hatten, da hier früher Somalis gelebt hätten. Ständig hörten wir von Überfällen auf die Manyattas der Samburus in der Umgebung und von bewaffneten Auseinandersetzungen zwischen den Viehhirten der unterschiedlichen Volksgruppen. Das Leben hier draußen war viel rauer als im behüteten Wamba, nervenaufreibend und anstrengend, zumal ich mich als Schwiegertochter um alles kümmern musste. Ich musste Wasser holen, Holz suchen, kochen und waschen – alles ohne die Unterstützung der Frauen, die mir in Wamba geholfen hätten.

Mein Tag begann frühmorgens und endete spätabends. Während die anderen noch schliefen, ging ich schon los und holte Wasser, um Tee für alle zu kochen. Manchmal fühlte ich mich am Ende eines anstrengenden Tages völlig verzweifelt und ich weinte mich in den Schlaf. Doch viel Zeit zum Nachdenken blieb mir nicht. Denn kaum hatte ich mich in dieser unwirtlichen neuen Umgebung zurechtgefunden, da war ich auch schon schwanger. Ich wusste damals nicht, dass das die glücklichste Zeit in meiner Ehe sein würde, auf jeden Fall empfand ich diese Schwangerschaft als einen Lichtblick. Ich fühlte mich zum ersten Mal seit langer Zeit etwas unbeschwerter, spürte das neue Leben in mir und freute mich auf das Baby, das in meinem Bauch wuchs. Auch mein Mann schien voller Stolz und Tatendrang zu sein.

Als er mir eines Morgens auch noch offenbarte, dass wir nach Archer's Post in ein kleines Holzhaus auf dem Grundstück meines Schwiegervaters ziehen würden, war ich überglücklich. Mein Schwiegervater hatte in Archer's Post in der Armee gedient. Von seinem Sold hatte er sich einen kleinen Plot, ein Grundstück direkt an der Straße, gekauft und ein Haus darauf errichtet. Dort würden wir nun als Familie wohnen. Mein Mann arbeitete als Bankangestellter in Nanyuki, einer entfernten Marktstadt direkt am Mount Kenya, die direkt auf dem Äquator liegt. Die Woche über blieb er in Nanyuki und am Wochenende versuchte er zu uns nach Hause zu kommen. Doch schon bald ging ihm die Puste aus und die Abstände zwischen seinen Besuchen wurden immer größer. Die Reise auf der Dreckpiste durch das Hochland rund um Nanyuki bis nach Isiolo war beschwerlich und dauerte manchmal einen ganzen Tag. In Isiolo musste er dann manchmal stundenlang warten, bis eines der völlig überfüllten Matatus, der kenianischen Großraumtaxis, ihn das letzte Stück auf der Wellblech-Piste bis nach Archer's Post mitnahm. Manchmal sahen wir uns wochenlang nicht. Umso mehr war ich den Launen meines Schwiegervaters ausgeliefert.

Auch wenn ich die Ablehnung meiner Schwiegereltern von Anfang an gespürt hatte, versuchte ich sie mild zu stimmen und auf ihre Wünsche einzugehen. Mein Schwiegervater war beispielsweise von meinen Kochkünsten angetan. Anfang der Achtzigerjahre ernährten wir Samburus uns noch sehr traditionell und fast ausschließlich von einfacher Nomadenkost: dem Blut der Rinder, ihrer Milch und ihrem Fleisch. Ich erweiterte diesen Speiseplan allmählich, denn ich kochte nicht nur traditionelle Gerichte, sondern auch moderne kenianische Speisen, und meine Mutter hatte mir ihr rudimentäres Wissen über die italienische Küche, das sie sich bei den Nonnen in der italienischen Missionsküche angeeignet hatte, weitergegeben. Mit meinen Rezepten galt ich als ausgesprochen fortschrittlich.

Nach und nach führte ich Speisen ein, die im restlichen Kenia schon längst zu Nationalgerichten aufgestiegen waren. Ich kochte Irio, eine Art Gemüseeintopf, der bei den Samburus damals völlig unbekannt war, weil wir Nomaden traditionell kein Gemüse anbauen. Erbsen, Kürbis, Bohnen, Kartoffeln oder Mais kaufte ich in Isiolo, der benachbarten Kreishauptstadt, da diese Gemüsesorten damals in Archer's Post nicht erhältlich waren, und zerkochte sie dann in einem großen Topf zu einem Brei. Allein um diese Zutaten zu bekommen, war ich viele Stunden unterwegs.

Als mein Schwiegervater für ein paar Tage ins Krankenhaus musste, bestand er darauf, dass ich ihm seine Suppe und später dann sein gebratenes Fleisch ins Krankenhaus nach Maralal, das nordwestlich von Archer's Post liegt, brachte. In den ersten Tagen saß ich stundenlang an seinem Bett, da er sehr schwach war und ihn sonst keiner aus seiner Familie besuchte. Geduldig flößte ich ihm meine Bouillon ein, die ich aus Rinderknochen gekocht hatte, und sorgte dafür, dass er wieder zu Kräften kam. In einem Plastikbehälter hatte ich die köstliche Suppe im Bus auf der staubigen Holperpiste bis nach Maralal transportiert. Bald versorgte ich dann auch die anderen Patienten in dem großen Krankenzimmer, denn es hatte sich unter ihnen schnell herumgesprochen, dass meine Speisen köstlich schmeckten. Außerdem muss man sich in einem kenianischen Krankenhaus allein verpflegen. Man ist also auf seine Verwandten angewiesen. Obwohl ich zu Hause auch noch für den Rest der Familie und meine Schwiegermutter kochen musste, nahm ich den beschwerlichen Weg ins Krankenhaus so oft wie möglich auf mich.

Ich versuchte den meist schlecht gelaunten kranken Mann aufzumuntern, berichtete immer ausführlich von zu Hause und erzählte ihm von seinem Sohn, sobald ich Neuigkeiten aus Nanyuki erhalten hatte. Ich hoffte, dass sich nun alles einrenken würde. Wenn ich ihn in seinem Krankenbett liegen sah, tat er mir sogar leid und ich versuchte ihn aufzubauen. Für mich war es eine Selbstverständlichkeit, ihn im Krankenhaus zu besuchen. Meine Mutter hatte mir eingeimpft, mich immer für das Gemeinwohl der Familie einzusetzen. Ich wollte endlich Vertrauen schaffen in dieser Familie und alles dafür tun, dass langsam Frieden einkehrte.

Doch schon bald nach seiner Rückkehr begann mein Schwiegervater an mir herumzumäkeln. Meine Besuche im Krankenhaus schien er vergessen zu haben. Er rügte mich wegen nichtiger Kleinigkeiten und nannte mich ungezogen, so als spräche er über ein Kind. Er warf mir vor, dass ich mich in alles einmischen würde. Eine Frau habe schweigsam den Gesprächen der Männer zuzuhören, belehrte er mich. Ich solle mich daran halten. Ihm missfiel außerdem, dass ich eigenständig Entscheidungen fällte und ohne seine Zustimmung nach Isiolo fuhr, während sein Sohn in Nanyuki war. Meine Schwiegereltern kamen jeden Tag zum Essen zu uns nach Archer's Post und erwarteten wohl, dass ich dann alles mit ihnen besprach. Aber das wollte ich nicht. Ich war durchaus in der Lage, meine eigenen Entschlüsse zu fassen.

Wenn mein Mann nach Hause kam, ermahnte sein Vater ihn, sich nicht auf der Nase herumtanzen zu lassen. Er redete auf ihn ein und beschwerte sich, dass ich nicht genügend Respekt vor ihm und seiner Frau zeige. Ich sei faul, schimpfte meine Schwiegermutter, wenn sie mich mit ein paar Frauen beim Einkaufen gesehen hatte, und warf mir vor, ich schwatze den ganzen Tag. Wenn ich versuchte mich zu verteidigen, fiel sie mir sofort ins Wort. Sie ermahnte mich, dass ich zu schweigen habe, wenn sie als ältere Frau spreche. Also versuchte ich über die ständigen Nörgeleien meiner Schwiegereltern hinwegzugehen. Doch die schlechte Stimmung legte sich mit der Zeit immer mehr auf mein Gemüt. Ich begriff, dass in meiner neuen Familie strengere Sitten herrschten als in meiner eigenen. Aber ich wollte mich davon nicht unterkriegen lassen.

Kurze Zeit später kam Tom auf die Welt, mein erstgeborener Sohn. Ich musste einige Tage im Bett verbringen, da die Narben von meiner Beschneidung bei der Geburt aufgeplatzt waren und ich Blut verloren hatte. Als ich mich wieder erholt hatte, kam es zum offenen Streit zwischen meinem Schwiegervater und mir. Er hatte einige unserer Ziegen auf dem Markt verkauft, darunter Ziegen, die ich mit in die Ehe gebracht hatte. »Er hätte mich wenigstens fragen können«, klagte ich. Mein Mann zuckte nur mit den Schultern und verließ das Haus. Ich fühlte mich übergangen und stellte den alten Mzee mutig zur Rede. Ich wollte nicht hinnehmen, dass er mich nicht in die Entscheidung miteinbezogen hatte. Schließlich waren diese Tiere mein Eigentum und ich wollte, dass er das respektierte. Doch er dachte überhaupt nicht daran.

»Die Ziegen gehörten mir«, erklärte ich ihm ohne große Umschweife. »Wir brauchen das Fleisch für unsere kleine Familie.« – »Wie kannst du es nur wagen, so mit mir zu reden?«, fuhr er mich an. Für ihn stand fest: Er würde sich mir gegenüber nicht rechtfertigen. »Geh mir aus den Augen«, schrie er und er drohte mir Schläge an. Seiner Meinung nach durften Frauen keine Tiere besitzen, da sie nicht in der Lage seien, richtig auf sie aufzupassen, weil sie sich um ihre Familien kümmern müssen. Das ist die traditionelle Sicht der Samburus, der mein Vater jedoch nie so kategorisch gefolgt ist. Er hat immer gerne mit mir über unser Vieh gesprochen, während mein Schwiegervater das ablehnte, obwohl ich besser mit Tieren umgehen konnte als sein eigener Sohn. Noch am selben Abend redete er auf meinen Mann ein. Völlig niedergeschlagen kehrte er in unser kleines Haus zurück. Er bat mich, um des lieben Friedens willen seinen Vater nicht mehr zu provozieren.

Doch die Situation spitzte sich weiter zu. Mein Schwiegervater warf mir vor, ihm nicht genug Achtung entgegenzubringen, und dass ich es in Kauf nehme, eigennützig die Familie zu zerstören. »Du denkst nur an dich«, fuhr er mich an und drohte mir mit dem Rungu, einem Schlagstock, den die Alten in Kenia traditionsgemäß tragen.

Bald wusste die ganze Umgebung von unserem Streit. Im Dorf machte man mir Vorhaltungen. Mein Mann versuchte sich so weit wie möglich aus dem Streit herauszuhalten und zog sich immer weiter zurück. Er hatte längst den Überblick über unsere Herde verloren und gab vor, nicht zu wissen, welche Ziegen mir gehörten. Er versuchte die Situation auf seine Art zu entspannen. Mir wurde klar, dass er konfliktscheu war und niemals für mich Partei ergreifen würde. Auf Drängen meines Schwiegervaters wurde der Ältestenrat eingeschaltet. In einer Art Dorfgericht sollten sie die Situation bewerten und dann zwischen uns vermitteln. Ich ahnte gleich, dass sie sich niemals auf meine Seite stellen würden.

Nachdem sie uns beide angehört und sich beraten hatten, fällten sie ihren Richterspruch. Ich müsse mich zukünftig den Vorschriften meines Schwiegervaters beugen und mehr Achtung zeigen. Durch meine vorlaute Art hätte ich mich über unsere Familientradition hinweggesetzt. Mein Schwiegervater habe das Recht, über meine Ziegen zu verfügen, erklärten sie mir eindringlich, da ich durch meine Ehe Teil der Lolosoli-Familie geworden sei. Zum ersten Mal in meinem Leben fühlte ich mich völlig entrechtet. Durch meine Ehe schien ich jeglichen Anspruch auf mein Eigentum verloren zu haben und musste mich den Entscheidungen meines Schwiegervaters bedingungslos fügen. In meiner neuen Familie gab es keinen, der meine Interessen vertrat, so viel war mir nun klar geworden. Ich erkannte, dass ich allein war. Die Ratschläge der Dorfältesten empfand ich als unfair und einseitig. Sie hatten meine Argumente überhaupt nicht ernst genommen. Ich war zutiefst gekränkt. Mir wurde bewusst, dass ich als Frau in dieser Männergesellschaft nie Recht bekommen würde.

Mein Schwiegervater dagegen fühlte sich vom Ältestenrat bestätigt. Er war im Recht und ließ fortan keine Chance verstreichen, mich in meine Schranken zu weisen. Er wollte, dass ich mich ihm unterordne, und spürte, dass ich ihm nur vordergründig Respekt zollte. Ich wollte den Frieden wahren, denn mittlerweile hatte ich mein zweites Kind bekommen und ich hatte nicht die Kraft, mich ständig mit dem Vater meines Mannes anzulegen. Außerdem wollte ich, dass wir endlich unser eigenes Leben führten – ohne die ständige Einflussnahme meiner Schwiegereltern.

Da ich aber schon immer eine gute Geschäftsfrau gewesen war, nahm ich dennoch nach und nach unbemerkt den Verkauf der Ziegen in die Hand, denn mein Mann verbrachte die meiste Zeit in Nanyuki. Das brachte das Fass eines Tages zum Überlaufen. Mein Schwiegervater kochte vor Wut und stellte mich zur Rede. »Du glaubst wohl, dass du etwas Besseres bist?! Dein Vater war viel zu nachgiebig mit dir. Er hat dir nie beigebracht, dich zu fügen.« Diese Lektion wolle er mir jetzt erteilen. Wütend stand er vor mir und drohte mir mit seinem Rungu. Er wollte mich züchtigen. »Lass es über dich ergehen«, riet mir meine Schwester, die gerade zu Besuch war. »Gib ihm diese Genugtuung, damit der alte Querkopf endlich Ruhe gibt.«

Als er zuschlug, hielt sie meine Hand und flüsterte mir noch einmal zu: »Lass ihn gewähren.« Fünf Schläge ertrug ich, obwohl sie höllisch schmerzten. Dann griff ich nach seinem Stock und warnte ihn: »Wag es nie wieder, mich noch einmal zu schlagen.« Meine Warnung kam einer Kriegserklärung gleich. Einmal mehr ermahnten mich die Dorfältesten.

Von diesem Streit erholten wir uns nicht mehr. »Du bist nicht zu bändigen«, schimpfte mein Schwiegervater und wurde nicht müde, sich bei meinem Mann über mein schlechtes Benehmen zu beschweren. Fortan stichelten meine Schwiegereltern, wann immer sich die Gelegenheit bot, und hetzten ihren Sohn gegen mich auf. Ich sei ungehorsam, klagten sie, und ich respektiere die Familientradition nicht. Ich gebe Widerworte, wenn er spreche, murrte mein Schwiegervater. Außerdem würde ich mich über seine Entscheidungen hinwegsetzen. Mein Mann hört sich die Klagen mit gesenktem Kopf an und versuchte seine Eltern zu beschwichtigen. Er wollte dem Konflikt so gut wie möglich aus dem Weg gehen. Doch unser Streit war längst zur Familienfehde ausgeufert.

Auf mein Drängen wurde der Ältestenrat aus Wamba eingeschaltet. Die alten Männer kannten mich seit meiner Kindheit. Bereitwillig stimmten sie zu, nach Archer's Post zu kommen. Einige legten den langen Gewaltmarsch sogar zu Fuß zurück und waren zwei Tage unterwegs. »Erzähl uns alles ganz genau«, erklärten sie mit ruhiger Stimme.

Unter Tränen erzählte ich nun, wie sich der Konflikt zwischen mir und meiner neuen Familie immer mehr zugespitzt hatte, obwohl ich doch eigentlich nur das Beste für die Familie wollte. Mein Argument war klar: Während mein Mann in Nanyuki war, wollte ich mich stellvertretend für ihn um die Tiere kümmern. »Keiner hier in der Familie Lolosoli traut mir zu, mich um die Ziegenherde der Familie kümmern zu können, dabei kenne ich mich doch besser mit Ziegen aus als mein eigener Mann.« Die alten Herren aus Wamba schmunzelten. Sie wussten, dass ich die Wahrheit sprach. Keiner konnte mir etwas vormachen, wenn es um Ziegen und Kühe ging. Ich kannte ihre Markierungen, mit denen wir sie als unseren Besitz kennzeichneten, genau und wusste, wie ich mit den Tieren umgehen musste. Mein Mann hatte keine Ahnung von Tieren. Für ihn sahen sie alle gleich aus. Er konnte sie einfach nicht auseinanderhalten, weder anhand ihres Fells noch aufgrund ihrer Markierungen.

Die Empfehlung des Ältestenrats aus Wamba war dementsprechend gütig. Sie bauten meinen Schwiegereltern eine goldene Brücke. In Abwesenheit meines Mannes könne ich doch die Tiere verwalten und auch verkaufen, da ich aufgrund meiner Herkunft gelernt hatte, Ziegen und Kühe zu hüten. »Gib ihr wenigstens einen Teil der Herde«, empfahlen sie. »Nur über meine Leiche«, schrie mein Schwiegervater. Niemals werde er mir die Kühe der Familie anvertrauen. »Dann überlass ihr doch wenigstens ein paar Ziegen«, lenkten die Alten ein. Alle hielten den Atem an und schauten auf meinen Schwiegervater. Nach langem Tauziehen gab er sich einen Ruck, willigte ein und vertraute mir achtundzwanzig Ziegen an. Vor seinen Augen sortierte ich die achtundzwanzig Tiere aus den Nachbarherden fein säuberlich heraus. Ich konnte sie alle auseinanderhalten und wusste genau, welche Tiere uns gehörten. Selbst die feinsten Unterschiede in den Markierungen erkannte ich.

Mir war bewusst, welche Verantwortung ich übernommen hatte. Wie damals, als mir mein Vater meine ersten jungen Ziegen geschenkt hatte, nahm ich meine Aufgabe sehr ernst und kümmerte mich um meine Tiere. Obwohl das Wasser in den nächsten Jahren immer wieder knapp war und es lange Dürrezeiten gab, gelang mir das scheinbar Unmögliche: Meine Ziegen vermehrten sich in kürzester Zeit. Ich holte Francis Lekanta, den Sohn meiner Schwester, aus Wamba, der die Ziegen hüten sollte, denn er verstand sein Handwerk besser als die Jungen hier. Seit dieser Zeit lebte er bei uns in der Familie.

Binnen dreier Jahre hatten wir die kleine Herde auf zweihundert Tiere hochgepäppelt und wir lebten sehr gut davon. Mein Mann hätte sich eigentlich freuen können, dass wir nun eine stattliche Ziegenherde hatten, von der wir komfortabel leben konnten. Doch er äußerte sich nicht einmal dazu. Und auch mein Schwiegervater verlor kein Wort darüber. Eines Tages beobachtete ich, wie er die Tiere voller Missachtung insgeheim zählte. Anstatt sich zu freuen, schaute er griesgrämig drein. Beim Abendessen, für das ich Ziegenfleisch gegrillt hatte, schwieg er.

Ich glaube, es wäre ihm nie in Sinne gekommen, sich bei den Alten von Wamba zu bedanken, deren Rat weise gewesen war. Ich aber ließ sie wissen, dass ich ihr Vertrauen würdig genutzt und ihnen keine Schande gemacht hatte. Bis heute schauen sie wohlwollend auf alles, was ich mache. Ich hatte bewiesen, dass ich der Herausforderung gewachsen war.

## REBECCAS KLEINER LADEN

Der Uwaso floss ruhig vor den Toren von Archer's Post dahin und die Sonne ging gerade über dem glitzernden Wasser auf, als die ersten Hirten ihre Ziegenherden über unsere wacklige Brücke trieben. Der Wind fegte den Staub als kleine Knäuel vor sich her und die Ziegen trippelten eilig über die wacklige Stahlkonstruktion. Am anderen Ende stürzten sie sich mit Freudensprüngen vom Ufer hinunter ins Wasser, während die Hirten, die schon tagelang mit ihren Herden in der dornigen Halbwüste unterwegs gewesen waren, an den Dukas in Archer's Post eine Pause einlegten. Dort palaverten sie mit den alten Herren aus dem Dorf über ihre Herden und den ausbleibenden Regen, während nach und nach die ersten Frauen zum Einkaufen eintrafen und sich ihrerseits zu munteren Gesprächsrunden zusammenfanden.

Die aus Brettern zusammengezimmerten Verkaufsstände waren auf beiden Seiten der Staubstraße gebaut und den ganzen Tag über versammelten sich die Menschen vor den kleinen Kiosken. Es war ein ständiges Kommen und Gehen und wir wohnten mittendrin. Unser Holzhaus stand direkt an der Durchfahrtsstraße. Ich hatte einen Plan und funktionierte unsere Veranda langsam zur Duka um. Bald baumelten dort meine ersten Ziegenfelle gut sichtbar an Haken in der Sonne und zogen meine ersten Kunden an. Einige Felle hatte ich selbst gegerbt, andere hatten mir Frauen aus der Umgebung vorbeigebracht. Ich verkaufte sie und behielt eine kleine Provision. Nach und nach konnte ich so etwas Geld zurücklegen. Von dem Ersparten kaufte ich Tee und Zucker, Unga-Maismehl, Seife und Kaugummis und legte sie in Holzregalen aus.

Der vordere Teil unseres Hauses an der Hauptstraße war nun ein Laden mit einem kleinen Lager. Ich hatte schon immer den Wunsch gehabt, ein eigenes Geschäft zu führen, und seitdem mein Mann in Nanyuki war, wollte ich mein eigenes Geld verdienen und nicht immer darauf warten, dass er nach Hause kam und mir Haushaltsgeld gab. Ich wollte meine Familie selbst ernähren können und mir ein Stück Unabhängigkeit gegenüber meinen Schwiegereltern aufbauen. Als ich genug Geld hatte und mir ein Busticket nach Isiolo leisten konnte, kaufte ich mir eine Waage, mit der ich Mehl, Zucker und Gemüse abwiegen konnte. Auf dem Markt von Isiolo kaufte ich meine Waren so billig wie möglich und schaffte sie dann mit dem Bus über die Dreckpiste nach Archer's Post. Manchmal brauchte ich dafür den ganzen Tag.

Wenn meine Mutter zu Besuch war und auf meine vier Kinder aufpasste, lief ich mit Fatuma, meiner Nachbarin, einer Somalierin, die fünfundzwanzig Kilometer durch den Staub bis nach Isiolo – zu Fuß. Fatuma und ich brachen in der Früh auf, wenn es noch dunkel war, denn tagsüber war die Hitze unerträglich. Wenn wir über die Brücke am Ortseingang schritten, lag uns der Fluss mit seinen Palmen majestätisch zu Füßen und wir atmeten tief durch. Die kühle Luft legte sich wie ein feiner Schleier auf unsere Haut. Lautlos schritten wir in unsere Shukas gehüllt über die steinige Straße. Am liebsten liefen wir, wenn Vollmond war, weil man dann alles genau erkennen konnte. Das kalte Licht des Mondes leuchtete die Hütten und die endlose Halbwüste gespenstisch aus. Alles war totenstill. Bei Vollmond hielten selbst die Tiere inne und versteckten sich im Gebüsch. Nur vereinzelt heulten ein paar Hyänen in der Graslandschaft.

In diesen Stunden wirkte alles so glasklar. Der Stress mit meiner Familie fiel von mir ab und ich genoss die herrliche Ruhe. Manchmal redeten wir stundenlang kein einziges Wort und ich sortierte meine Gedanken. Die Streitereien mit meinen Schwiegereltern nagten sehr an mir. Ich litt unter dem Gefühl, ständig kämpfen zu müssen, und mein eigener Mann schien mir unmerklich zu entgleiten. Unbeschwerte Momente gab es nur selten. Immer häufiger stritten auch wir uns. Und ich merkte, dass die ständigen Nörgeleien meiner Schwiegereltern Spuren hinterließen. Mein Mann hatte sich seit den Streitigkeiten um die Ziegen von mir distanziert. Er führte sein eigenes Leben. Er hatte sich zum Vorsitzenden des Samburu District County Council wählen lassen und war ständig unterwegs.

Auf mich wirkten diese Gewaltmärsche durch die Nacht wie ein Befreiungsschlag. Endlich konnte ich mich für ein paar Stunden aus den Fängen meiner Schwiegereltern befreien. Ich wusste, dass meine Kinder in der Obhut meiner Mutter in den besten Händen waren, und mit jedem Schritt wurden Fatuma und ich Teil der Landschaft. Hier konnte ich neue Kraft tanken und fühlte mich am Ende energiegeladen, auch wenn der Weg anstrengend war. Wenn ich schlappmachte, brachte mich Fatuma zum Lachen. Sie war zwar älter als ich, aber unglaublich zäh. Eine richtige Nomadin, die kilometerweit laufen konnte, ohne dass ihr Herz pochte und sie müde wurde. Sie verstand mich ohne große Worte.

Wir beide waren uns sehr ähnlich: zwei starrköpfige Frauen, geborene Führungspersönlichkeiten, die mit ihrem Selbstbewusstsein in ihrer Nomadenkultur aneckten. Als Somalierin verstand sie genau, warum ich manchmal so frustriert war. Ich hätte eine erfolgreiche Geschäftsfrau sein können, wenn ich nur das Vertrauen meiner Schwiegereltern genossen hätte. So raubten mir die ständigen Auseinandersetzungen mit meinem Schwiegervater viel Energie. Doch in jenen Nächten atmete ich die frische Morgenluft und die Düfte, die von den Manyattas zu uns drangen, tief ein. Manchmal schnappten wir auch ein paar Wortfetzen von Viehhirten auf, die sich unter die Akazien am Wegesrand gesetzt hatten. Wie alle Nomaden begrüßten wir einander wortreich und erkundigten uns nach den neusten Ereignissen und den Familien.

Im Morgengrauen kamen wir dann in Isiolo an und während die Händler um uns herum noch ihre Stände aufbauten, tranken wir im morgendlichen Chaos unsere erste Tasse dampfenden Chai. In einem wahren Völkergemisch von Somalis, Samburu- und Borana-Nomaden begutachteten wir das Gemüse und Obst der Kikuyu-Händler. Über die Jahre bauten wir zu einigen Händlern ein Vertrauensverhältnis auf.

Kurze Zeit später kauften wir inmitten hektisch gestikulierender Verkäufer, die ihre Kamele, Kühe und Ziegen meistbietend versteigerten, Mehlsäcke und Gemüse. Da wir unsere Waren nicht zurückschleppen konnten, wuchteten ein paar Träger sie durch das hektische Markttreiben zu den Matatus, die sie nach Archer's Post lieferten. Manchmal musste ich dort allerdings tagelang auf meine Mehlsäcke warten, denn die Fahrer nahmen sie nur mit, wenn sie in ihren völlig überfüllten Bussen auf dem Dach zwischen all den Hühnern und Matratzen noch etwas Platz hatten. Wenn sie nicht eintrafen, ging ich immer wieder unruhig zu den bekannten Haltestellen in Archer's Post und erkundigte mich bei den Fahrern nach meiner Fracht.

Während mich Fatuma beruhigte, machten mir meine Schwiegereltern Vorhaltungen. Wie könne ich nur ein paar dahergelaufenen Fahrern meine Waren überlassen? Ich werde schon sehen, was ich davon habe, erklärten sie mir. Eines Tages würde einer der Fahrer mit den Lebensmitteln durchbrennen, prophezeiten sie mir. Das könne doch gar nicht gut gehen. Fatuma baute mich jedes Mal auf, wenn ich verzweifelte. Doch in all den Jahren ist mir nie eine Ladung abhanden gekommen.

Ganz im Gegenteil: Mein kleines Geschäft expandierte von Jahr zu Jahr.

Als die Frauen aus der Umgebung von Archer's Post merkten, dass ich keine überhöhten Preise nahm, kamen sie und kauften regelmäßig bei mir Maismehl und Tee und ersparten sich selbst den mühsamen Weg nach Isiolo, der vor allem für die älteren Frauen sehr beschwerlich war. Bald hatte ich eine Reihe von Stammkundinnen. Die Frauen gaben bei mir ihre Vorbestellungen auf, um sich so ihre Lebensmittel zu sichern. Manche kamen von weit her aus den Manyattas im Umkreis von Archer's Post. Für sie war es wichtig, den langen Weg nicht umsonst zu laufen. Und sie wussten, dass sie sich auf mich verlassen konnten. Nur manchmal, wenn Lebensmittel knapp wurden, weil es monatelang nicht geregnet hatte, konnte ich ihnen nur einen Teil der bestellten Waren verkaufen. Dann musste auch ich wochenlang auf Nachschub warten.

Meine Kinder genossen eine unbeschwerte Kindheit im Trubel zwischen all den Verkaufsbuden. Anfangs waren es Tom, Janet, Sammy und Kevin. Meine jüngste Tochter Sylvia kam erst Jahre später als Nachzüglerin auf die Welt. Den ganzen Tag über tobten die vier mit den Kindern der anderen Händler draußen herum, liefen laut kreischend umher oder spielten zwischen den Kiosken Verstecken. Oft trugen sie auch Fußballturniere aus, für die sie aus Plastiktüten Bälle zusammenschnürten, oder sie bauten sich aus alten Konservendosen kleine Trommeln und zogen singend durch die Nachbarschaft. Als Tom älter wurde, bastelte er sich auch oft aus Kronkorken ein Bao, eine Art afrikanisches Damespiel.

Wenn ich Zeit hatte, legte ich eine Pause ein. Ich hockte mich dann zu ihnen auf die Veranda und sang mit ihnen Lieder, die ich einst von Mama Meroni gelernt hatte. So brachte ich ihnen wenigstens einige der alten Samburu-Kinderlieder bei. Eigentlich wäre dies auch die Aufgabe meiner Schwiegermutter gewesen, doch sie schien daran keinen Spaß zu haben und gab sich nur selten mit ihren Enkeln ab. Manchmal halfen mir meine Kinder auch im Laden. Wenn die Matatu-Fahrer wieder mal ein paar prallvolle Mehlsäcke und andere Waren geliefert hatten, gingen sie mir beim Einräumen zur Hand. Als Belohnung verteilte ich dann Süßigkeiten.

Es war herrlich zu sehen, wie sie die Karamellbonbons aus dem fernen Nairobi genüsslich lutschten. Karamell war etwas ganz Besonderes, das es in meiner Kindheit bei uns überhaupt noch nicht gab. Anders als im abgeschiedenen Wamba brachte die Durchfahrtsstraße, die hochtrabend auch East African Highway genannt wurde, viele Neuerungen und Ideen aus dem modernen Kenia nach Archer's Post und das ist bis heute so geblieben.

Täglich preschten Safaribusse durch unser Straßendorf und wirbelten roten Staub auf, der sich auf die windschiefen Hütten und Häuser legte und in alle Ritzen drang. Anfangs setzte mir diese Staubschicht, die über allem lag, arg zu und ich vermisste die saubere Bergluft von Wamba. Doch mit der Zeit gewöhnte ich mich daran und genoss das bunte Treiben in Archer's Post, Treffpunkt für die Samburus aus der gesamten Gegend und Fremde aus aller Welt, die gekommen waren, um sich die herrliche Landschaft und die Tiere in den Nationalparks der Umgebung anzuschauen.

Die Fahrer, die an den Dukas Pausen einlegten, kamen aus allen Teilen Kenias, meist aus den ärmeren Gegenden, in denen es ansonsten keine Jobs gab. Staunend hörte ich zu, wenn sie von der Glitzermetropole Nairobi, der hohen Kriminalität oder von der muslimischen Küstenstadt Mombasa erzählten. Mir wurde klar, dass es da draußen eine mir völlig fremde Welt gab, in der ganz andere Gesetzmäßigkeiten galten als die unsrigen. Durch ihre Erzählungen wurde mir klar, dass wir Samburus in einer eher abgelegenen Region lebten und noch viel stärker unsere Traditionen pflegten als andere Kenianer. Mit unserer Kleidung, unseren Bräuchen und unserer Lebensart wirkten wir auf sie hinterwäldlerisch. Da draußen herrschten andere Sitten. Dort schienen die Männer ihre Frauen auch mehr zu respektieren, hörte ich heraus. Für die Fahrer war Archer's Post das Tor zum unzugänglichen Samburu-Land. Ab hier mussten sie vor Banden auf der Hut sein. Deswegen fuhren sie oft in Konvois, um sich zu schützen.

Der Andrang auf mein Geschäft wurde immer größer und ich mauserte mich zu einer richtigen Geschäftsfrau. Mein Mann war stolz auf mich und erleichtert, dass ich die Familie weitestgehend allein versorgte. Anschreiben durften bei mir nur Frauen, vor allem die, die ihre Familien mit Mühe und Not durchbringen mussten. Mit ihnen machte ich auch gerne kleine Tauschgeschäfte. Ich besorgte ihnen Maismehl und Zucker und sie gaben mir dafür ihre Tierfelle, die sie draußen in den Manyattas der kleinen Dörfer gegerbt hatten.

Bald hatte sich in der ganzen Region herumgesprochen, dass meine Preise fair waren und ich Frauen einen Kredit gab, wenn sie knapp bei Kasse waren. Da meine Geschäfte gut liefen, konnte ich denen unter die Arme greifen, die nicht mehr wussten, woher sie die nächste Mahlzeit nehmen sollten. Sie schütteten ihr Herz bei mir aus, erzählten mir von ihren Männern, die ihr Geld in den Kneipen von Archer's Post für Alkohol verprassten. Manche Männer versetzten dafür sogar die Ziegenfelle, auf denen eigentlich die Kinder schlafen sollten. Wenn die Frauen sie zur Rede stellten, drohten sie ihnen Schläge an.

Nach und nach wurde meine kleine Duka zum Treffpunkt für Frauen aus der gesamten Gegend rund um Archer's Post. Zwischen den Fellen und bunten Ketten, die sich im Winde drehten, vertrauten sie mir auf Mehlsäcken hockend ihre Sorgen und Probleme an, erzählten mir vom Durchfall ihrer Kinder, deren Heiratsplänen oder freuten sich mit mir, wenn sie ihre ersten Enkelkinder bekamen. Dabei holten sie sich so manches Mal Rat. Es wurde viel gelacht, aber auch geweint.

Mein Schwiegervater zerriss sich das Maul über die vielen Frauen, die bei mir ein und aus gingen. Ich solle dies unterbinden, mich auf meine Arbeit konzentrieren und mich um meine eigene Familie kümmern statt um die Kinder der anderen, forderte er. Wenn eine Frau mit mir sprechen wollte und er in der Nähe war, ging ich mit ihr unter einem Vorwand zur nächsten Akazie, hockte mich mit ihr dort in den Schatten und erst dann redeten wir.

Eines Tages saß ich wieder einmal mit einer Frau unter einer Akazie. Unruhig schaute sie sich immer wieder um, um sicherzugehen, dass kein anderer zuhörte. Sie nahm meine Hand und schaute mich ängstlich an. »Ich muss dir etwas anvertrauen, aber du musst schwören, mit keiner Menschenseele darüber zu reden.« Ich war gespannt und versicherte ihr absolutes Stillschweigen. Unter Tränen erzählte mir die junge Samburu-Frau ihre fürchterliche Geschichte. Eines Abends war sie im Dämmerlicht noch einmal ins Nachbardorf zu ihrer kranken Mutter gelaufen. Plötzlich habe es im Gebüsch geknackt und zwei Männer in Uniformen seien aus den Büschen gesprungen, erzählte sie. Martialisch hätten sie sich vor ihr aufgebaut und ihr den Weg versperrt. Lachend hätten sie ihr die Shuka vom Leib gerissen, sie zu Boden geschmissen und vergewaltigt. Blutend hatte sie sich in ihr Dorf geschleppt und in ihre Hütte gerettet. Dort hatte ihr eigener Mann sie aber nur angeschrien. Er habe getobt, erzählte die junge Frau, und sie mit den Füßen getreten. Es habe ihr das Herz gebrochen. Er habe sich ihre Erklärungen nicht einmal anhören wollen. »Geh mir aus den Augen«, habe er geschrien. Dann hatte er sie kurzerhand vor die Tür gesetzt. Die junge Frau weinte bitterlich. Ihr Leben sei in jener Nacht zerstört worden, klagte sie. Sie lebte seither bei ihrer Mutter und schlug sich mehr schlecht als recht mit dem Brauen von Changaa, einem hochprozentigen Schnaps aus Mais oder Getreide, durch. Ich tröstete sie. Ich glaube, es war das erste Mal, dass sie einer Fremden von dem fürchterlichen Erlebnis erzählte. Für sie war es befreiend, für mich beklemmend. Mir war sofort klar, dass es sich bei den Vergewaltigern um britische Soldaten vom nahe gelegenen Militärstützpunkt gehandelt haben musste.

Nachdem sich diese erste Frau getraut hatte, über ihr schreckliches Schicksal zu sprechen, tauchten bald weitere Frauen mit ähnlichen Geschichten auf. Die Berichte über Vergewaltigungen durch britische Soldaten häuften sich. Fast alle hatten Ähnliches erlebt. Sie waren abends in der Dämmerung außerhalb ihrer Dörfer überfallen und misshandelt worden. Viele der Frauen hatten jahrelang geschwiegen, doch mittlerweile hatte sich unter den Frauen die Geschichte herumgesprochen. »Nehmt euch in Acht vor den Soldaten«, raunten sie den Mädchen zu. »Manchmal machten sich gleich mehrere Weiße neben grasenden Ziegen über eine Frau her«, erzählten sie mir in meiner Duka. Erst Jahre später kümmerte sich ein Anwalt um ihre Anliegen.

Seit Jahrzehnten war ein britisches Armeekontingent vor den Toren von Archer's Post stationiert. Das Straßendorf war schon in der Kolonialzeit ein britischer Stützpunkt gewesen und galt als Tor zum unzugänglichen Samburu-Distrikt, damals ein militärischer Sperrbezirk. Einige der Soldaten schienen sich regelmäßig an Samburu-Frauen zu vergehen. Statt ihnen zu helfen, gaben die Ehemänner ihren Frauen die Schuld und warfen sie aus ihren eigenen Häusern. An eine Rückkehr zu ihren Familien war bei den meisten Frauen nicht mehr zu denken. Aus Verzweiflung versuchten sie sich dann irgendwie durchzuschlagen.

Manchmal brauten die Frauen dann Changaa, was so viel heißt wie »Töte mich schnell«. Doch wenn sie beim Verkauf von Changaa erwischt wurden, beschlagnahmte die Polizei den Schnaps und meistens mussten sie dann auch noch ein Bußgeld zahlen. Wenn sie kein Geld hatten, landeten sie im Gefängnis. Zunehmend versuchten wir uns auch um diese inhaftierten Frauen im Umkreis von Archer's Post zu kümmern. Die meisten saßen in völlig verdreckten Zellen ihre Haftstrafen ab. Oft tranken die Polizisten den selbst gebrauten Schnaps selber oder verkauften das hochprozentige Gebräu weiter. Die Kinder dieser Frauen blieben derweil sich selbst überlassen. Sie irrten dann oft hungrig über die staubigen Pisten, wurden angefahren oder von wilden Tieren angefallen. Um das zu verhindern, bat ich die Polizisten, mich einzuschalten, wenn sie eine Frau aufgriffen. Doch meistens sagten sie nicht Bescheid, denn sie wussten, dass ich auf sie einreden würde, die Frau sofort wieder freizulassen. Da ich sehr hartnäckig war und sie ihre Autorität nicht infrage gestellt wissen wollten, versuchten sie das zu umgehen und schwiegen.

Für viele Frauen war dies ein ewiges Versteckspiel, sich so ihren Lebensunterhalt zu verdienen. Ich riet ihnen, wie einigen anderen Frauen auch, traditionellen Schmuck aus Perlen herzustellen, den ich dann in meinem Laden für sie verkaufen könnte. Einige der Frauen hatten sich bereits zusammengeschlossen und boten ihre Ketten am Straßenrand den Touristen an. Ich ermunterte sie, sich ihnen anzuschließen, denn das war ein sicherer Weg seinen Lebensunterhalt zu verdienen.

Doch manche Frauen versuchten weiterhin sich mit dem selbst gebrauten Schnaps durchzuschlagen. Meist geriet ihr Leben in einen Teufelskreis. Immer wieder wurden sie von der Polizei aufgegriffen und während sie im Gefängnis ihre Strafen absaßen, verwahrlosten ihre Kinder, irrten durch die Dörfer und wurden in der Halbwüste nicht selten von Hyänen gerissen. Wenn sie Glück hatten, landeten sie bei anderen Frauen, die sie in ihre Familien aufnahmen, oder wir versuchten im Laden jemanden zu finden, der sich um die Kinder kümmern konnte. So entstand über die Jahre ein Netzwerk von Frauen für Frauen. Wir versuchten uns gegenseitig unter die Arme zu greifen. Oft besuchte ich die inhaftierten Frauen im Gefängnis und brachte ihnen etwas Essen vorbei.

Um Kundinnen musste ich mir keine Sorgen mehr machen und zunehmend rief man mich, wenn es um die Belange der Frauen ging, vor allem um Gewalt gegen Frauen. Ich nahm kein Blatt vor den Mund und wurde oft zu Hilfe gerufen, um zwischen Männern und Frauen zu schlichten. In der Gemeinde galt ich bald als die Sprecherin der Frauen. Auch wenn das die älteren Samburu-Männer nicht gerne sahen, wurde ich offiziell zur Vorsitzenden des Bezirkskomitees gewählt. Mein Schwiegervater und einige Vertreter des Ältestenrates beschwerten sich, ich mische mich in Dinge ein, die mich als Frau nichts angingen. Es kam also einem Wunder gleich, dass ich Anfang der Neunzigerjahre am sogenannten Jamhuri Day, dem Unabhängigkeitstag Kenias, eine Ansprache halten durfte.

Wie im ganzen Land feierten auch wir Samburus an diesem höchsten kenianischen Feiertag die Unabhängigkeit Kenias mit einer Reihe von Festreden. Nairobi war zwar weit weg und die nationale Politikbühne schien unsere Interessen nicht wahrzunehmen, doch auch hier in der Abgeschiedenheit der Halbwüste wollten wir ein Teil dieser modernen Nation sein. Damit so viele Leute wie möglich zuhören konnten, befestigten einige der jungen Morani an einigen Dukas im Ort Lautsprecherboxen. Schon bald hatten sich auf dem Platz vor der Polizeistation am Ortseingang die ersten Menschentrauben gebildet. Vorne in den ersten Reihen hatten sich die Dorfältesten in ihren schönsten Shukas vor den Politikern postiert. Ganz hinten standen die Frauen, die sich mit ihrem traditionellen Schmuck und ihren bunten Tüchern eigens für den Anlass herausgeputzt hatten. Gebannt hörten sie zu, wie die langatmigen Versprechen und Beteuerungen der gesamten regionalen Politikergarde aus den Lautsprechern scheppernd über den Platz hallten.

Dann hatte der District Commissioner, der DC, wie wir ihn nannten, das Wort. Auf Geheiß der Regierung in Nairobi las er die Rede des kenianischen Präsidenten Daniel Arap Moi vor.

Er leierte sie herunter und die Worte des Präsidenten, der sich als großer Landesvater aufspielte, wirkten ziemlich absurd. Hier in der Provinz fühlten wir Samburus uns eher wie seine ungeliebten Kinder. Seit der Unabhängigkeit 1963 war kaum Geld in unsere verarmte Gegend geflossen. Nicht ein einziges Krankenhaus, keine Straßen geschweige denn Schulen waren hier je von der Regierung gebaut worden. Die meisten Schulen wurden von Missionaren betrieben, die Dreckpisten hatten die Engländer geebnet. Die lobenden Worte über die Fortschrittlichkeit des modernen Vielvölkerstaates Kenia wirkten hier draußen vor diesem Hintergrund also etwas grotesk. Denn für uns hatte es seit der Unabhängigkeit keine nennenswerten Verbesserungen gegeben. Viele Samburus hatten ohnehin keine klare Vorstellung vom Rest Kenias, da sie die Region noch nie in ihrem ganzen Leben verlassen hatten. Dennoch überboten sich die Redner gegenseitig in ihren Lobhudeleien.

Mein Anliegen, die Interessen der Frauen zu wahren und ihre Situation ungeschminkt darzustellen, fiel also aus dem Rahmen und passte so gar nicht in das politische Klima in unserem kleinen Dorf. Die Frauen tanzten und sangen, als der DC die Rede beendet hatte, und nach einer Weile ergriff ich das Mikrofon. Die Frauen klatschten. Die alten Herren rümpften die Nase. Das hatte es noch nie gegeben: eine Rednerin, die an so einem Festtag die Bedürfnisse der Frauen und Kinder in den Mittelpunkt ihrer Ansprache stellte und von den Politikern forderte, darauf einzugehen.

»Wir Frauen sind die Wächter der Samburu-Kultur«, erklärte ich. Das Publikum hielt den Atem an. Was würde jetzt kommen? Doch eigentlich sagte ich damit nichts Sensationelles. Das waren die Worte des Samburu-Ältestenrats bei meiner Hochzeit gewesen. »Ihr müsst uns unterstützen, denn wir sind es, die eure Kinder großziehen. Ohne uns gibt es keine Entwicklung in dieser armen Region, weit weg von den Zentren der Macht im reichen Süden.«

Derartige Töne waren ungewohnt bei den Jamhuri-Feiern. »Wie könnt ihr es zulassen, dass eure Frauen vergewaltigt werden?«, fragte ich weiter. »Wie könnt ihr es übers Herz bringen, eure geschändeten Frauen dann auch noch vor die Tür zu setzen? Ihr stürzt sie in die Armut und eure Kinder auch. Statt sie zu schützen, verprügelt ihr sie. Ihr solltet eure Frauen ehren, denn sie sind es, die euch euer Essen kochen, eure Kinder versorgen und eure Familie zusammenhalten.«

Tosender Beifall brandete auf. Mir fielen Frauen um den Hals, die ich nicht kannte. Sie umarmten mich und bedankten sich bei mir. Endlich hatte eine Frau den Mut besessen, sich in der Männergesellschaft aufzurichten und sich für die Belange der Frauen starkzumachen. Ich hatte ausgesprochen, was sie nie zu sagen gewagt hätten. Ich hatte die Gewalt gegen Frauen öffentlich beim Namen genannt. Mein Schwiegervater war wütend. Er würdigte mich keines Blickes und ging wortlos an mir vorbei. Er fühlte sich öffentlich gedemütigt. In seinen Augen hatte ich Schande über die Familie gebracht und die alte Ordnung infrage gestellt. Um uns herum hatten sich viele kleine Grüppchen gebildet. Alle diskutierten heftig. Meine Rede zeigte Wirkung. Sie war der Gesprächsstoff für die nächsten Wochen.

Während ich noch über die Reaktion meines Schwiegervaters nachdachte, ergriff plötzlich jemand meine Hand, drückte sie fest und blickte mir tief in die Augen. Vor mir stand eine hagere Samburu-Frau, die ich noch nie in meinem Leben gesehen hatte. Ihr Name war Nagusi Lolemu. »Schwester, ich danke dir für deine Worte«, sagte sie und fiel mir um den Hals. »Ich bin so froh, dass es dich gibt, dass endlich eine von uns die Kraft besitzt, für uns zu sprechen. Du glaubst gar nicht, was mir das bedeutet. Weil ich sehe, wie stark du bist, kann auch ich wieder an mich glauben. Du hast mir Mut gemacht.« Sie umarmte mich und die dicken Tränen, die über ihre Wangen liefen, zeugten nicht nur von ihrem Leid, sondern waren gleichzeitig Freudentränen.

Dann begann Nagusi zu erzählen. Ihre tiefe, sonore Stimme zog mich in ihren Bann. In dem Stimmengewirr um uns herum nahm ich plötzlich allein ihre Worte wahr. Ich schaute mich noch kurz um und sah meinen wütenden Schwiegervater inmitten der alten Samburu-Herren. Er gestikulierte wild und ereiferte sich aufs Äußerste. Doch auf einmal war das alles nicht mehr wichtig, nur noch Staffage. Ich hörte zu. Nagusis Geschichte sollte mein Leben für immer verändern.

Nagusi, etwas älter als ich, war genau wie ich in einem kleinen Dorf groß geworden. Dann hatte auch sie in eine Familie in der Nähe von Archer's Post eingeheiratet. Eines Tages war sie Opfer einer Gruppenvergewaltigung durch britische Soldaten geworden. Es geschah nachmittags beim Wäschewaschen am Fluss. Drei junge Männer hatten sich auf Nagusi gestürzt und sie abwechselnd missbraucht. Verwundet schleppte sich Nagusi in ihre Manyatta. Als sie ihrem Mann schluchzend erzählte, was passiert war, griff dieser nach einem Stück Holz und verprügelte seine ohnehin schwer verletzte Frau, bis sie sich kaum noch aufrichten konnte. Er schrie sie an, warf ihr vor, den Namen der Familie in den Dreck gezogen zu haben, und verstieß sie.

Ohne die Hilfe einer Nachbarin hätte Nagusi nicht überlebt, denn sie konnte kaum noch laufen. Die Frau nahm sie auf und pflegte sie, bis sie sich halbwegs erholt hatte und in der Lage war, sich auf den Weg zu einer Verwandten zu machen. Mit diesem Entschluss zog sie die Missachtung des gesamten Dorfes auf sich. Tagelang bangten beide Frauen um ihr Leben, weil sie den Zorn der Dorfbewohner fürchteten. Eines Nachts schlich sich Nagusi mit einem kleinen Bündel davon. Sie wollte endlich frei sein und dem Hass ihres Mannes, der so alt war, dass er ihr Vater hätte sein können, entkommen. Doch richtig frei wurde sie nie. Immer wieder stellte er ihr nach. Jedes Mal, wenn er sie aufgespürt hatte, machte er ihr Vorhaltungen und verprügelte sie.

Nagusi lebte in ständiger Angst, bis sie sich nach Archer's Post absetzte. Die Furcht, dass er sie nun auch hier aufspüren könnte, war groß. »Ich wünsche mir ein Leben in Frieden«, meinte Nagusi abschließend. Worte, die sich tief in meine Seele einbrannten und die ich nicht mehr vergessen würde. »Wir müssen uns zusammentun, uns gegenseitig stützen«, erklärte sie. Und es war dieser Appell, der mich nie wieder loslassen würde. Am Ende ließen mich ihre Worte sogar über mich selbst hinauswachsen.

Es war schon dunkel, als ich mich von Nagusi verabschiedete. Schweren Herzens ließ ich sie ziehen. Ich musste zu meinen Kindern zurück. Doch bevor sie in der sternklaren Nacht verschwand, lud ich sie ein, mich in meinem Laden zu besuchen. »Dort wirst du Gleichgesinnte kennenlernen, Frauen, die Ähnliches wie du mitgemacht haben.« Nagusi strahlte. »Du hast mir heute mit deiner Rede viel Kraft gegeben. Manchmal dachte ich schon, ich sei am Ende. Jetzt weiß ich, dass ich die Hoffnung nicht aufgeben darf. Solange es Frauen wie dich gibt, ist unsere Situation nicht aussichtslos. Mit jemandem wie dir sind wir stark«, fuhr sie fort. »Wenn du redest, hören die Männer wenigstens zu. Auch wenn sie fluchen und gegen dich wettern, sie haben Respekt vor dir und vielleicht auch etwas Angst.« Ich war selig. Ihre Worte bauten mich auf. Endlich bekam ich Anerkennung für das, was ich machte.

Ich fühlte mich stark wie kaum jemals zuvor, als ich in jener Nacht nach Hause ging. Dort empfing mich mein Mann mit bösen Blicken. Er war betrunken. Auf dem Fest hatte er sich zunächst die Tiraden seines Vaters anhören müssen und dann noch stundenlang mit den Dorfältesten diskutiert. Dabei hatte er viel Alkohol getrunken. Ich hatte gleich am Anfang unserer Ehe feststellen müssen, dass er dem Alkohol nicht abgeneigt war, doch mit den Jahren wurde das Problem immer schlimmer. Aufgestachelt von den anderen und wohl von seinem Vater unter Druck gesetzt, drohte er mir Schläge an, wenn ich seiner Familie nicht endlich mehr Respekt zeige. Das waren genau die Worte und der Tonfall seines Vaters. Zum ersten Mal prallte sein Gezeter an mir ab. Ich war erleichtert, als er auf seinem Sessel einschlief.

Am nächsten Morgen stand ich schon früh voller Tatendrang in meinem Laden. Mir kam es so vor, als hätte ein neues Leben begonnen. Jetzt gab es kein Zurück mehr. Die meisten meiner Kundinnen hatten meine Rede gehört und fühlten sich erleichtert, dass sich endlich jemand für sie starkmachte. Dann am Nachmittag stand sie plötzlich in meinem Laden: Nagusi, die Frau mit dem stolzen Blick. Wir setzten uns unter die Dorfakazie und ich stellte den anderen Frauen meine neue Mitstreiterin vor. Endlich hatte ich eine Seelenverwandte gefunden und wir regten uns gleich gemeinsam darüber auf, dass wieder einmal ein Mädchen an einen alten Mann zwangsverheiratet werden sollte »Sie zerstören ihr Leben. Wir müssen das verhindern«, meinte Nagusi und erzählte uns ihre eigene Geschichte. Mit dreizehn war sie an ihren Mann verheiratet worden, der vierzig Jahre älter war. Im Laufe dieser Ehe hatte sie viel Prügel einstecken müssen und immer nur gearbeitet, wie viele dieser jungen Mädchen. Ihr Mann hatte sie obendrein ständig beschimpft und war nie zufrieden mit ihr gewesen. »Sie haben nicht das Recht, uns zu schlagen«, meinte Nagusi. »Es ist ein Verbrechen an uns Frauen. Wir machen all die Arbeit und dann schlagen sie uns auch noch. Wir müssen uns gemeinsam dagegen wehren.«

Einmal mehr gelobten wir Frauen an diesem Nachmittag, einander zu helfen, und stimmten ein Lied an, das zu unserer Hymne werden sollte. »Umoja – gemeinsam schaffen wir es.« Der Text sprudelte nur so über unsere Lippen. »Lasst es uns anpacken. Gemeinsam ist es nicht schwer.« – »Umoja«, sangen wir immer wieder. Und plötzlich war klar: Umoja – zusammen, das würde der Name unserer Frauengruppe sein, die wir hiermit aus der Taufe gehoben hatten. Fortan wollten wir gegen all die Dinge ankämpfen, die ich in meiner Rede benannt hatte: die Benachteiligung der Frauen und die Gewalt gegen uns.

Der Laden wurde nun immer mehr zur Informationsbörse. Hier tauschten wir uns aus. So erfuhr ich, wenn jemand Hilfe brauchte. »Wir müssen die Armut unter uns Frauen bekämpfen«, erklärte ich bei einem unserer Treffen. Von einer Kundin aus Nairobi hatte ich von den sogenannten »Merry Go Round«-Sparvereinen gehört. In den Slums der Hauptstadt halfen sich die Frauen mit Mikrokrediten gegenseitig auf die Beine. Sie sparten gemeinsam und wenn genug Geld zusammen gekommen war, bekam eine der Frauen die Ersparnisse und konnte davon ein kleines Geschäft aufbauen oder eine teure Anschaffung machen. Sobald sie selbst erste Geldeinnahmen hatte, musste sie den anderen das geliehene Geld wieder zurückzahlen. Doch das System des gemeinsamen Sparens kam bei uns nicht richtig in Gang. Die Frauen konnten ihren »Kleinkredit« oft nicht zurückzahlen, da ihre Männer ihnen das Geld wegnahmen. Wir würden also zunächst einmal unsere Stellung gegenüber unseren Männern verbessern müssen, bevor wir uns finanziell unabhängig machen könnten. Für diese Rechte würden wir hart kämpfen müssen. Ich ahnte, dass ein langer Weg vor uns lag. Wir waren erst am Anfang.

# DU HAST ES NICHT ANDERS VERDIENT

Die Sonne stand als glühend roter Ball über den Bergen in der Ferne, die Luft hatte sich etwas abgekühlt und Archer's Post lebte im roten Dämmerlicht auf. Aus der ganzen Umgebung waren Menschen zum Einkaufen und Schwatzen gekommen. Verstaubte Matatus trudelten aus allen Richtungen ein und ich suchte zwischen den altersschwachen Schrottkisten meine Warenladung aus Isiolo. Die Fahrer kannten mich und durchstöberten ihre Frachträume, als plötzlich Nagusi hinter mir stand und mich am Ärmel zog. Sie war außer Atem und völlig aufgebracht. Sie war die ganze Straße entlanggerannt, bis sie mich gefunden hatte. »Komm bitte sofort. Eine unserer Frauen ist ausgeraubt worden.« Entsetzt blickte ich meine Weggefährtin an. »Wo ist das passiert?«, fragte ich. »In der Nähe vom Nationalpark. Sie hat Ketten verkauft. Sie haben ihr die Ketten und ihr ganzes Geld weggenommen und sie dann auch noch geschlagen.« Ich war entsetzt. So ging es nicht weiter. Wir mussten unbedingt etwas dagegen tun. Immer häufiger kam es auf dieser Straße zu Überfällen. Wütend hasteten Nagusi und ich an Geländewagen und den Kiosken vorbei zu unserer Akazie. Dort trommelten wir sofort unsere Gruppe zusammen.

Binnen weniger Minuten hatten die ersten Frauen unter der Akazie Platz genommen. Mit ausgestreckten Beinen und geraden Rücken saßen sie aufrecht um den Baumstamm herum. Auf ihren Schultern lag ihr dichter Perlenschmuck. Einige von ihnen stillten ihre Babys. Heißer Chai machte die Runde. Dicht aneinandergepresst warteten sie in ihren hauchdünnen, bunten Tüchern auf unsere Besprechung. Aufgeregt redeten sie durcheinander. Sie hatten von dem Überfall gehört. Die Verunsicherung unter den Frauen war groß. Sie waren verstört.

Die ausgeraubte Frau war außer sich vor Angst den ganzen Weg zu mir in meinen Laden gerannt. Sie schluchzte und wischte sich mit ihrem roten Kangatuch die Tränen aus dem Gesicht. Die Angst steckte ihr noch in den Knochen. »Es war fürchterlich«, jammerte sie und weinte bitterlich. »Sie haben mir einfach alles weggenommen. Wie soll ich nun meine Kinder ernähren?«, klagte sie. Verzweifelt senkte sie den Blick, während die anderen sie zu trösten versuchten. Selbst die Perlenketten, die die anderen Frauen hergestellt hatten und die sie zum Verkaufen dabeigehabt hatte, hatten ihr die Diebe weggenommen. Sie wollte diese zwar noch verstecken, doch es war ihr nicht gelungen – die Diebe rissen ihr alles weg. Nagusi und ich sprachen beruhigend auf sie ein. »Wir werden einen Weg finden. Wir werden dich nicht hängen lassen.« Ich nahm mir vor, der Frau unter die Arme zu greifen.

Noch völlig aufgewühlt erzählte sie, was passiert war. Es dämmerte schon und sie wollte gerade nach Hause aufbrechen, als sich plötzlich mehrere angetrunkene Männer vor ihr aufgebaut und Geld gefordert hatten. Als sie sich weigerte, ihre Tageseinnahmen herauszurücken, hatten sie sie an ihren Ketten gepackt und geschüttelt. »Es ist unser gutes Recht, dir das Geld abzunehmen«, hatten sie gerufen und sie unter großem Gelächter herumgeschubst. »Du darfst hier gar nichts verkaufen«, hatte einer der Männer gerufen. »Wo ist deine Lizenz?«, hatte ein anderer gegrölt. »Wenn du uns das Geld nicht gibst, bringen wir dich zur Polizei. Wir zeigen dich an und du landest im Gefängnis.« Am Ende hatten sie sie geschlagen und genötigt, ihre gesamten Einkünfte herauszurücken. Dann hatten die Männer sie noch durchsucht und dabei die verbliebenen

Ketten gefunden. »Lass dir das eine Warnung sein«, hatten die Männer gedroht und höhnisch gelacht. »Und halte ja deinen Mund, sonst verprügeln wir dich das nächste Mal richtig.«

Völlig niedergeschlagen saß sie nun da wie ein Häufchen Elend, als habe ihr jemand den Boden unter den Füßen weggezogen. Sie fühlte sich erniedrigt. Das Gelächter der Männer hatte ihr mehr zugesetzt als die Schläge. Wir redeten ihr noch lange gut zu, um sie aufzubauen. Ich versuchte sie zu überreden, Anzeige zu erstatten, doch der Gedanke daran, eine Polizeistation zu betreten, warf die arme Frau völlig aus der Bahn. Sie begann erneut zu weinen und mir wurde klar, dass sie dazu nicht in der Lage war. Mir wurde schwer ums Herz. Einmal mehr würden wir uns nicht wehren, denn es war nicht der erste Überfall, den wir nicht anzeigten.

Es hatte sich wohl herumgesprochen, dass wir mit unseren Ketten ganz gut verdienten. In unserer Gegend kam es ohnehin oft zu Raubüberfällen durch somalische Banden aus dem Nachbarland, doch dieses Mal waren es Samburus, die die Frau überfallen hatten. Sie waren offensichtlich der Überzeugung, dass ihnen das Geld aus dem Verkauf des Schmucks zustand, und sie waren sich sicher, dass die Frauen nie gegen die Überfälle angehen würden. Wir beschlossen, zukünftig nur noch in kleinen Gruppen auszuschwärmen. Um uns zu schützen, teilten wir uns in Teams ein: Einige fädelten die Ketten unter unserer Akazie auf, während andere sie verkaufen würden. Dennoch blieb ein Risiko, denn die Männer lauerten den Frauen oft auf dem Heimweg zu ihren Manyattas auf, wenn jede wieder allein unterwegs war.

Wir beschlossen, uns nun regelmäßig unter unserer Akazie zu treffen. Bei unseren Zusammenkünften sprachen wir häufig über Gewalt. Bislang hatten es die Frauen für völlig normal gehalten, von ihren Ehemännern geschlagen zu werden, doch je öfter wir darüber redeten, desto mehr Frauen begriffen, dass es an der Zeit war, etwas dagegen zu tun. Wir gelobten, einander im Blick zu behalten. Doch das war gar nicht so einfach, denn wir lebten weit verstreut in kleinen Manyattas und Dörfern, manche von uns Hunderte Kilometer von der Nächsten entfernt. Oft vergingen Tage, bis wir erfuhren, dass eine Frau von ihrem Mann derart verprügelt worden war, dass sie kaum laufen konnte. Meist war sie dann von der Gunst einer Nachbarin abhängig. Wenn wir es doch mitbekamen, schickten wir wenn irgend möglich ein paar Frauen, die sich um die Kinder und die Verletzte kümmerten.

Ich setzte mich nun auch verstärkt für die Frauen ein, die von britischen Soldaten vergewaltigt worden waren. Oft kamen sie in meinen Laden und weinten sich bei mir aus. In ihren eigenen Dörfern wurden sie geächtet. Die Leute in Archer's Post gingen ihnen ebenfalls aus dem Weg, die Alten bespuckten sie sogar und verurteilten sie gnadenlos als Huren. Immer wieder versuchte ich zu vermitteln und erklärte, dass man sie vergewaltigt hatte. Doch keiner wollte etwas mit den Frauen und den Kindern, die aus solchen Vergewaltigungen hervorgegangen waren, zu tun haben.

Die Kinder wurden von allen gehänselt. Man nannte sie »point five«, »null komma fünf«, was so viel wie »halb weiß, halb schwarz« bedeutet – eine Anspielung auf ihre helle Hautfarbe. Andere beschimpften sie als Mzungus, Weiße, die hier nichts verloren hätten. Sie galten als Kinder der verhassten britischen Soldaten, die ohnehin den meisten Menschen in Archer's Post ein Dorn im Auge waren. Keiner verstand, warum es das Armeecamp der Briten auch lange nach Ende der Kolonialzeit immer noch gab. Die Kinder erinnerten also gewissermaßen auch daran, dass sich die Briten einfach nahmen, was sie wollten – und das erregte die Gemüter.

Ich versuchte die Frauen bei jeder Gelegenheit zu unterstützen und verkaufte ihre gegerbten Felle und ihre selbst gefädelten Ketten für sie. Häufig waren es Tauschgeschäfte. Sie gaben mir die Felle und bekamen dafür Mehl, Öl und Zucker von mir. Manchmal setzte ich mich dann noch mit ihnen auf meine Veranda und sie schütteten mir bei einer Tasse Tee ihr Herz aus.

Nicht wenige dieser Frauen schlugen sich dank ihrer Einnahmen aus dem Verkauf von Perlenketten allein mit ihren Kindern durch, denn ihre Männer hatten sie vor die Tür gesetzt und keine von denen, die ich in jener Zeit kennenlernte, konnte je zu ihrer Familie zurückkehren. Einige der Frauen verließen auch irgendwann Archer's Post mit ihren Kindern, da sie die ständigen Anfeindungen nicht aushielten. Sie versuchten sich woanders in Kenia ein neues Leben aufzubauen. Von ihnen hörten wir nie wieder etwas.

In Archer's Post sprachen die Frauen mittlerweile voller Bewunderung von unserer Rebellion. Umoja, der Name unserer Gruppe, war in aller Munde. Zwar hatten die meisten Frauen keine klare Vorstellung von dem, was wir wollten und was wir machten, doch ihre Neugierde war groß. Die Männer diffamierten uns als Lesben und untersagten ihren Frauen, mit und über uns zu reden, geschweige denn sich uns anzuschließen. Sie warfen mir vor, ihre Frauen aufzuhetzen, und machten mich für die vermeintlich aufmüpfige Stimmung unter den Frauen verantwortlich. Denn durch unser Vorbild ermutigt, lehnten sich einige Frauen nun zum ersten Mal gegen ihre Männer auf und gaben Widerworte, wenn ihre Männer sie schlagen wollten. Das erweckte den Unmut der Männer. Ich wurde zunehmend zur Zielscheibe ihrer Wut. Vor allem mein Schwiegervater nahm jede Möglichkeit wahr, unsere Nachbarn und seinen Sohn gegen mich aufzuhetzen. Der Laden sei eine Brutstätte subversiver Aktivitäten, wetterte er. Ich respektiere die alte Ordnung der Samburus nicht mehr und erhebe mich über sie, stichelte er.

Eines Tages kam ich am späten Nachmittag nach Hause. Meine Kinder brauchten unbedingt saubere Wäsche, also war ich zum Waschen zum Uwaso-Fluss gegangen. Zwischen den riesigen Palmen, die sich stolz in den Himmel reckten, fühlte ich mich plötzlich das erste Mal seit Wochen sorgenfrei und an meine Kindheit erinnert. Gut gelaunt schwatzte ich mit ein paar Frauen aus Archer's Post endlich einmal nicht über Raubüberfälle und verstoßene Frauen, sondern über die Zukunft unserer Kinder. Wir waren sicher, dass sie einmal ein ganz anderes, aufgeklärtes Leben führen würden. Endlich ein unbeschwerter Moment. Wie früher verharrte ich einen Augenblick und schaute noch einmal zur Sonne, die nun langsam als dicker roter Ball hinter dem Bergmassiv versank. Singend schritt ich mit meiner nassen Wäsche auf dem Kopf erhobenen Hauptes über den Sandweg nach Hause.

Ich sah schon von Weitem, dass mein Schwiegervater auf unserer Holzveranda auf mich wartete. Er war außer sich vor Empörung. »Warum hast du nichts für uns gekocht?«, giftete er mich an. Ohne eine Antwort abzuwarten drohte er mir mit seinem Rungu. »Wie kannst du es wagen, deine Familie so zu vernachlässigen? Du treibst dich mit deinen Frauen herum und vergisst darüber deine Familie.« Es folgte eine lange Litanei an Vorwürfen. Ich hatte längst gelernt, dass es sinnlos war, dagegen anzugehen. Er hätte mir ohnehin nicht zugehört. Also ging ich ins Haus und machte in aller Seelenruhe im Hinterhof ein Feuer, kochte Ugali – Maisbrei – und grillte etwas Ziegenfleisch. Heute musste ich nicht nur meine Schwiegereltern bewirten, die schon seit Jahren fast täglich bei uns aßen, sondern auch noch die Schwestern meines Mannes, die zu Besuch gekommen waren. Mein Mann war wie so oft in letzter Zeit schlecht gelaunt. Es war ihm peinlich, sich die Vorhaltungen seines Vaters anhören zu müssen. »Warum hast du nur so eine Frau geheiratet? Nichts als Ärger und böses Blut hat sie unserer Familie beschert«, lamentierte der Alte so laut, dass ich draußen an der Feuerstelle jedes Wort verstand. Er legte es offensichtlich darauf an, mich zu provozieren. Doch ich versuchte mich nicht aus der Reserve locken zu lassen.

Als meine beiden Schwägerinnen dann aber auch noch meine Kleider durchstöberten und einige meiner schönsten Tücher einsteckten, während ich noch mit der Vorbereitung des Essens beschäftigt war, platzte mir der Kragen. »Ihr wagt es, euch von mir verköstigen zu lassen und mich dann auch noch zu bestehlen?« Mein Schwiegervater verstummte augenblicklich. Entrüstet starrte er mich an. In seinen Augen war meine Anschuldigung ungeheuerlich. Nach alter Samburu-Sitte hatte ich durch meine Heirat jeglichen Anspruch auf meinen Besitz verloren. Ich war ein Teil der Lolosolis geworden und alles in diesem Haus gehörte der Familie. Meine Schwägerinnen hatten also einen Anspruch auf meine Sachen. Nach altem Samburu-Brauch stand es ihnen zu, sich an meinem Eigentum zu bedienen. Dass ich es wagte, sie zu kritisieren, und versuchte, sie daran zu hindern, war skandalös.

Es folgte ein Sturm der Entrüstung. Ich sei egozentrisch und bilde mir ein, etwas Besseres als die Lolosolis zu sein, warfen sie mir vor. »Wir werden dich in deine Schranken weisen, wenn unser Sohn es nicht tut«, drohte mir der Alte und verließ aufgebracht mit den anderen das Haus. Wortlos stand mein Mann vor mir, holte aus und bevor ich mich wegducken konnte, gab er mir eine Ohrfeige, die mich fast umhaute. Ich begriff, dass er nun auch auf der Seite meiner Schwiegereltern stand. Er dachte überhaupt nicht daran, für mich Partei zu ergreifen. Unsere Familienfehde war eskaliert. Mein Mann hatte zum ersten Mal die Hand gegen mich erhoben. Auch wenn wir in den letzten Monaten öfter gestritten hatten, hatte er sich bislang noch zusammengerissen. Ich war schockiert. Wo sollte das nur enden? Ich hoffte inständig, dass sich die Dinge beruhigen würden. Doch mein Mann war wütend. Er ließ nicht mit sich reden. Es nagte augenscheinlich an ihm, dass sein Vater ihn für einen Feigling hielt. »Ich werde nicht zulassen, dass du meine Familie zerstörst«, warnte er mich. »So geht es nicht weiter. Warum musst du dich immer mit meinem Vater anlegen? Es wird noch böse enden, wenn du so weitermachst.« Erstmals hatte er ganz klar für seinen Vater Partei ergriffen und mit diesen Worten stürmte er aus dem Haus und kehrte erst spätnachts zurück.

Am nächsten Morgen musste mein Mann nach Maralal. Dort trafen sich die Ratsherren, deren Vorsitzender er mittlerweile geworden war, regelmäßig einmal im Monat. Er war viel unterwegs, denn neben den regelmäßigen Treffen des Samburu County Councils reiste er auch ständig quer durch den gesamten Samburu-Distrikt, um Projekte anzuschieben. Und da er auf den Dreckpisten oft nur mühsam vorankam, war er oft tagelang unterwegs. Wenn er zwischen all den Reisen quer durch den Samburu-Landkreis einmal wieder zu Hause war, kam es nun immer häufiger zum Streit zwischen uns beiden. Meistens forderte er Geld von mir. Wenn er neue Reifen für sein Auto brauchte, musste ich einige der Ziegen verkaufen. »Die Ziegen gehören dir«, meinte er dann versöhnlich, »aber das Geld gehört mir. Ich bin schließlich dein Mann.«

Anfangs ließ ich mich noch gerne von ihm umgarnen, doch mittlerweile stand fest, dass es immer nach diesem Muster lief. Um den Frieden zu wahren, ging ich dennoch oft darüber hinweg und gab ihm das Geld, ohne zu murren. Wir lebten zunehmend von den Einnahmen aus dem Laden und von den Ziegen. Und dennoch nörgelte mein Mann jetzt häufiger an mir herum. Oft hatte er etwas an meinem Essen auszusetzen oder er beschwerte sich, dass das Haus nicht aufgeräumt sei. Ich solle mich gefälligst mehr anstrengen, klagte er.

Eines Tages nahm dann alles eine fürchterliche Wende. Es fing mit ein paar deutlichen Warnungen an. Einige Männer in Archer's Post drohten mir mit Repressalien, wenn ich nicht aufhören würde, ihre Frauen gegen sie aufzubringen. Sie zischten mir ihre Drohungen auf offener Straße zu. Doch dann eskalierte die Situation. Eines Abends betrat eine Gruppe von Männern meinen Laden, als ich gerade meine neu eingetroffene Ware sortierte. Ich hatte sie zunächst nicht bemerkt, da ich mich über das Mehl gebeugt hatte, um es abzuwiegen. Noch bevor ich mich zu ihnen umdrehte, spürte ich, dass sich etwas Unheilvolles anbahnte. »Willst du uns nicht bedienen?«, fragten sie höhnisch. »Sei nicht so unhöflich zu uns.« Hinter mir hatte sich ein ganzer Schlägertrupp aufgebaut. »Wenn du uns die Sachen nicht gibst, dann müssen wir sie uns selbst nehmen.« Sie griffen in die Regale und räumten meine Waren nacheinander in einen Sack, den sie mitgebracht hatten. »Wartet. Was macht ihr da?«, wandte ich ein. Als ich weiterreden wollte, schoben sie mich beiseite. »Stell dich nicht so an«, provozierten sie mich und lachten laut los. »Wir brauchen was zum Leben. Das verstehst du doch, oder?«

Bevor ich antworten konnte, prasselten die ersten Schläge auf mein Gesicht. Mit voller Wucht boxten sie mir in die Augen, die sofort anschwollen. Dabei feuerten sie sich gegenseitig an, grölten, schubsten mich hin und her und prügelten auf mich ein. »Du bist nur eine Frau«, schrien sie mich an. »Was mischst du dich auch in alles ein?!« Mit einem Schlag in die Kniekehlen landete ich auf dem Boden. »Was nimmst du dir heraus? Du weißt immer alles besser! Wo bleibt dein Respekt vor Männern? Wir werden dir schon zeigen, wo es langgeht.«

Während ich am Boden lag und mein Gesicht zu schützen versuchte, traten sie mir immer wieder in den Magen, bis ich fast bewusstlos wurde. Ganz gezielt schlugen sie mir mit den Fäusten auf meine Augen, bis ich das Gefühl hatte, sie würden platzen. Dann zerlegten sie meinen ganzen Laden, hauten das Mobiliar kurz und klein und fegten mein komplettes Sortiment von den Holzregalen in ihren Sack. Selbst meine Waage steckten sie ein. Am Ende glich der Laden einer Ruine, bis auf das letzte Fell geplündert. »Wir hoffen, du hast uns verstanden«, flüsterten sie mir beim Abschied ins Ohr. »Das nächste Mal bringen wir dich um.«

Ich lag stöhnend am Boden und konnte mich kaum rühren, als sie endlich meinen Laden verließen. Mein ganzer Körper schmerzte. Ich hatte überall blaue Flecken. Meine Lippen waren aufgeplatzt. Meine Augen waren so geschwollen, dass ich nur noch aus dünnen Schlitzen sehen konnte. Dann nahm ich plötzlich eine Silhouette wahr. Jemand, der sich mir vorsichtig näherte. Mein Herz pochte. Ich verhielt mich still und weinte Freudentränen, als ich Nagusis Stimme erkannte. Ich nahm sie nur schemenhaft wahr. Nagusi kniete neben mir und tupfte vorsichtig meine Stirn und mein Gesicht mit einem nassen Tuch ab. Behutsam schob sie mir ein paar Tücher unter den Kopf. »Wer hat dir das nur angetan?«, fragte sie entsetzt. Ächzend versuchte ich mich aufzurichten. Ich konnte kaum reden vor Schmerzen und war erleichtert, als sie mir mit etwas Wasser ein paar Schmerztabletten einflößte. Ich war ein menschliches Wrack. Dann brachte mich Nagusi in mein Bett, wo ich stöhnend in einen unruhigen Dämmerschlaf fiel.

Als mein Mann an diesem Abend nach Hause kam, musterte er mich wortlos. Er stand einfach nur da und starrte mich an. Kein Wort kam über seine Lippen. Kein Wort des Bedauerns. Kein Wort des Mitleids. Ich war fassungslos. Wie konnte er einfach nur dastehen und nichts tun? Wie konnte er so herzlos sein? »Schau, wie sie mich zugerichtet haben«, flüsterte ich und weinte bitterlich. In mir zerbrach eine Welt. Ich begriff, dass der Mann, mit dem ich vier Kinder hatte, schon lange nicht mehr auf meiner Seite stand. Ich hatte alles verloren. Am liebsten hätte ich laut losgebrüllt. Dies war wohl der schmerzlichste Moment in meinem Leben. »Wie konnte es nur so weit kommen?«, fragte ich mich in dieser Nacht. Wie konnte der Hass meiner Schwiegereltern meine Ehe so vergiften? Ich war davon überzeugt, dass meine Schwiegereltern die Schläger beauftragt hatten. Vielleicht hatte mein Mann sogar eingewilligt. Wortlos packte ich meine paar Klamotten und verließ das Haus.

Nagusi brachte mich nach Isiolo ins Krankenhaus. Auf dem Weg dorthin musste sie mich stützen, denn jeder Schritt schmerzte. Nur mühsam konnte ich meine Beine bewegen.

Wie eine Greisin setzte ich einen Fuß vor den anderen. »Wer hat dir das nur angetan?«, fragte Nagusi immer wieder, als wir endlich in einem Matatu saßen. Leise stimmte sie das Lied unserer Gruppe Umoja an, um mich abzulenken, denn das Schaukeln des Busses setzte mir arg zu. Ich war neben ihr zusammengesunken und froh, als wir endlich in Isiolo angekommen waren. »Das darf nie wieder passieren. Wir müssen aufeinander aufpassen«, flüsterte sie mir zu, als ich unter Schmerzen aus dem Bus stieg. Ich glaube, sie hätte am liebsten geheult, weil es ihr so wehtat, mich in diesem Zustand zu sehen. Aber sie biss die Zähne zusammen. Sie wusste, dass sie jetzt stark sein musste, um mich zu stützen. »Wir können uns nur gegenseitig schützen. Warum leben wir nicht einfach zusammen?«, meinte Nagusi, als wir in der Notaufnahme des Kreiskrankenhauses warteten, wo noch andere Frauen mit ähnlichen Verletzungen saßen.

Nagusi kannte diese Situation nur zu gut. Sie war von ihrem Ehemann jahrelang verprügelt worden und nun schon lange auf der Flucht. Nagusi hatte es satt, vor ihrem Mann davonlaufen zu müssen. Sie wollte endlich zur Ruhe kommen. Manchmal wusste sie nicht wohin und weinte sich bei mir aus. »Wir dürfen uns nicht mehr treten, prügeln und vertreiben lassen«, sagte sie und schaute mich sorgenvoll an. Die Ärzte hatten mich versorgt und ich lag endlich völlig erschöpft, aber auch erleichtert, dass die Schmerzen langsam nachließen, auf einer Krankenhauspritsche. Die Schmerzmittel breiteten sich wohlig in meinem Körper aus, sodass ich endlich wieder klare Gedanken fassen konnte und nicht mehr nur an meinen geschundenen Körper dachte.

»Lass uns gemeinsam etwas aufbauen«, erklärte ich mit der letzten Kraft, die ich in dem Moment aufbrachte. »Warum gründen wir nicht ein Dorf? Ein Dorf nur für Frauen.« Kaum hatte ich diese Worte gesagt, fiel mir Nagusi um den Hals. Trotz der Qual war ich wie elektrisiert. Mein Einfall wirkte wie ein Stromschlag, der mich reanimierte. Ich fühlte mich zwar schwach und fürchterlich müde, aber für einen kurzen Moment riss mich dieser Gedankenblitz aus meiner Erschöpfung. Das Gefühl der Ohnmacht und meine Wut waren wie weggeblasen. Plötzlich stand diese Idee im Raum, die mir unendlich viel Mut machte. Diese Vision würde mich nie wieder loslassen. Ab jetzt gab es kein Zurück mehr.

Nagusi nickte. Wir strahlten uns an. Wir wussten, dass fast jede Frau in unserer Gruppe auf die eine oder andere Art Gewalt über sich hatte ergehen lassen müssen. Plötzlich schien das die einzig sinnvolle Lösung für all unsere Probleme: ein Dorf für uns Frauen. Nur wenn wir zusammenleben würden, könnten wir einander schützen und füreinander da sein. Ganz leise, aber selbstbewusst, stimmte Nagusi noch einmal unsere Hymne an. »Umoja – Pamoja. Gemeinsam schaffen wir es. Lasst es uns anpacken. Gemeinsam ist es nicht schwer.« Plötzlich war klar: Umoja – der Name unserer Gruppe würde auch der Name unseres Dorfes sein.

»Sobald ich mich erholt habe, fangen wir an«, flüsterte ich. »Wir lassen uns nicht unterkriegen.« Ich lächelte schwach. Obwohl ich in dem Augenblick nicht wusste, woher ich die Energie für so eine gewaltige Aufgabe hernehmen sollte, war es beruhigend, dieses Ziel vor Augen zuhaben. In diesem Moment schien es mir wie ein Grashalm, an den ich mich klammerte. Die Vision von einem Dorf, in dem nur Frauen wohnen würden, beflügelte mich. Ich konnte es kaum erwarten, aus dem Krankenhaus herauszukommen und nach Archer's Post zurückzukehren. Doch jetzt sank ich erst einmal in einen tiefen Schlaf, während neben mir die vielen anderen Frauen, mit denen ich den Schlafsaal teilte, stöhnten, schnarchten oder brabbelten.

# ZUM TEUFEL MIT DEN MÄNNERN

Ich fühlte mich zwar noch geschwächt, doch ich hielt es im Krankenhaus einfach nicht mehr aus – inmitten all der stöhnenden Menschen und dem Gestank nach Äther. Endlich war es also so weit. Eingehüllt in ihre blaue Shuka stand Nagusi mit ihrem Kopfschmuck und ihren Perlenketten vor mir, um mich abzuholen. Sie strahlte eine ungeheure Lebensfreude aus, von der ich mich mitreißen lassen wollte. Doch als wir die große Glastür öffneten und in die frische Luft hinausgingen, schrie ich vor Schmerzen auf. Die grellen Sonnenstrahlen brannten mir in den Augen, die sich während meines Aufenthalts an das gedämpfte Licht im Krankensaal gewöhnt hatten. Nur mit einer Sonnenbrille konnte ich das ungefilterte Tageslicht ertragen. Meine Augenlider waren immer noch geschwollen, aber längst nicht mehr wie in jener Nacht, als sie sich wie zwei aufgeblähte Bälle angefühlt hatten. Auch die Blutergüsse an meinem Körper spürte ich noch, aber die Schwellungen waren merklich zurückgegangen. »Es wird noch etwas dauern«, hatten mir die Ärzte versichert, »aber es wird sich alles wieder einrenken.«

Bei der Vorstellung, auf meinen Schwiegervater zu treffen, bekam ich Schweißausbrüche, also verdrängte ich den Gedanken daran, ihm gegenübertreten zu müssen. Ich war heilfroh, mich meiner Freundin und den anderen Umoja-Frauen anvertrauen zu können. Das war jetzt mein neues Leben. Mit meinem alten Leben hatte ich in den Nächten im Krankenhaus gedanklich abgeschlossen. Voller Tatendrang wollte ich mich nun der neuen Aufgabe widmen und bevor ich mich versah, befanden wir uns mitten im lauten Markttreiben von Isiolo.

Früher hatte ich die Hektik und das babylonische Stimmengewirr aus all den unterschiedlichen Bauern- und Nomadensprachen geliebt. Jetzt überforderte mich das chaotische Gebrüll der Rendile und Samburus, die ihre Kühe, Ziegen und Kamele höchstbietend verkauften. Während sie die Tiere begutachteten, priesen einige Meru ihr Miraa, eine Kaudroge, die im Norden Kenias weitverbreitet ist, lautstark an. Das beste Miraa stammt aus den kleinen Farmen rund um die Bauernmetropole Meru. Nur ein Bruchteil der Ernte landet hier auf den Märkten von Isiolo, das meiste wird gleich nach Nairobi gebracht. Inmitten dieser lauten Marktschreier drehten einige Borana- und Somali-Frauen ihre Runden und kauften Waren, die sie kilometerweit schleppen mussten, so wie ich das früher mit meiner somalischen Gefährtin Fatuma getan hatte. Einige der Frauen und Händler erkannten mich sofort und winkten mir zu. Sie waren entsetzt, mich so zugerichtet zu sehen. »Wer hat dir das nur angetan?«, wollten auch sie wissen. Als ich ihnen erzählte, dass ich nun keinen Laden mehr hatte, weil ein Schlägertrupp ihn kurz und klein geschlagen hatte, waren sie untröstlich, vor allem die, die mich schon seit Jahren kannten. »Lass dich nicht unterkriegen«, ermutigte mich eine somalische Nomadin. »Wenn du klein beigibst, dann haben diese Schläger gesiegt. Du darfst dich von ihnen nicht verscheuchen lassen.« – »Ich habe neue Pläne«, versicherte ich. »Du wirst sehen, es wird etwas Neues entstehen. Warte nur ab.« Vorsichtig umarmte sie mich und wünschte mir Glück.

Meine Entscheidung stand fest. Ich hatte meinen kleinen Laden zwar geliebt, aber er hatte auch zu viel Aufruhr in mein Leben gebracht. Ich hatte dadurch viele bewundernswerte Menschen kennengelernt, meine Kinder ernährt, doch am Ende war er auch immer ein Unruheherd für meine Familie gewesen. In der Abgeschiedenheit des Krankenhauses hatte ich beschlossen, meinen Laden nicht wieder aufzubauen. Jetzt wollte ich mich auf unser Frauendorf konzentrieren. »Komm, lass uns keine Zeit verschwenden«, erklärte ich. Nagusi und ich lächelten einander zufrieden an und schlugen zielstrebig den Weg in Richtung Straße ein.

Isiolo war eigentlich eine riesige Bushaltestelle. Kleinere Taxis, größere Matatus und Geländewagen kamen und fuhren am späten Nachmittag im Minutentakt. Während Nagusi und ich auf ein Matatu nach Archer's Post warteten, standen neben uns ein paar Turkana-Frauen und verkauften Holzkohle. Auch sie lächelten mir zu, drückten meine Hand voller Bedauern und brachten ihr Mitleid zum Ausdruck. »Du bist stark wie einst dein Vater. Wer immer dir das angetan hat, soll verrecken«, schimpften sie und spuckten verächtlich auf den Boden. »Wenn du das überstehst, wirst du über dich hinauswachsen«, erklärten sie aufmunternd. Bis heute waren die Turkana meinem Vater dankbar, dass er ihnen als Chief Schutz und Unterkunft gewährt hatte. Aufatmend schaute ich die Frauen an. Ich fühlte mich bestärkt. Ich spürte nun am eigenen Leib, wie wichtig es war, dass mich andere Frauen unterstützten und zu mir hielten. Ihr Zuspruch bedeutete mir viel. Voller Zuversicht schaute ich nun in die Zukunft.

Als wir endlich in einem Matatu saßen und an rotbraunen Termitenhügeln vorbeifuhren, die sich wie Gebirge am Wegesrand erhoben, atmete ich auf. Dieser von Steinen und Gesteinsbrocken übersäte Landstrich ist eigentlich einer der trockensten in Kenia, doch es hatte geregnet und der Niederschlag hatte die Halbwüste in eine spektakuläre Blütenlandschaft verwandelt und Safaritouristen aus aller Welt angezogen. Nach all der Tristesse im Krankenhaus erfüllte mich der Anblick der aufgeblühten Natur mit ungeheurer Freude. Ein Neuanfang. Das war genau der Schwung, den ich nun brauchte. Im Krankenhaus hatte mich allein der Gedanke an unser gemeinsames

Frauendorf immer wieder ermutigt und mir neuen Elan gegeben. Als ich mich langsam von meinen Verletzungen erholte, hatten Nagusi und ich uns das Dorf in den buntesten Farben ausgemalt und nun wollte ich keine Zeit mehr verlieren und einen geeigneten Standort suchen.

Als wir in Archer's Post ankamen, wurden wir gleich am Ortseingang von einem kleinen Frauenkomitee begrüßt. Ich war glücklich, als ich von der rosarot-orange gekleideten Frauenschar umringt wurde. Ihre Gesänge, ihr Gelächter, ihre bunten Tücher und ihr Geruch munterten mich auf. All das hatte ich in der permanenten Desinfektionsduftwolke im Krankenhaus vermisst. Die munter schwatzenden Samburu-Frauen freuten sich, mich wiederzusehen. Manche schluchzten, als sie mich so aufgedunsen sahen, andere vergossen Freudentränen. Sie seien entsetzt gewesen, als sie von dem Raubüberfall gehört hatten, versicherten sie mir. Für die meisten war mit diesem feigen Übergriff eine Grenze überschritten worden, die sie nicht hinnehmen wollten. Sie werteten diesen Angriff aus dem Hinterhalt auch als Einschüchterungsversuch gegen unsere Frauengruppe. »Das werden wir nicht auf uns sitzen lassen«, erklärte Naibala, eine der älteren Frauen in unserem Kreis, die sich nur selten aus der Ruhe bringen ließ. Die ansonsten sehr gutmütige alte Dame war äußerst aufgebracht. »Diesmal sind sie zu weit gegangen.« Wütend erhoben nun auch Frauen das Wort, die sonst immer eingeschüchtert wirkten. Der Anschlag auf mich hatte eine regelrechte Signalwirkung. Eine derartige Aufbruchsstimmung hatte es bislang nicht gegeben.

Als Nagusi und ich ihnen nun von unserer Idee, ein Frauendorf zu gründen, erzählten, waren die Frauen begeistert. »Wir müssen uns unabhängig machen. Wir müssen dahin, wo die Touristen sind«, erklärte ich. »Denn nur so werden wir Geld verdienen und überleben.« Breite Zustimmung. Die Frauen wollten sofort loslegen, und so machten wir uns gleich auf, den Platz unseres neuen Dorfes zu besichtigen.

Singend folgten wir dem Weg, den die Safaribusse nehmen, und bogen hinter der Brücke am Ortseingang von Archer's Post auf eine Sandpiste ab. Wir liefen über die staubige Piste, bis wir dort ankamen, wo die Frauen immer die Touristen abfingen und ihnen ihren Schmuck verkauften. Dort waren sie vor Kurzem ausgeraubt worden. Ab hier durchquerten wir dichtes Buschland bis zum Fluss. Hier offenbarte sich uns ein wunderbarer Blick auf die Palmen, die sich in der warmen Nachmittagssonne in den Himmel reckten. Akazien und dichtes Buschland, so weit das Auge reichte. Ringsherum am Horizont ragten vulkanische Berge in den Himmel und vor uns funkelte das Wasser in tausend goldenen Schattierungen. Es verschlug mir die Sprache. Ich glaube, ich hatte die Schönheit dieses ansonsten ausgedörrten Landstrichs noch nie so wahrgenommen wie in diesem Moment. Vielleicht weil ich dankbar war, noch am Leben zu sein. Vielleicht weil ich die Verstrickungen meines Familiendramas hinter mir gelassen hatte. Ich stand am Ufer und schaute über das wunderschöne Panorama und zum ersten Mal seit vielen Jahren fühlte ich, wie mich eine gewaltige Energie durchströmte, die ich früher nur in Wamba mit meinem Vater in den Bergen verspürt hatte. Neue Lebenskraft durchflutete meinen Körper.

Genau hier wollten wir unser Frauendorf gründen. Wir hielten Ausschau nach Krokodilen und als wir keine sahen, wateten wir voller Freude durch den Fluss und bespritzten einander mit Wasser. Aufgeregt durchforsteten wir das Land und suchten dabei Feuerholz, während sich die Sonne in der Ferne am Horizont hinter den Bergen als majestätischer Feuerball zurückzog. Wir atmeten tief durch, stellten uns in einen Kreis und begannen zu beten. Unsere Worte hallten durch die rot glühende Landschaft. »Möge Ngai uns die Kraft für diese Mammutaufgabe geben. Möge er uns den richtigen Weg weisen und uns schützen, wenn wir auf Widerstände stoßen sollten.« Wir legten einen Schwur ab: Egal was passieren würde, wir wollten einander Schutz geben und aufeinander aufpassen. Wir waren fünfzehn Frauen. Jede von uns hatte auf die eine oder andere Art körperliche Gewalt durch Männer erlebt. Damit sollte jetzt Schluss sein. Wir hatten es satt, uns bevormunden zu lassen. Dieses Stück Land, das wir auserkoren hatten, sollte unser Schutzraum werden. Niemand sollte hier je geschlagen werden. Dafür wollten wir sorgen. Hier würden wir unsere eigenen Hütten bauen.

Wir zündeten ein Feuer an und schlugen ein Lager auf, weil wir gleich hierbleiben wollten, doch ich glaube, keine von uns bekam in dieser ersten Nacht ein Auge zu. Wir waren zu aufgeregt und schmiedeten Pläne für die Zukunft. Der Mond war gerade über dem Uwaso-Fluss aufgegangen. Alles war gespenstisch still, als wären wir die Einzigen weit und breit in der Endlosigkeit dieser Graslandschaft. Was würden die Männer in Archer's Post sagen? Wie würde der Ältestenrat reagieren?, fragten wir uns kichernd. Uns war klar, dass ein reines Frauendorf gegen alle bestehenden Regeln verstieß und die reine Provokation darstellte.

Doch der Druck auf uns Frauen war so groß, dass wir gewillt waren, diese Auseinandersetzung auf uns zu nehmen. Wir alle brauchten einen Ort, um zur Ruhe zu kommen. Ich konnte mir im Augenblick nicht vorstellen, meinem Mann und seinen Eltern je wieder in die Augen zu schauen. Neben der körperlichen Gewalt, die ich erfahren hatte, war auch meine Seele verletzt. Viele Frauen lebten in ständiger Angst vor ihren Männern. Manchmal waren sie völlig erschöpft, weil sie sich ständig verstecken und untertauchen mussten. Immer wieder stellten die Männer ihnen nach und forderten Geld, weil sie wussten, dass ihre Frauen Schmuck verkauften. Andere fürchteten um ihre Kinder, die ihre Ehemänner ihnen wegzunehmen drohten, oder erlebten monatelangen Telefonterror. Wir waren uns einig. Unser Frauendorf Umoja sollte ein Zufluchtsort für uns und später auch für andere Frauen werden.

Am nächsten Morgen schien plötzlich alles ganz einfach. Ohne große Umschweife begannen wir mit den ersten Sonnenstrahlen den Bau unserer Manyatta, die aus mehreren Hütten bestehen sollte. Wir versammelten uns um eine kleine Feuerstelle, auf der bereits das Teewasser kochte, und teilten die Arbeit ein. Jede von uns konnte mitbestimmen. Täglich legten wir von Neuem fest, wer welche Arbeiten verrichtete. Als Erstes begannen wir mit einer Panga, einem Buschmesser, Akazienzweige zu schlagen, türmten nach alter Samburu-Tradition eine Art Schutzwall um uns herum auf und kreisten so das Land ein, auf dem zukünftig das Dorf stehen sollte. Die dicken Dornen unseres Zauns sollten uns vor wilden Tieren und Eindringlingen schützen. Einige der Frauen, die die Gegend wie ihre eigene Westentasche kannten, schwärmten aus, um Kuhdung zu suchen; andere sammelten Zweige und Sträucher, die uns als Baumaterial dienten.

Bald darauf hatten wir mit dem Unterbau unserer ersten Hütte aus Zedernstämmen begonnen, während die anderen bereits geduldig aus Zweigen das Dach fertigten. Auch wenn wir schwitzten und die Schlepperei anstrengend war, es war herrlich, nach unseren eigenen Vorstellungen bauen zu können. Zwar ist das Errichten der Häuser in der Samburu-Kultur ohnehin Frauensache und wir kannten uns gut aus, doch meist redeten uns die Männer rein und legten fest, wo die Hütten errichtet werden sollten. Hier waren wir unsere eigenen Bauherrinnen und genossen das in vollen Zügen. Wir sangen und tanzten, um die einzelnen Bauetappen zu feiern. Unsere Stimmung war gut. Und ich erholte mich zunehmend.

Als wir alle gemeinsam an unserer Feuerstelle eine kleine Pause einlegten, begann eine der Frauen, die bisher eher verschlossen gewesen war, zu erzählen. Sie war in dieser Gegend aufgewachsen, hatte hier aber auch die schlimmsten Stunden in ihrem Leben erlitten. Die Erinnerungen werden sie wohl nie wieder loslassen. Hier auf diesem Feld war sie von einem britischen Soldaten vergewaltigt worden. Das hatte ihre ganze Existenz verändert. Ihr Mann hatte sie vor die Tür gesetzt. Ihre Familie hatte sie verbannt. »Durch diese Vergewaltigung habe ich mein altes Leben verloren«, klagte sie. Sie hatte seit der Verbannung nicht mehr mit ihrem Mann gesprochen. Die Tatsache, dass wir nun genau hier unser Frauendorf errichteten, kam einem Triumph über das Böse gleich. Wir würden uns nicht unterkriegen lassen. Wir würden auferstehen wie Phönix aus der Asche, gelobten wir.

Für die Frauen, die Ähnliches erlebt hatten, war es erleichternd zu hören, wie andere mit ihrem Schicksal umgingen. Diese Gespräche halfen ihnen, sich zu öffnen. Die meisten hatten jahrelang geschwiegen und ihre fürchterlichen Schicksalsschläge in ihrem Herzen begraben. Hier im Kreise der Frauen sprachen sie erstmals über die Gewalt, die sie aus der Bahn geworfen hatte. Sie alle hatten ähnliche Geschichten erlebt: Vergewaltigungen und Verbannung oder jahrelange Misshandlungen. Anfangs flossen viele Tränen. Allmählich wurde ihnen klar, dass sie keine Einzelschicksale waren. Sie alle hatten ähnliche Dinge erlebt. Als Wortführerin dieses kleinen Kollektivs sorgte ich dafür, dass die Frauen sich Zeit nahmen, über ihre Vergangenheit zu sprechen, weil es allen guttat, sich endlich aussprechen und austauschen zu können.

Wir beschlossen, die nächsten Hütten so schnell wie möglich weiterzubauen, damit bald alle ein Dach über dem Kopf hatten. Auch wenn wir hart schufteten, blühten die meisten von uns auf. Manche Frauen übernahmen nach all den Demütigungen zum ersten Mal in ihrem Leben Verantwortung. Auch wenn wir uns nur Ugali-Maisbrei leisten konnten, so waren wir zufrieden, wenn wir uns abends am Feuer unsere bescheidenen Mahlzeiten kochten. Mit jedem neuen Tag wuchs unser Dorf und unser Selbstbewusstsein.

Doch langsam holte mich meine Vergangenheit ein. Ich dachte ständig an meine Kinder und vermisste sie schrecklich. Eines Tages standen plötzlich einige der Apayas aus dem Ältestenrat aus Archer's Post an unserem Zaun und wollten mit mir sprechen. Die Gruppe alter Herren in ihren roten Decken wollte mich überreden, zu meiner Familie zurückzukehren. Unter einer Akazie baten sie mich ihnen zu erzählen, was geschehen war. Anfangs hatte ich einen Kloß im Hals, fühlte mich beklommen und konnte kaum etwas sagen. Doch dann brach es aus mir heraus und ich hielt auch nicht mit meiner Vermutung hinter dem Berg, dass mein Schwiegervater möglicherweise hinter dem Überfall stand. Der Konflikt mit meinen Schwiegereltern habe meine ganze Ehe vergiftet, klagte ich. Die alten Herren wussten um unsere Familienfehde und hörten sich meine Schilderung geduldig an. Ich solle an meine Kinder denken, erklärten sie. Aufrecht und stolz saßen sie vor mir. Jeder von ihnen hatte eine andere Kopfbedeckung, alte Hüte oder Baseballkappen. In ihren ausgeleierten Ohrläppchen baumelten schwere Kupferohrringe. Ihre faltigen Gesichter spiegelten den Lauf der Zeit. Mit ihren tiefen Stimmen erklärten sie mir, dass ich nun über mich hinauswachsen müsse. Um meinen Kindern eine gute Mutter zu sein, müsse ich zurückkehren und die Differenzen mit meinem Schwiegervater begraben. »Ihr müsst neu anfangen«, meinten sie. »Ihr müsst beide mehr Respekt füreinander zeigen. Wir werden mit ihm und deinem Mann reden.«

Einige Tage später kehrte ich nach Archer's Post zu meiner Familie zurück. Meine vier Kinder waren außer sich vor Freude. Sie plapperten munter durcheinander und erzählten mir freudig ihre Erlebnisse der letzten Wochen. Sie hatten von meinen Verletzungen nichts mitbekommen und mich zum Glück nicht so fürchterlich zugerichtet gesehen. Als meine Schwiegereltern das erste Mal wieder zum Essen kamen, hielt ich den Atem an. Mein Schwiegervater erkundigte sich, wie es mir gehe. Er wirkte fast zuvorkommend. Doch ich glaubte ihm kein Wort. Ich spürte, dass seine Anteilnahme nur geheuchelt war, und starrte ihn prüfend an. Selbstbewusst erklärte ich, dass es mir gut gehe. Ich wollte mir keine Blöße geben. Jetzt, da ich mich erholt hatte, wollte ich nicht preisgeben, wie sehr mich die Schläger seinerzeit verletzt hatten. Kein Wort verlor ich über die fürchterlichen Schmerzen, die Erniedrigung. Voller Stolz schaute ich ihn an und ließ nicht durchblicken, wie sehr mich der Übergriff aus der Bahn geworfen hatte. Es war wie ein unausgesprochenes eisernes Gesetz zwischen uns, dass wir nicht über den Überfall redeten. Sie wollten nicht, dass ich sie öffentlich anschuldigte, und ich verabscheute ihr vorgegaukeltes Mitleid. Für mich stand fest, dass mein Schwiegervater für mein Leid verantwortlich war, dass ich es aber nie würde beweisen können. Jegliches Vertrauen war erloschen.

Mir ging es nur darum, für meine Kinder da zu sein. Dafür unterdrückte ich meine Ressentiments gegen meinen Schwiegervater, wenn es mir auch nur mühsam gelang. Mein Mann gab sich anfangs alle erdenkliche Mühe, keine schlechte Stimmung aufkommen zu lassen. Wir redeten über Dinge, von denen wir glaubten, dass sie keinen Konfliktstoff böten, das Wetter und die Schule der Kinder. Wir hatten ein Kindermädchen eingestellt. Die zwanzigjährige Nanyimoi erledigte den Haushalt für uns und passte auf die Kinder auf. Sie schlief bei uns, wenn ich nachts nicht nach Hause kam, weil ich bei den Frauen war. So oft es ging, stahl ich mich davon und lief nach Umoja, um beim Bau der Hütten mithelfen zu können. Mein Mann war als gewählter Vorsitzender des Samburu-Rats auch viel unterwegs und so konnten wir uns gut aus dem Wege gehen.

Doch schon bald brachen unsere alten Konflikte wieder auf und beherrschten unseren Alltag. Die Streitereien mit meinem Schwiegervater legten sich wie ein Schatten über unser Familienleben. Auch mäkelte mein Mann ständig an mir herum und wir stritten uns immer häufiger. Manchmal wurde er handgreiflich und schlug mich wegen Nichtigkeiten. Mal schmeckte ihm mein Essen nicht, mal beschwerte er sich, dass ich nicht genügend Zeit zu Hause verbringen würde. In dieser Zeit trank er immer häufiger und kam dann ständig betrunken nach Hause. Zunehmend gingen wir einander aus dem Weg. Ich machte einen Bogen um ihn, um seinen herablassenden Kommentaren zu entgehen. Bei den Frauen hingegen tankte ich wieder Energie auf, die ich daheim bei den vielen Scharmützeln verlor. Eines Tages, als ich wieder bei den Frauen war und sie mir halfen, meinen Kopfschmuck aufzusetzen, stellte ich fest, dass ich wieder schwanger war. Ich trug mein fünftes Kind in mir. Was sollte nur werden?, fragte ich mich. Zu Hause kam ich mir oft fremd vor, während ich hier in Umoja eine Freiheit verspürte, die ich so eigentlich nur als Kind in Wamba erlebt hatte, als mein Vater noch lebte.

Der Zusammenhalt unter uns Frauen wuchs mit jedem Tag. Nagusi, deren Leben völlig aus den Fugen geraten war, berappelte sich zunehmend und übernahm innerhalb der Gruppe immer mehr Verantwortung. Wenn ich nicht da war, kümmerte sie sich um die Organisation. Durch die gemeinsame Arbeit, die täglichen Gesänge und Gespräche fanden die Frauen langsam zu sich und ließen nach und nach ihr altes Leben hinter sich zurück.

Eines Morgens stand plötzlich ein junges Mädchen an unserem Dornenzaun. Von unserer Feuerstelle aus sahen wir, wie sie ihr Bündel ablegte und uns um Einlass bat. Sie wirkte erschöpft und verzweifelt und sie war ganz offensichtlich weit gelaufen. Stockend erzählte sie uns ihre Geschichte. Wie viele Samburu-Mädchen sollte die fünfzehnjährige Lucy Lentokoko an einen sechzig Jahre alten Mann verheiratet werden. »Er musste sich beim Gehen auf einen Stock stützen«, klagte sie. »Dann kann ich ja gleich meinen Großvater heiraten«, hatte sie ihrer Mutter gesagt. Sie hatte ihre Eltern angefleht, ihr dieses Schicksal zu ersparen. Ihre Mutter hatte daraufhin versucht, sie vor dieser Ehe zu bewahren, doch ihr Vater hatte keine Gnade gezeigt und auf diese Verbindung bestanden. Die

Familie brauchte das Brautgeld zum Überleben. Er hatte seine Frau sogar verprügelt, weil sie ihm widersprochen hatte.

Für das junge Mädchen war eine Welt zusammengebrochen. Nachts, als alle schliefen, hatte sie sich aus der Manyatta ihrer Mutter davongestohlen. Aus Angst, entdeckt zu werden, war sie in der Dunkelheit kilometerweit gelaufen. Als sie in der Nähe von Archer's Post völlig erschöpft Rast machte, hatten ihr unten an der Brücke am Ortseingang ein paar alte Damen den Tipp gegeben, das Dorf der Frauen zu suchen. »Nicht weit von hier wirst du sie finden, Frauen, die sich von Männern nichts gefallen lassen«, hatten sie ihr hinter vorgehaltener Hand zugeflüstert und gekichert. »Hier bin ich«, beendete die Fünfzehnjährige ihren Bericht. »Darf ich bei euch mitmachen?«

Ohne zu zögern nahmen wir Lucy auf. Sie sollte eine der tragenden Säulen von Umoja werden. Durch ihre Geschichte wurde uns plötzlich klar, dass man uns da draußen wahrnahm. Obwohl wir noch mitten im Bau waren, hatte sich die Kunde von unserem Dorf herumgesprochen. Einige Leute in der Umgebung waren entsetzt, andere frohlockten. Doch in jedem Fall wurden wir bemerkt und waren im Gespräch, und das war herrlich.

Nagusi und ich freuten uns diebisch. Wir beschlossen, dass es an der Zeit sei, mit einem kleinen Trupp von Frauen in Archer's Post einzukaufen, denn wir hatten vom Verkauf des Schmucks etwas Geld zurücklegen können. Also machten wir uns auf den Weg. Als wir in Archer's Post angekommen waren, standen dort junge Samburus auf Brautschau vor den Dukas. Sobald sie die Gruppe der Frauen aus Umoja wahrnahmen, verstummten ihre Gespräche schlagartig. Skeptisch beäugten sie uns. »Mit denen ist nicht gut Kirschen essen«, polterten die Älteren. »Was ist mit euch los? Glaubt ihr wohl, dass ihr etwas Besseres seid?«, fragten sie gereizt. Ohne eine Antwort abzuwarten, schimpften sie gleich weiter: »Ihr solltet euch schämen. Ihr habt wohl unsere Tradition vergessen. Ihr seid Frauen, also ist es eure Pflicht, uns zu gehorchen. Seid ihr etwa nicht stolz darauf, Nomadinnen zu sein?« Laut fluchend erhoben die alten Männer ihre Rungus und drohten den Frauen Prügel an. Die Jüngeren beschimpften uns verächtlich als Lesben und Huren. In den Kneipen von Archer's Post hatte es hitzige Debatten über unsere Machenschaften am Fluss gegeben. Sie hatten die Viehhirten über uns ausgefragt und viele der Männer hatten uns für größenwahnsinnig erklärt. Das könne nicht gut gehen. Ein Dorf, in dem nur Frauen wohnten, sei wider die Natur. Männer und Frauen seien dazu bestimmt, miteinander zu leben. Eine heftige Diskussion war ausgebrochen.

»Wo ist denn deine Frau?«, provozierte Nagusi einen der älteren Männer, dessen Frau in Umoja untergetaucht war. »Gib zu, sie ist dir weggelaufen, weil du sie schlecht behandelt hast. Warum schläfst du sonst nachts hier draußen auf der Veranda? Selbst schuld.« Selbstbewusst beendete sie mit diesen Worten das Gespräch und ließ den entsetzten Mann stehen. Diese dreisten Worte aus dem Mund einer Frau hatten ihm die Sprache verschlagen. Triumphierend wandte sich Nagusi einem Ladenbesitzer zu, bei dem wir eine Ziege kaufen wollten. Sobald sie sich handelseinig waren, nahmen Nagusi und die Frauen einen Strick und führten die kleine weiße Ziege erhobenen Hauptes über die Hauptstraße durch das ganze Dorf. An jeder Duka, an der sie vorbeischritten, verebbte das Gespräch. Es war, als hielte das Dorf den Atem an. Eine unglaubliche Anspannung lag in der Luft.

An unsere ständigen Frauentreffen in meinem Laden und unter der Dorfakazie hatten sich die Männer gewöhnt gehabt. Doch ein Frauendorf überstieg die Vorstellungskraft der meisten. Wir waren ihnen unheimlich geworden. Sie waren davon ausgegangen, dass ich nach dem Vorfall in meinem Laden klein beigeben würde, doch nun schien ich mich einfach über alle Vorschriften hinwegzusetzen. Wie würde es nun weitergehen? Würden die Alten einschreiten? Für einen Moment lag der Konflikt zwischen den alten Männern und uns spürbar in der Luft. Doch dann geschah nichts. Wir zogen einfach weiter: Eine kleine bunte Frauenschar schritt erhobenen Hauptes über die staubige Hauptstraße von Archer's Post. Vor den Augen aller ließen sie uns ziehen. Selbst die störrische Ziege, die anfangs noch gebockt hatte, fügte sich auf wundersame Weise und folgte uns widerstandslos, als ob auch sie spürte, dass hier etwas ganz Besonderes passierte.

Mit der Zeit gewöhnten sie sich an unseren Anblick und wir uns an die ständigen kleinen Reibereien, die wir zunehmend belustigend fanden, je selbstbewusster wir wurden. In den kleinen Läden wurden wir sehr schnell zu angesehenen Kundinnen. Wir galten als zuverlässig, was Geld anging, zahlten unsere Schulden immer sofort zurück und waren die Einzigen, die Vorbestellungen aufgaben und die Ware dann auch pünktlich bezahlten. Die Ladenbesitzer begannen ausgiebig mit uns zu plaudern. Wenn sie sich unbeobachtet fühlten, erkundigten sie sich sogar nach dem Dorf und dem Bau der Manyatta. Die jüngeren Männer staunten und gewöhnten sich daran, dass die Frauen aus Umoja nun regelmäßig in Archer's Post auftauchten und einkauften. Die älteren Herren schnitten uns jedoch weiterhin und sprachen voller Verachtung über uns.

Früher wäre es nicht möglich gewesen, außerhalb der Samburu-Gesellschaft zu leben. Jetzt bewiesen wir mit unserem Frauendorf, dass wir allein klarkamen. Das Dorf wurde zum Symbol für ein neues Leben. Nach und nach kehrte Ruhe ein. Nachdem die ersten Manyattas gebaut waren, saßen wir jetzt immer häufiger zusammen und fädelten Perlen auf, lachten und sangen. Die Frauen verkauften die Ketten zunächst am Wegesrand direkt an Touristen, doch bald lotsten sie auch die ersten Reisenden in unser Dorf. Dort begrüßten wir Frauen sie mit einem traditionellen Begrüßungstanz, erzählten ihnen etwas über die Kultur der Samburus und die Geschichte unseres Frauendorfs und meistens kauften sie dann völlig begeistert etwas Schmuck. Unten am Fluss hackten wir mit unseren Pangas den Weg frei und errichteten einen Campingplatz. Für ein paar Schilling konnten Rucksackreisende hier nun ihre Zelte aufschlagen oder in ihren Geländewagen übernachten. So bauten wir uns langsam eine eigene Existenz auf. Die Muster unseres Schmucks waren uralt. Doch unser Lebensstil konnte kaum moderner sein. Wir hatten uns von unseren Männern losgesagt, obwohl wir laut unserer Tradition durch eine Ehe zu ihrem Besitz geworden waren.

Bald hörten wir, dass ein paar Männer, deren Frauen bei uns lebten, ihrerseits ein Dorf gegründet hätten. Die meiste Zeit hingen sie aber in Archer's Post herum, warteten darauf, dass einige von uns zum Einkaufen auftauchten, beobachteten uns mit Argwohn und machten uns Vorhaltungen. »Es ist nicht normal, dass Frauen allein leben«, schimpften die Jüngeren. »Frauen können nicht ohne Männer überleben.« – »Das sieht man ja an euch«, entgegneten unsere Frauen schadenfroh. Ohne ihre Frauen verwahrlosten die Männer ganz offensichtlich. Keiner kochte für sie und ihre Kleidung war ungewaschen. Neidisch beäugten sie uns. In kürzester Zeit hatten wir es geschafft, ein ganzes Dorf aus mehreren Hütten zu bauen, während sie den ganzen Tag über unter einem Baum saßen und nicht eine einzige Manyatta errichteten. Es hatte sich schnell herumgesprochen, welche Fortschritte wir machten. Nach und nach schwand unsere Angst vor ihnen. Bis auf ein paar Männer, die neugierig nach uns glotzten und uns zuweilen betrunken auflauerten, gab es keine Vorfälle.

Die Samburu-Männer hatten kein Verständnis für unseren Wunsch, allein zu leben, zumal sie selbst große Schwierigkeiten hatten, ohne uns klarzukommen. Anfangs drohten sie uns noch Prügel an, doch irgendwann begriffen sie, dass es sinnlos war. Sie hatten die Macht über uns verloren und konnten das Rad nicht mehr zurückdrehen. Unsere Eigenständigkeit wurde zur permanenten Provokation für die ausgesprochen traditionsbewussten, stolzen Nomaden. Als wir dann auch noch genug Geld hatten, uns drei Handys anzuschaffen, die in Kenia gerade auf den Markt gekommen waren, verfluchten sie uns in alle Ewigkeit. Für uns waren die mobilen Telefone eine Frage der Sicherheit. Ein Handy blieb immer im Dorf, sodass wir dort erreichbar waren, eines nahmen die Frauen mit, wenn sie Holz suchten oder im Dorf Besorgungen machten, und das dritte trugen diejenigen, die am Straßenrand Ketten verkauften. Seit wir die Handys mit uns führten, war es zu keinen Überfällen mehr gekommen. Doch nun drohten uns die Männer, uns von unserem Land zu verjagen. »Als Frauen dürft ihr überhaupt kein Land besitzen«, riefen sie schadenfroh. »Ihr habt gar nicht das Recht dazu und es steht euch nicht zu, ein eigenes Dorf zu gründen. Wir werden die Polizei rufen und euch verjagen lassen«, provozierten sie uns.

Bevor sich die Situation weiter zuspitzte, fuhr ich mit Nagusi in die Bezirkshauptstadt nach Maralal. Wir wollten uns Klarheit verschaffen. Im Rathaus trafen wir glücklicherweise auf einen verständnisvollen Sachbearbeiter, der uns geduldig alles erklärte. Nach altem Samburu-Brauch hätten wir früher das Grundstück einfach besetzen können und es wäre damit automatisch in unseren Besitz übergegangen, in einer Art Gebrauchsrecht. Das galt aber nur für Männer. Als Frauen hätten wir das Land überhaupt nicht besitzen dürfen. Für Frauen gab es traditionell kein Land- und Erbrecht. Doch die Zeiten hatten sich geändert. Jetzt galt kenianisches Landrecht. Das wirkte sich einerseits positiv aus, da nun auch wir Frauen ein Grundstück erwerben konnten, andererseits griff nun nicht mehr das traditionelle Nutzrecht. Wir mussten Geld für das Land zahlen, bevor wir uns in Maralal ins Grundbuch eintragen lassen konnten. Einhunderttausend kenianische Schilling, umgerechnet eintausend Euro, sollte das Grundstück kosten – für uns eine riesige Summe, die wir nur mit einem Kredit bewältigen konnten und mühsam in den nächsten Jahren auf

Rebecca Lolosoli ist immer zu einem Witz aufgelegt. Sobald sie in Umoja ist, hat die Dorfchefin gute Laune. »Ohne sie ist das Leben in Umoja nur halb so schön«, sagen die Frauen.

Die achtzehnjährige Judy sollte mit vierzehn einen fünfzigjährigen Mann heiraten, woraufhin sie nach Umoja flüchtete. Nun lebt sie schon seit zwei Jahren im Frauendorf.

Nagusi Lolemu ist Rebeccas langjährige Wegbegleiterin. Sie war eine der ersten Frauen, die sich Rebecca mit ihrer Leidensgeschichte anvertraute, und wurde mit den Jahren zu ihrer engsten Freundin.

Naibala ist eine erfahrene Frau und meist die Ruhe selbst. Sie setzt sich voll für die Sache der Frauen ein.

Die dreißigjährige Lucy Lentokoko ist eine tragende Säule in Umoja. Sie war Zeugin, als Rebecca von ihrem Mann bedroht wurde, und sagte im Scheidungsprozess aus.

Die neunzehnjährige Gladys gehört zu der jungen Generation von Frauen, die in Umoja aufgewachsen ist. Sie lebt seit elf Jahren im Frauendorf.

»We need our rights« – die Umoja-Frauen im Kampf um ihre Rechte und die der Vergewaltigungsopfer rund um Archer's Post. Mit ihren Plakaten haben sie sich bei ihrem Marsch eingebracht.

Im traulichen Gespräch – Rebecca Lolosoli und Birgit Virnich vor Rebeccas Hütte. Die beiden Frauen kennen sich, seit die Journalistin im Jahr 2007 einen Film über das Frauendorf drehte.

Oben: Rebecca und zwei der jüngeren Frauen holen Wasser am Uwaso.

Links: Die Frauen leben hinter einem Schutzwall aus Dornen.

Oben: Das kleine Restaurant auf dem Campingplatz von Umoja

Links: Traditionelle Ketten, die die Frauen in ihrer Freiluftboutique am Dorfeingang von Umoja feilbieten

Eine der Frauen sortiert den Schmuck, von dessen Verkauf sie leben.

Nagusi Lolemu legt den Schmuck der Frauen zum Verkauf aus, und wie immer und überall sind auch die Kinder im Dorf präsent.

Arbeit in geselliger Runde – die Frauen fädeln ihren Perlenschmuck auf.

Birgit Virnich schaut den Frauen beim Perlenfädeln zu.

Die erfahrene Naibala mit ihrem aufwendigen Kopfschmuck holt mit einigen Frauen am Uwaso Wasser zum Kochen.

Sonnenuntergang über dem Uwaso, dem Fluss mit dem braunen Wasser. In der Regenzeit trägt er Schlamm aus den Bergen in das flache Grasland.

Rebecca vor dem Ol Doinyo Lengeyo, dem »Berg des Kindes«, in der Nähe ihres Heimatortes Wamba

Am Ufer des Uwaso holen Judy und Gladys Wasser zum Kochen – mit einem Becher wird das Wasser geschöpft und in die großen Flaschen gefüllt.

Ein kleiner Laden in der Nähe von Wamba, ähnlich wie Rebeccas Duka in Archer's Post

Manchmal behelfen sich die Frauen und decken die Dächer ihrer Hütten mit Plastik- und Textilsäcken ab anstelle von Kuhdung.

Um sich vor Eindringlingen zu schützen, haben die Frauen von Umoja einen Steinwall um das Dorf aufgetürmt.

Wenn Touristen nach Umoja kommen, werden sie feierlich mit einem Begrüßungstanz empfangen.

In der Vorschule von Umoja lernen die Kinder lesen, schreiben, rechnen und zunehmend auch Englisch – an der Wand sind die Zahlen von 1 bis 10 aufgemalt.

In Umoja wachsen auch viele Kinder auf – hier spielt ein Junge mit einem ausgedienten Autoreifen.

Die Kinder auf dem Schulhof von Umoja – hier ist ein richtiger Spielplatz mit Schaukeln, Wippen und Klettergelegenheiten entstanden.

Gladys mit ihrem Sohn am Uwaso – sinnend blickt die junge Frau über die weite Landschaft.

Birgit Virnich bei einem ihrer Besuche in Umoja mit den beiden jungen Frauen Judy und Anna

Die Freundinnen sind unzertrennlich – die achtzehnjährige Judy Lelampa und die neunzehnjährige Gladys

Rebecca Lolosoli am Grab ihrer Mutter

Rebecca Lolosoli mit einer ihrer geliebten Ziegen. Die Dorfchefin wandert zwischen den Welten. Selbst wenn sie im Dorf Luft schnappt und auftankt, regelt sie die Geschäfte aus der Ferne – per Handy.

Zeit des Bangens und Hoffens – Rebecca in einem der Hotels, in denen sie sich vor ihrem Mann versteckt hielt

Rebecca in der Nähe der Billigabsteigen Nairobis, in denen sie wochenlang ausharrte, bis sie wieder eine neue Bleibe suchen musste, in der sie vor ihrem Mann sicher sein konnte

Rebecca in Kibera, dem Slum, in dem sie viele Monate untergetaucht war

Rebecca holt Geld an einem M-Pesa Point ab.

Rebecca beim Gebet im Uhuru-Park zum Auftakt des Weltfrauenmarsches in den Ostkongo 2010

Rebecca in Bukavu beim Weltfrauenmarsch 2010 – die Frauen protestierten gegen die weitverbreiteten Massenvergewaltigungen.

Links: Lucy hilft Rebecca ihren Kopfschmuck anzuziehen, bevor sich die beiden auf den Weg zum Gericht von Isiolo machen, wo Lucy als Zeugin im Scheidungsprozess aussagt.

Unten: Lucy, Rebecca und Nanyimoi warten vor dem Gericht in Isiolo auf den Auftakt des Scheidungsprozesses.

Kaum ist Rebecca von Nairobi in Umoja angekommen, ist sie gleich von ihren Frauen umringt – noch bevor sie aus dem Matatu steigen kann.

Eine Tasse italienischer Kaffee weckt die Lebensgeister – Rebecca in Neapel beim alljährlichen Menschenrechtsfestival

Heller und Schilling abstotterten. Fünf Jahre lang brachten wir jeden Cent, den wir nicht zum Überleben brauchten, zur Bank nach Maralal, bis wir die einhunderttausend Kenia-Schilling abbezahlt hatten und uns das Land gehörte. Undenkbar in der alten Ordnung der Samburus.

Als Nagusi und ich an jenem Tag aus Maralal zurückkehrten, feierten wir und erklärten den anderen Frauen unseren Plan. Wir würden eisern sparen, um dann eines Tages Besitzerinnen des Landes zu sein. Ich machte den Frauen Mut und spornte sie an. Dann wetzte ich das Messer, die sogenannte Szimbe, an einem Stein. Wir schlachteten heute zum ersten Mal eine Ziege. Während einige der Frauen das Tier auf den Boden drückten, schlitzte ich ihr den Schlund auf, genauso wie ich es als Kind immer bei meinem Vater gesehen hatte. Die Ziege bäumte sich noch einmal auf und trat aus, aber wir lachten nur, denn wir hatten für heute Abend ein Festessen geplant. Nach ein paar Minuten waren ihre Augen glasig und sie hörte auf zu strampeln. Das hätte es früher nicht gegeben. Das Schlachten der Tiere ist bei uns Samburus reine Männersache. Frauen haben dabei nichts zu suchen. Auch undenkbar unter traditionellen Samburus: Frauen, die eine Ziege zerlegen. Ein Ritual, das eine Stunde dauert und mit dem wir an diesem Abend einmal mehr unsere Eigenständigkeit bewiesen. Wir zerlegten den Korpus fein säuberlich und grillten die einzelnen Stücke. In Archer's Post zerrissen sich die Menschen längst den Mund über uns. Dass wir neuerdings auch selbst schlachteten und das Fleisch aßen, gab den Männern dort wieder neuen Gesprächsstoff. Wir seien kulturlos, hieß es. Die Empörung unter den Männern war groß. Sie beschimpften und verspotteten uns. Wir seien keine richtigen Frauen, erklärten sie hilflos.

Früher hätten wir bei einem Festmahl warten müssen, bis die Männer gegessen hätten. Wir hätten dann die Gedärme bekommen. Während das Ziegenfleisch auf dem Feuer schmorte, rissen Nagusi und ich zur Belustigung aller ein paar Witze. Am liebsten machte sich Nagusi über das Dorf der Männer lustig. »Schaut, wie angenehm der Alltag geworden ist«, erklärte sie und schaute ausgelassen in die Runde. »Das Zusammenleben mit unseren Männern ist doch einfach nur stressig. Sie zwingen uns zum Sex und zur Arbeit und am Ende haben sie auch noch das Recht, uns zu schlagen, auch wenn wir gar nichts Schlimmes getan haben.«

Seit unserer Kindheit hatte man uns eingeschärft, dass es nicht gut für uns sei, das Fleisch eines Tieres zu essen. Es stand allein den Männern zu. Jetzt aßen wir alles, auch das Beste: das Herz, die Lunge, die Leber und die Nieren. Mit einem Stöckchen spießten wir sie auf. Dabei lachten wir darüber, wie die Männer uns früher bevormundet hatten. Genüsslich schoben wir uns das gebratene Ziegenfleisch in den Mund. Und wir tranken sogar das eisenhaltige Blut der Ziege, das für uns Nomaden das Wertvollste eines Tieres ist. Uns war klar geworden, dass die Männer nur ihre eigenen Interessen verfolgt hatten.

Ich staunte und guckte zufrieden in die Runde. Ich war stolz auf diese Frauen, die sich alle früher damit abgefunden hatten, von ihren Männern geschlagen zu werden. Wir waren bester Laune. »Man hat doch eigentlich nur Probleme, wenn man mit einem Samburu-Mann zusammenlebt«, fuhr Nagusi kauend fort. Ein Leben ohne Männer – früher hätte keine von uns das für möglich gehalten. Doch jetzt machten wir es einfach. »Umoja – gemeinsam sind wir stark«, sangen wir am Feuer. Wie eine Art Schlachtruf hallte unser Lied durch die Halbwüste.

Immer öfter sprachen wir nun von einer gemeinsamen Vision: Es war unser größter Traum, ein richtiges Schulgebäude aus Stein zu bauen, in dem eines Tages vor allem Mädchen die Schulbank drücken würden. Wir waren uns alle einig, dass unsere Kinder und vor allem auch unsere Mädchen lesen und schreiben lernen sollten. Denn die meisten Frauen waren Analphabetinnen und hatten nicht wie ich das Glück gehabt, zur Schule gegangen zu sein.

Zunächst richteten wir jedoch erst einmal einen Kindergarten ein. Beatrice, eine junge Frau mit einem sonnigen Gemüt, die zu den wenigen gehörte, die lesen und schreiben konnten, hatte sich von ihrem dreißig Jahre älteren Ehemann getrennt und nahm unsere Kinder wie ihre eigenen beiden Töchter unter ihre Fittiche. Morgens früh, wenn die Frauen ihrer Arbeit im Dorf nachgingen, lieferten sie ihre Kinder bei Beatrice ab, die unter unserer Dorfakazie auf sie aufpasste. Genau wie ich als kleines Mädchen lernten unsere Kleinen nach alter Nomadentradition im Schatten unserer Akazie ihre ersten Kinderlieder. Während ihre Mütter Samburu mit ihnen sprachen, lernten sie etwas Suaheli und Englisch von Beatrice, um sie auf das Leben außerhalb des Dorfes vorzubereiten. Wie früher Mama Meroni machte auch Beatrice kleine Ausflüge mit ihnen zum Fluss und sang dabei Kinderlieder. Abends beim Kochen erzählte uns Beatrice von den Fortschritten, die die Kleinen machten. Bald kamen immer mehr Kinder in den Kindergarten. Wir teilten Freiwillige ein, die für sie kochten, und bauten eine richtige Manyatta für sie.

Unsere Kinder sollten einmal stolz auf uns sein. Das war unser sehnlichster Wunsch. Wie wir es uns vorgenommen hatten, sparten wir eisern und legten jeden Schilling, den wir nicht brauchten, in eine Dose. Jeden Abend zogen die Frauen, die Schmuck verkauft hatten, im Kreise der anderen die Geldscheine, die sie verdient hatten, aus ihren BHs und legten sie in die alte Dose. Eines Tages war es endlich so weit: Wir konnten uns aus den Einnahmen vom Campingplatz den Bau unserer geplanten Dorfschule leisten, von der wir schon lange geträumt hatten. Dort würde Beatrice dann auch für ihre Kindergarten- und Vorschulkinder Platz finden.

Und so gingen wir auch dieses Projekt ganz gezielt an: Wir engagierten einen Bautrupp, der auf einem Feld unweit von unseren Manyattas ein Schulgebäude für zwei Klassen errichten sollte. Während wir mit unseren Pangas das Feld räumten und

Gestrüpp wegschlugen, rückten die Bauleute mit ihren Schaufeln und einer Zementmischmaschine an. Pfeifend sprangen mehrere Bauarbeiter von der Ladefläche eines ramponierten Pick-ups, bauten sich im Halbkreis auf und warteten mit verschränkten Armen auf weitere Anweisungen. Voller Skepsis musterten sie mich, als ich mich mit meiner Zeichnung vor sie stellte: eine Bauherrin. Das hatten sie noch nie erlebt. Verunsichert schauten sie sich um. Die meisten hätten am liebsten laut losgelacht, doch sie rissen sich zusammen, denn sie alle brauchten das Geld, das wir ihnen für ihre Arbeit zahlten.

»Wir freuen uns, dass ihr zusammen mit uns eine Schule bauen wollt.« Mit diesen Worten begrüßte ich die grinsenden Herren selbstbewusst. »Falls ihr Probleme habt, wendet euch an unser Schulkomitee. Wir werden dann gemeinsam nach einer Lösung suchen.« Solch klare Instruktionen hatte keiner von ihnen erwartet. Ihre Flachsereien verstummten. »Wir erwarten, dass ihr euer Bestes gebt. Schließlich soll das eine Schule für die Kinder in der ganzen Gegend werden.« Damit war klar, dass wir ganz genaue Vorstellungen hatten. Ohne Murren legten sie los. Schon bald war das Fundament gegossen und die ersten Mauern ragten aus der Halbwüste.

In ihren Pausen fragten sie uns neugierig aus. »Wie könnt ihr nur ohne Männer leben?«, wollten sie wissen. »Sehr gut«, konterten wir kichernd. »Hervorragend sogar. Ohne Männer lebt es sich stressfreier«, erklärten wir den völlig verdatterten Bauarbeitern. Während sie unser Essen herunterschlangen, umrissen wir in Kürze unsere Dorfordnung. »Wir haben hier das Sagen. Das Land gehört uns Frauen und wir dulden keine Gewalt gegen Frauen.« Sobald wir uns in unsere Manyatta zurückgezogen hatten, zerrissen sie sich dann aber doch die Mäuler. Sie waren die ersten Männer, die wir so nah an uns heranließen. Und sie konnten jetzt mit ihren Eindrücken vor den anderen prahlen – denn jeder in Archer's Post und den umliegenden Dörfern wollte wissen, wie wir lebten.

Nach ein paar Tagen erhob sich vor unseren Augen der Rohbau. Dann wurden zwei große Tafeln und ein paar Schulbänke aus Isiolo geliefert und wir feierten die Einweihung unserer kleinen Dorfschule. Mein Bruder, der an der Schule in Wamba arbeitete, half mir dabei, Lehrer aus der Region zu finden, die die drei Sprachen Suaheli, Englisch und Samburu beherrschten und unsere Kinder unterrichteten. Bald liefen die ersten Schüler kreischend über den staubigen Schulhof. Fortan hallten dieselben Lieder, die ich bei den Missionaren gelernt hatte, über den Hof. Ich frohlockte und schickte auch meine Kinder in diese Schule. Wenn ich sie singen und buchstabieren hörte, jubilierte ich. Das war wahrscheinlich der wichtigste Meilenstein in der Geschichte unseres Dorfes: eine eigene Grundschule. Es bedeute uns viel, dass unsere Kinder lesen und schreiben lernten, denn viele der Frauen hatten nie eine Schule von innen gesehen und unsere Kinder sollten besser vorbereitet ins Leben gehen können als wir.

In dieser Aufbruchsstimmung kam meine jüngste Tochter Sylvia auf die Welt. Sie wurde ein richtiges Umoja-Kind und wuchs hier auf. Sie verbrachte mehr Zeit in Umoja bei den Frauen als alle meine anderen Kinder. Ich nahm sie überallhin mit. Sie wurde auch von den anderen Frauen gern herumgetragen, sanft in den Schlaf gewiegt und spielte, als sie etwas älter war, stundenlang mit den anderen Kindern. Deshalb ist sie Umoja und den Frauen bis heute sehr verbunden, mehr als meine anderen Kinder.

Entgegen aller Prognosen verwandelten wir das dichte Buschland Stück für Stück in eine Oase. Umoja war mittlerweile ein herrliches Stückchen Erde. Zufrieden schaute ich auf unsere Lehmhütten, in denen die Frauen mit ihren Kindern schliefen. Mittlerweile waren wir fast vierzig Frauen, die zusammen mit ihren Kindern in Umoja untergekommen waren, unter ihnen eine Reihe von jungen Mädchen, die sich geweigert hatten, alte Männer zu heiraten, oder die sich von ihren prügelnden Ehemännern getrennt hatten. Sobald sie von unserem Dorf erfuhren, fanden sie den Mut, ihre Familie zu verlassen und sich aus ihren strengen Traditionen zu lösen. Unser jüngstes Dorfmitglied war gerade mal dreizehn Jahre alt, als sie von ihren Eltern verheiratet wurde. Sie war erst seit Kurzem in Umoja. Weil ihr Mann sie ständig geschlagen hatte, war sie von zu Hause weggelaufen. »Meinem Sohn werde ich Respekt vor Frauen beibringen«, erklärte die junge Anna.

»Ich glaube, ich war noch nie so glücklich wie hier im Dorf«, meinte Nagusi eines Tages. »Uns geht es finanziell besser als je mit unseren Ehemännern. Ich möchte nie wieder unter der Knute eines Mannes stehen«, erklärte sie und schlachtete grinsend eine Ziege. Als ihr Ehemann sie als »unrein« hinausgeworfen hatte, war sie am Boden zerstört gewesen. Jetzt wurde sie zunehmend zur Vorreiterin für Frauenrechte. Wir hatten hart für dieses unabhängige Leben gearbeitet und viel Verachtung ertragen müssen.

In Umoja war Frieden eingekehrt, nicht aber bei mir zu Hause. Nach einer anfänglichen oberflächlichen Versöhnung gerieten mein Mann und ich wieder häufiger aneinander. Es missfiel ihm, dass ich so viel Zeit bei den Frauen in Umoja verbrachte. Er beschwerte sich nun vehement, dass ich so wenig zu Hause sei. Wenn er betrunken war, beschimpfte er mich und warf mir vor, dass ich alt geworden sei. Ich bat ihn, mich gehen zu lassen, doch das lehnte er strikt ab. Wir stritten uns immer heftiger. Eines Tages schlug er mich grün und blau, sodass ich in unserem Haus in Archer's Post in Sylvias Kinderzimmer zog. Ich schloss die Tür ab, verbarrikadierte mich und wartete, bis er betrunken das Haus verließ.

Ich glaube, das war für mich der Zeitpunkt, an dem meine Ehe endgültig zerbrach. Umoja war jetzt mein Zuhause, obwohl ich wegen meiner Kinder natürlich immer wieder in unser Haus in Archer's Post zurückkehrte.

# UMOJA, DAS TAUSEND-STERNE-HOTEL – ZEIT DER ERLEUCHTUNG

Unser dichter Dornenbusch wand sich wie eine riesige stachelige Raupe in einem großen Kreis um unser Dorf. Zusammen mit den älteren Hütten am Rand bildeten die Bäume einen Schutzwall, der uns das Gefühl von Sicherheit gab. Im Zentrum stand ebenso eine alte Akazie wie die am Rand von Archer's Post, und wie so oft, wenn wir große Entscheidungen zu fällen hatten, saßen wir mit ausgestreckten Beinen im Schatten des windschiefen Baums, in dessen Geäst flinke Webervögel lautstark ihre Nester ausbesserten. Während einige der Frauen über einer Feuerstelle eng aneinandergedrängt zusammenhockten und zähen Ugalibrei rührten, besprachen wir anderen den Fall einer Frau, die von ihrem Ehemann erschlagen worden war. Ich war gerade von der Manyatta der Frau zurückgekehrt und berichtete den Frauen, was ich gehört hatte.

Eine Nachbarin hatte mir erzählt, was passiert war. Der Mann hatte seine Frau regelmäßig geschlagen. Er war viele Jahre älter als sie und übte ständig Druck auf sie aus. Die beiden hatten sieben Kinder und die arme Frau war völlig überfordert. Sie war die Zweitfrau des alten Mannes, der häufig bei seiner anderen Frau schlief. Wenn er dann bei ihr auftauchte, erwartete er, dass sie für ihn gekocht hatte, doch oft kam sie gar nicht hinterher, ihre große Familie zu versorgen. Eines Tages, als sie mit der Mahlzeit nicht fertig gewesen war, als er nach

Hause kam, hatte er sie so stark verprügelt und getreten, dass sie an den Folgen innerer Verletzungen gestorben war.

Nachdem ich lange auf die Nachbarin eingeredet hatte, hatte sie sich bereit erklärt, ihre Beobachtungen der Polizei zu schildern. Die Nachbarn waren gewillt auszusagen, weil der Mann auch mit ihnen ständig Streit angezettelt hatte und in der ganzen Nachbarschaft unbeliebt war. Doch was sollte mit den Kindern geschehen? Bevor wir zur Polizei gingen, wollte ich mit den Frauen in Umoja sprechen und mit ihnen entscheiden, ob wir versuchen sollten, eine Mordanklage gegen den vermeintlichen Täter zu erheben oder nicht. Ich war zwar dafür, den Mann hinter Gitter zu bringen, doch auch ich hatte Angst, dass wir die Kinder ins Unglück stürzen könnten.

»Es kann nicht sein, dass er damit ungeschoren durchkommt, seine eigene Frau umzubringen«, erklärte ich bestürzt. Ich fühlte mich an Mama Meroni erinnert und an die Ohnmacht, die ich damals als Achtjährige empfunden hatte. »Doch wir machen die Kinder zu Waisen«, warfen Naibala und einige der anderen Frauen ein. »Der Vater wird sich doch sowieso nicht um sie kümmern. Er wird ihnen kaum eine Stütze sein«, entgegnete ich. »Wir könnten sie hier bei uns aufnehmen.« Schweigen. Ich schaute in die Runde. »Wie stehen die Chancen, dass sie jemals einen Samburu-Mann einsperren, weil er seine Frau auf dem Gewissen hat?«, wollten meine Mitstreiterinnen wissen. Für manche Frauen war dieser Gedanke völlig außerhalb ihrer Vorstellungskraft.

Betretene Stille. Die anderen mussten sich erst einmal mit den Details vertraut machen. Für Samburu-Frauen gehörte Gewalt zum Alltag. Die meisten wussten überhaupt nicht, dass man einen Mord als Verbrechen bei der Polizei anzeigen konnte. Sie kannten ihre Rechte als Frauen gar nicht. »Es geht um unsere Glaubwürdigkeit«, erklärte ich. »Wenn wir wirklich ein verlässlicher Zufluchtsort für Frauen und ihre Kinder sein wollen, dann müssen wir jetzt aktiv werden.« Damit hatte ich meine Position klargemacht, doch ich wollte allen die Chance geben, sich eine eigene Meinung zu bilden. Schließlich würden wir die Verantwortung für die Kinder auch auf alle Schultern verteilen. Meine Worte zeigten Wirkung und brachten die Frauen ins Grübeln. Heftige Diskussionen entbrannten.

Als heißer Chai die Runde machte, schaute ich in ihre Augen und wusste, dass sich die Frauen hinter mich stellen würden. Beatrice, unsere Erzieherin, nickte mir zu. Sie war bereit, für die jüngeren Kinder zu sorgen, und die hübsche Lucy, die selbst keine Kinder hatte, wollte sich ihrer auch annehmen. Ich hatte ohnehin einige Patenkinder neben meinen fünf eigenen Kindern. Seit einigen Jahren kümmerte ich mich auch noch um die Kinder von Frauen, die ich im Gefängnis betreut hatte. Zwei wohnten bei uns in Umoja, für andere zahlte ich die Schulbücher, die Tochter meiner Schwester lebte in unserem Haushalt in Archer's Post und Francis, den ich als kleinen Jungen als Hirten nach Archer's Post geholt hatte, gehörte auch schon lange zu unserer Dorfgemeinschaft und ging in Umoja in die Schule.

»Lasst uns mutig nach vorn schreiten. Wir lassen uns das nicht länger bieten«, rief Lucy als eine der mutigsten Frauen und stimmte unser Lied an. Alle fielen in den Gesang mit ein. Ich war erleichtert. Einmal mehr würden wir nun zeigen, dass unsere Gegend kein gesetzloser, rechtsfreier Raum sein durfte, in dem Gewalt gegen Frauen nicht geahndet wird. Wir, die Entrechteten, würden uns starkmachen für die, die noch schwächer waren als wir. Wir wollten uns nicht mehr länger als Opfer herumschubsen lassen. »Umoja«, sangen die Frauen. »Zusammen sind wir stark.«

Wie immer, wenn wir einen Entschluss gefasst hatten, verloren wir keine Zeit. Wir erstatteten Anzeige bei der Polizei und suchten sofort die Kinder auf, die mittlerweile aber schon bei Nachbarn und Verwandten untergekommen waren. Wir entschieden, dass es für die Kinder besser sei, in der gewohnten

Umgebung zu bleiben. Der Fall war eine Sensation. Erstmals stand ein Samburu wegen Mordes an seiner Frau im Samburu-Distrikt vor Gericht. Die Beweise waren erdrückend. Die Nachbarn hatten genau gesehen, wie er seine Frau wie einen Hund zu Tode geprügelt hatte. Vor dem Gerichtsgebäude hatte sich eine riesige Menschentraube gebildet. Das Urteil: sieben Jahre Gefängnis. Immerhin ein Strafmaß, das über das von Bagatelldelikten hinausging. Ich glaube, das war das erste Mal, dass die Polizei im Greater Samburu Distrikt dem Mord einer Frau durch ihren Ehemann überhaupt nachgegangen ist. Normalerweise verharmlosten sie derartige »Zwischenfälle« als Familienangelegenheit, die die Behörden nichts anging.

Zufrieden gingen wir nach dieser Urteilsverkündung nach Hause, schlachteten eine Ziege, feierten und diskutierten noch bis in die späte Nacht. Die Männer in Archer's Post regten sich schrecklich darüber auf, dass dem Mann überhaupt der Prozess gemacht worden war. Sie beschimpften uns, als wir in den Dukas einkauften. Doch ihre Hasstiraden ließen uns kalt. Wir zelebrierten das Urteil als einen Meilenstein in der Befreiung der Frauen in diesen Gefilden und als Erfolg unseres Frauendorfs. Endlich wurde der Mord an einer Frau als Verbrechen wahrgenommen und geahndet.

Die Frauen schöpften aus dem Urteil zwar Hoffnung, aber dennoch fehlte nicht nur den Männern, sondern auch den meisten Frauen das Verständnis, dass Gewalt gegen Frauen ein Unrecht ist. Wir waren alle in diesem Umfeld aufgewachsen, in dem Frauen regelmäßig Gewalt erlebten. Die meisten von uns waren als Arbeitstiere groß geworden, die früh aufstehen und den ganzen Tag schwer arbeiten mussten und spätabends völlig erschöpft auf ihr Lager sanken. Sie hatten nie Zeit gehabt, über ihre Situation nachzudenken. Keiner hatte sie je über ihre Rechte aufgeklärt, und das wollte ich nun schnellstens ändern.

»Harambe – lasst es uns gemeinsam anpacken«, erklärte ich. Vor mir drängten sich alle fünfundvierzig Umoja-Frauen in einem unserer beiden Klassenzimmer, gespannt darauf zu erfahren, was ein »Workshop« ist. Das kenianische Netzwerk Indigenous Information Network war mit ein paar Mitarbeiterinnen und Broschüren zum Thema Frauenrechte angereist. Nagusi, die nie in ihrem Leben eine Schule besucht hatte, saß in der ersten Reihe, begierig darauf, mehr über unsere Rechte als Frauen zu erfahren. Sie klebte an den Lippen der Referentin aus Nairobi. Obwohl der Raum zum Bersten voll war, hätte man eine Stecknadel fallen hören können.

Die Frauen staunten, als sie hörten, wie schlecht wir im Vergleich zu manch anderen Kenianerinnen dastanden und dass sich Frauen in den Großstädten viele Rechte erkämpft hatten. Es war also nicht selbstverständlich, dass Männer ihre Frauen schlugen. Wir schauten einander erstaunt an. Doch das Bild, das uns die Referentin malte, war ein überaus differenziertes, denn auch in den Großstädten litten Frauen oft jahrzehntelang unter den Hieben und Tobsuchtsanfällen ihrer Männer. In den Slums von Nairobi war die häusliche Gewalt gegen Frauen zum Teil sogar noch brutaler als hier. Uns wurde klar, dass die Gewaltausbrüche unserer Männer am Ende also doch kein Phänomen waren, das sich auf diese abgeschiedene Region beschränkte. Überall in Kenia gab es Frauen, die der Gewalt von Männern ausgeliefert waren, oft lebten sie in großer Armut.

Die hagere Nagusi wirkte noch in sich gekehrter als sonst. Nach all dem, was sie erlebt hatte, Ächtung und Gewalt, war die Erkenntnis schmerzhaft, dass dieses Verhalten in unserem Land Kenia nicht akzeptabel war.

Nach dem Thema Gewalt stand der Punkt Beschneidung auf dem Plan. Für uns war das ein Tabu. Eigentlich sprachen wir nicht darüber, schon gar nicht mit einer Fremden aus Nairobi. Die Beschneidung gehörte einfach zu unserer Kultur und wurde nicht hinterfragt. »Was kann uns so eine Intellektuelle schon darüber erklären?«, fragten einige der Frauen abwehrend. Doch dann saugten wir jedes Wort der jungen Frau auf und erfuhren, dass der Begriff »Beschneidung« im Englischen längst durch die Worte »weibliche Genitalverstümmelung« ersetzt worden war. Diese Worte trafen besser zu und nannten die Dinge beim Namen. Diese Erkenntnis traf uns wie ein Blitz. Wir nickten traurig und erkannten, dass uns genau das widerfahren war: die Verstümmelung unserer Genitalien. Das Wort »Beschneidung« sei beschönigend, erklärte uns die junge Frau aus Nairobi. »Man denkt dabei an einen Mann, dessen Vorhaut beschnitten wird. Bei euch Frauen wird die Klitoris entfernt, und das kann man mit einer Kastration vergleichen.«

Wir waren entsetzt. Selbst ich, die ich sicherlich etwas mehr wusste als die anderen Frauen, begriff erst jetzt die Zusammenhänge und musste an meine eigene Verstümmelung denken. Das Wort beschrieb die qualvolle Prozedur sehr gut, fand ich. Mir wurde klar, wie massiv ein derartiger Eingriff ist, warum ich dabei so viel Blut verloren hatte und fast gestorben wäre. Man hatte mir meine Klitoris und meine Schamlippen entfernt, ohne das Messer richtig sterilisiert zu haben. Diese späte Einsicht war niederschmetternd.

Dieser Workshop war für uns Betroffene, die wir dieses fürchterliche Ritual zum Teil selbst eingefordert und vorangetrieben hatten, eine sehr schmerzhafte Erfahrung. Endlich tauschten wir uns über unsere Erfahrungen aus und sprachen darüber. Uns wurde klar, wie unmenschlich diese Tradition war. Eine Beschneidung unserer Frauenrechte.

Ich verstand plötzlich, wie sehr mich die Beschneidung einschränkte. Ich hatte nicht einmal meine Kinder allein zur Welt bringen können. Bei jeder Geburt platzten die Narben auf und mussten genäht werden. Sex war für mich oft eine schmerzhafte Angelegenheit und ich hatte immer geglaubt, dass das normal sei. Jetzt wurde ich eines Besseren belehrt. Ich verstand, dass die Schmerzen auf die Beschneidung zurückzuführen waren. Wie meine Mutter hatte ich geglaubt, dass diese Schmerzen zum Frausein dazugehören, deswegen hatte ich sie nie infrage gestellt. Ich nahm mir fest vor, meine eigenen Töchter davor zu bewahren. Ich würde nicht zulassen, dass sie beschnitten werden.

Plötzlich stand eine alte Dame aus Wamba vor mir. Die korpulente fünfundsiebzigjährige Helen Lenayasa aus meiner Heimatstadt hatte gehört, dass ich ein eigenes Dorf gegründet hatte, und wollte mich unbedingt besuchen. Sie war neugierig, was aus mir geworden war, und wollte sich das Dorf der Emanzen einmal mit eigenen Augen anschauen. Helen war die Schwester meiner Beschneiderin. Sie kannte mich also seit vielen Jahren und wusste, wie elend es mir damals nach der Beschneidungszeremonie gegangen war.

Sie fiel aus allen Wolken, als sie nun von unserer Referentin erfuhr, dass das Ritual, das uns Samburu-Frauen angeblich reinigte und erst richtige Frauen aus uns machte, in Wirklichkeit ein Akt der Barbarei war. »Es zerstört den Kern eurer Weiblichkeit«, erklärte die selbstbewusste Frau aus Nairobi. Der Satz wirkte wie ein Faustschlag in die Magengrube. Mir war schwindelig wie damals bei meiner Beschneidung. Der Geruch des Kautabaks stieg mir in die Nase und mir wurde übel. Ich schaute zur alten Helen. Die füllige Frau saß auf ihrem Stuhl und schluchzte. Sie hatte aufmerksam zugehört und war sichtlich erschüttert. Tränen liefen über ihr rundes Mondgesicht. All die Mädchen, die ihre Schwester über die Jahre unter dem Messer gehabt hatte, waren in Wirklichkeit gequält, verletzt und verstümmelt worden. »Ich habe meine Schwester immer bewundert«, brach es aus ihr heraus. Jetzt schämte sich die gutmütige Frau, den grausamen Brauch unterstützt zu haben. Sie war entsetzt über ihre eigene Naivität und bedauerte, dass sie ihrer Schwester bei diesem bestialischen Ritual assistiert hatte.

Seit jenem Workshop ist die mittlerweile Achtzigjährige eine unserer verlässlichsten Kämpferinnen gegen die Beschneidung. Selbst im hohen Alter läuft die alte Dame noch kilometerweit, um ein solches Ritual abzuwenden, wenn sie mitbekommt, wo wieder eines ansteht. Helen Lenayasa ist eine der wenigen alten Frauen, die sich im Samburu-Distrikt gegen die Verstümmelungen auflehnt und auch kein Blatt vor den Mund nimmt, wenn es darum geht, dagegen anzureden. Unermüdlich bekniet sie die alten Frauen, davon abzulassen – und sie ist die Einzige, der die alten Beschneiderinnen zuhören. Da unsere Großmütter bis heute die treibenden Kräfte hinter dieser Prozedur sind, ist es umso wichtiger, dass es alte Frauen wie Helen gibt, die ihnen die Folgen ihres Tuns vor Augen führen. Den Worten Helens schenkt man in unserer Gesellschaft mehr Glauben als unseren. Ohne die Unterstützung dieser älteren Generation wäre es überhaupt nicht möglich, die Großmütter und Mütter davon abzuhalten, ihre jungen Töchter verstümmeln zu lassen.

Zu Hause konnte ich über diese Themen nicht sprechen, ohne einen fürchterlichen Streit vom Zaun zu brechen. Mein Mann regte sich fürchterlich auf, wenn ich »die Ideen westlicher Emanzen«, wie er es nannte, in unsere Familie einführte. Ich verbrachte immer weniger Zeit in unserem Haus in Archer's Post, da ich es satthatte, ständig auf der Hut sein zu müssen, was ich erzählte. Ich pendelte zwischen den beiden Welten, die weniger als zwei Kilometer auseinanderlagen, die jedoch in Wahrheit Lichtjahre trennten.

Die Kluft zwischen meinem Mann und mir wurde immer größer. Ich glaube, er spürte, dass ich mich mehr und mehr von ihm lossagte. Wir hatten keine gemeinsame Gesprächsebene mehr. Auch wenn er gebildeter war als ich, war er ein glühender Verfechter der Samburu-Traditionen und sträubte sich gegen alles, was diese zu bedrohen schien. Manchmal, wenn er betrunken nach Hause kam, beschimpfte er mich und warf mir vor, unsere Kultur mit Füßen zu treten. Wenn er mich schlug, flüchtete ich in Sylvias Zimmer oder nach Umoja. Wären die Kinder nicht gewesen, hätte ich mich in unserem Haus in Archer's Post wahrscheinlich gar nicht mehr sehen lassen.

Doch sie hingen an ihrem Vater und für sie wäre eine Welt zusammengebrochen, wenn ich ihn verlassen hätte.

Mitten in einem dieser Streitgespräche rief mich eines Tages der berühmte britische Menschenrechtsanwalt Martyn Day an. Ich kannte seinen Namen, da er für eine Reihe Samburus, die auf dem Gelände rund um das britische Armeecamp vor den Toren von Archer's Post auf Minen getreten waren, Entschädigungen erstritten hatte. Darunter war auch einer meiner Brüder, der beim Ziegenhüten eine Mine angefasst und bei der Explosion eine Hand verloren hatte. Ich war überrascht und dann völlig euphorisch. Nach dem Erfolg mit den Minenopfern wollte Martyn Day nun die Fälle der vergewaltigten Frauen rund um Archer's Post aufarbeiten. Bereitwillig stellte ich den Kontakt zu einigen Frauen her. Wir schöpften neue Hoffnung, dass das Unrecht gegen uns Frauen wenigstens anerkannt würde, wenn sich ein bekannter Anwalt damit beschäftigte. Doch wir mussten uns gedulden. Lange passierte gar nichts. Die britische Armee – es waren ja britische Soldaten, gegen die wir vorgehen wollten – rührte sich nicht.

Mit vereinten Kräften bohrten wir nach, bis endlich Bewegung in die Angelegenheit kam. Die Frauen wurden auf das Armeegelände vorgeladen. Ich war entsetzt. Für die Betroffenen war die Vorstellung, den militärischen Stützpunkt der Briten zu betreten, grauenvoll. Es fiel ihnen ohnehin schwer, mit Fremden über die Vergewaltigungen zu sprechen, und nun sollten sie das auch noch an einem Ort, der ihnen Angst einflößte. Sie fühlten sich an die Wand gedrängt. Einige jammerten laut los, als ich mit ihnen darüber sprach. Es war also gar nicht daran zu denken, die Befragung so durchzuführen. Außerdem war für die Gespräche keine Samburu-Übersetzerin vorgesehen, und das, obwohl kaum eines der Opfer Suaheli sprach, geschweige denn Englisch. Lediglich eine junge Übersetzerin sollte für die Offiziere dolmetschen. An die Frauen hatte man gar nicht gedacht. Und auch meine Anwesenheit sei nicht erwünscht, hieß es. Unter diesen Bedingungen hätten die Frauen noch nicht einmal die Fragen verstanden und ihre Antworten wären ins Leere gelaufen.

»Sie meinen es gar nicht ernst mit dieser Untersuchung«, erklärte ich dem britischen Offizier schroff, der zu einem Treffen geladen hatte. »Sie wollen doch gar nicht wirklich herausfinden, was geschehen ist.« Der Chief und einige Männer aus dem Ältestenrat von Archer's Post waren erstaunt über meinen forschen Umgangston und nickten. Sie waren mit mir zu diesem Treffen gegangen und tief beeindruckt, dass ich mich von den Uniformen der Offiziere überhaupt nicht ins Bockshorn jagen ließ. »Sie wollen uns doch nur einschüchtern«, erklärte ich kategorisch. Die alten Herren zuckten zusammen. Einige von ihnen hatten früher in der britischen Armee als Späher und Fährtenleser gearbeitet. Sie hätten sich nie getraut, so mit einem Offizier der britischen Armee zu sprechen.

Doch meine Worte wirkten Wunder. Die Führungsspitze lenkte ein. Man wollte mit uns bei einem guten Essen die Zukunft der Frauen erörtern. Aber ich ließ mich nicht darauf ein. »Sie wollen uns doch nur besänftigen«, erklärte ich und lehnte die Einladung ab. »Wir brauchen kein gutes Essen, um zu reden. Wenn Sie glauben, dass ich meine Schützlinge für eine Goodwill-Geste verraten würde, dann haben Sie sich getäuscht.« Mit diesen Worten verabschiedete ich mich von den hohen Herren und verließ mit meinen Begleitern das Armeecamp.

Kurze Zeit später führte die britische Militärpolizei die Befragungen der Frauen in meiner Anwesenheit unten am Fluss im Schutz der Akazien durch. Eine merkwürdige Situation. Die Männer saßen in ihren Camouflage-Uniformen auf Klappstühlen und wedelten mit ihren Mützen die Fliegen weg, während die Frauen ihnen Details über ihre schlimmsten Erlebnisse offenbarten. Sie taten das nur in der Hoffnung, dass das Unrecht gegen sie endlich gesühnt würde. Doch wieder geschah monatelang gar nichts. Mir wurde klar, dass es überhaupt nicht im Interesse der Armee lag, die Fälle aufzuklären. Mit den Befragungen hatte man uns wahrscheinlich nur beschwichtigen wollen. Jetzt wartete die Armeeführung einfach ab, bis Gras über die Sache gewachsen war. Was wir brauchten, war eine unabhängige Untersuchung, denn die Offiziere waren befangen, glaubten wir. Es hatte keinen Sinn, dass die Leute, die ein Verbrechen begangen hatten, es auch untersuchten. Letztlich waren es ja Soldaten, die die Frauen vergewaltigt hatten. Die kenianische Polizei hätte die Vorfälle untersuchen müssen, doch sie nahm keine Notiz von den Vergewaltigungsfällen. Es schien nicht im Interesse unserer Regierung zu sein, das britisch-kenianische Verhältnis wegen ein paar vermeintlicher Vergewaltigungsopfern, die noch dazu aus einer rückständigen Volksgruppe stammten, zu belasten.

Wir waren verzweifelt, wollten aber nicht aufgeben und setzten uns zusammen. Nächtelang diskutieren wir in Umoja, bis wir uns entschlossen: eine Demonstration vor der britischen Botschaft in Nairobi. Wir organisierten Kleinbusse, quetschten uns hinein und ratterten über die staubigen Pisten in den Betondschungel Nairobi. Mit selbst gemalten Plakaten marschierten dreihundert der sechshundertfünfzig Betroffenen und ein paar Jugendliche aus Archer's Post vor der British High Commission auf und ab. In unseren bunten Kleidern bildeten wir einen lebensfrohen Tupfer vor dem kalten Betonklotz der britischen Vertretung. Der Presserummel war enorm. Immerhin hatten wir es geschafft, die Vergewaltigungsfälle öffentlich zu machen und die Hintergründe zu beleuchten. Allein das schadete dem Ansehen der britischen Armee in Kenia. Es änderte zwar nichts an der Tatsache, dass die Fälle im Sande verliefen und die Ermittlungen eingestellt wurden, aber immerhin hatten wir klargestellt, dass wir uns nicht alles gefallen ließen.

Außerdem verstanden jetzt auch einige unserer Dorfältesten in Archer's Post, dass es sich um ein Unrecht gegen die Frauen handelte. Unsere Standhaftigkeit und unser Mut hatten ihnen imponiert. Wir hatten uns selbst von hochdekorierten Offizieren der alten Kolonialmacht England nicht von unserem Kurs abbringen lassen. Das beeindruckte die Männer. Die Ältesten unter ihnen konnten sich noch gut an die Unterdrückung großer Teile des kenianischen Volkes durch die Kolonialherren in den Fünfzigerjahren erinnern.

Die Aktion stärkte nicht zuletzt unser Selbstbewusstsein und wir fuhren fort, an unserer Unabhängigkeit zu arbeiten. In weiteren Workshops lernten wir nach und nach die Grundbegriffe der Buchhaltung und Geschäftsführung, was nötig wurde, weil wir immer mehr Geld mit unseren Verkäufen erwirtschafteten und Umoja als Verein hatten registrieren lassen. Langsam wurde das Leben in Umoja angenehmer. Nach den jahrelangen Entbehrungen ging es endlich finanziell bergauf. Nachdem wir unsere Manyattas und das Schulgebäude errichtet hatten, zahlten wir zwar immer noch unsere Hypothek ab, doch wir konnten meistens am Ende des Monats etwas Geld zurücklegen.

Davon kauften wir in Archer's Post Holzstangen, aus denen wir ein paar Verkaufsstände zusammenzimmerten. Singend richteten wir sie an unserem Seiteneingang direkt an der Sandpiste auf und stellten dort ein großes selbst gemaltes Schild mit unserem Namen auf: Umoja. Fünf Buchstaben nur und doch waren sie in dieser Wortkonstellation nach wie vor für viele unserer Männer eine Provokation. Aber für die vielen Vorbeifahrenden aus anderen Welten klangen die fünf Buchstaben wie eine verheißungsvolle Melodie. Umoja – das Frauendorf. Frühmorgens mit den ersten Sonnenstrahlen legten wir unsere Ketten, Ohrringe und bunt geschmückten Kalebassen in den Ständen aus. Kurz danach preschten dann die ersten Reisebusse nach ihren morgendlichen Safaris durch den Samburu-Nationalpark in Richtung Nairobi an unserem Dorf vorbei und manche hielten bei uns an.

Unter den Safariunternehmen hatte es sich schnell herumgesprochen, dass wir in Umoja schönen Schmuck herstellten und erschwingliche Preise verlangten. Wir erzählten ihnen, wie wir uns von unseren Männern losgesagt und dieses Dorf gegründet hatten, führten sie herum und zeigten ihnen, wie wir unsere Manyattas bauten. Vor allem Amerikaner und Europäer waren fasziniert. Sie machten Fotos und trugen die Kunde vom ersten afrikanischen Frauendorf in alle Welt.

Eines Morgens kniete die junge Senteyo über einer Zeichnung von einer Perlenboa, die uns eine amerikanische Künstlerin gegeben hatte. Sie war die Geschickteste unter uns und bekam selbst die kniffligsten Ketten hin. Im Kreis der staunenden Frauen entstand ein ganz neuartiges Schmuckstück. Neugierig blickten die anderen auf die flinken Hände von Senteyo, die einen Strang nach dem anderen mit kleinen bunten Tentakeln zu einem dichten Perlencollier zusammenfügte. Senteyo, die als junges Mädchen zu uns gekommen war, hörte gar nicht mehr auf zu fädeln. Sie war wie besessen. Keine von uns hatte so ein Gefühl für Farben und Formen wie sie.

Senteyo war in großer Armut aufgewachsen, da ihr Vater schon früh gestorben war. Sie hatte sich nach dessen Tod zusammen mit ihrer Mutter und ihren sechs Geschwistern mehr schlecht als recht durchgeschlagen. Eigentlich hatte sie ihre ganze Kindheit damit verbracht, Feuerholz zu schleppen und Ziegen zu hüten. Weder sie noch ihre Geschwister waren je zur Schule gegangen. Die große Kargheit ihrer Kindheit schien sie nun mit dem Jonglieren von Farben zu überwinden. Mit zwölf oder dreizehn Jahren, so genau weiß sie das nicht, war auch sie beschnitten und für ein paar Kühe an einen alten Mann verheiratet worden.

Die Frauen waren begeistert, als Senteyo endlich die letzten Perlen aufgefädelt hatte. Die Kette war dicht und schwer, die Fäden kunstvoll miteinander verwoben. Das Modell wurde zum neuen Verkaufsschlager.

Unsere Zukunft schien rosig. Die Vorstellung, dass reiche Touristen unseren Schmuck zu ihren Abendroben trugen, trieb uns an. Schon bald hatten wir genug Geld, unsere Hypothek abzuzahlen und unseren Traum von einer eigenen Lodge wahrzumachen. Dafür hatten wir jahrelang geschuftet und eisern gespart. Voller Enthusiasmus gingen wir an die Arbeit. Unser Plan sah sechs sogenannte Bandas, traditionelle Rundhütten aus Stein, für Touristen vor. Die Dächer wollten wir aus Palmwedeln und Zweigen fertigen, sodass man nachts vom Bett aus in den Himmel schauen konnte.

Zunächst ebneten wir mit unseren Buschmessern einen Weg direkt oberhalb des Flussufers und begannen mit dem Bau der ersten Hütte mit Blick auf den Fluss. Da wir den Arbeitern beim Bau der Schule genau zugeschaut hatten, wollten wir die Bandas selbst bauen. Doch wir bekamen noch nicht einmal die richtige Mischung des Zements hin. Außerdem war es körperlich harte Arbeit, die uns kräftemäßig an unsere Grenzen brachte. Für eine einzige Banda brauchten wir mehrere Wochen. Bald ging uns die Puste aus. Da wir ohnehin einen Klempner brauchten, um die Rohre für die Toiletten und Duschen zu verlegen, engagierten wir gleich auch noch ein paar Maurer, die die restlichen Bandas errichteten. Später folgte dann noch der Bau eines kleinen Lokals, in dem wir Gäste bewirten konnten. Die Wände ließen wir von Samburu-Künstlern mit traditionellen Motiven verzieren.

Jetzt tauchten immer mehr Reisende mit ihren Rucksäcken auf. Manche kamen in ihren Geländewagen und übernachteten in Dach- oder kleinen Stoffzelten oder mieteten unsere Bandas. Sie alle waren sprachlos, wenn das warme Sonnenlicht morgens und abends das herrliche Flusspanorama in tausend Farbnuancen erstrahlen ließ. Die meisten hatten eine Expedition ins wilde Afrika gesucht und waren überwältigt, bei uns erstmals auch die Kultur der Menschen hautnah mitzubekommen. Abends machten wir für sie ein Feuer, führten unsere traditionellen Tänze auf und erzählten unsere Geschichten, manchmal bis tief in die Nacht. Die funkelnde Milchstraße schien oft zum Greifen nah und unsere bescheidenen Bandas wirkten in jenen Momenten wie ein Tausend-Sterne-Hotel.

Morgens kochten wir den Gästen in unserem kleinen Lokal unter einem Strohdach auf einer offenen Feuerstelle Tee. Von unseren Plastiktischen aus, die wir mit traditionellen Stoffen gedeckt hatten, genossen sie den Blick auf den Fluss und die Palmen. In Umoja war mittlerweile eine Generation junger Frauen herangewachsen, die Englisch sprachen und mit den Touristen reden konnten. Sie übernahmen immer mehr Verantwortung auf dem Campingplatz.

Unter diesen jungen Frauen war die neunzehnjährige Gladys. Sie lebte seit acht Jahren bei uns. Ihre Mutter war von ihrem Mann jahrelang verprügelt und eines Tages verjagt worden, als er ihrer überdrüssig wurde. Daraufhin war ihre Mutter mit ihr bei uns eingezogen. Gladys war also bei uns aufgewachsen und hatte schon mit elf Jahren die ersten Diskussionen über Frauenrechte erlebt und mitbekommen, wie unser Dorf über die Jahre gewachsen ist. Wir hatten dafür gesorgt, dass sie zur Schule ging. Weil Gladys über ihre Mutter häusliche Gewalt hautnah mitbekommen hatte, kam es für sie gar nicht infrage, sich durch eine Heirat einem Mann auszuliefern. Außerdem war sie gebildeter als die meisten Samburu-Männer, die jahrelang nur Tiere gehütet hatten und noch nicht einmal lesen und schreiben konnten. Es war also ohnehin schwer für sie, einen geeigneten Partner zu finden. Doch sie dachte auch gar nicht an eine Ehe oder daran, Umoja zu verlassen.

Als dann vor zwei Jahren Judy Lelampa, eine achtzehnjährige Frau, bei uns auftauchte, freundeten sich die beiden Frauen sofort an. Mittlerweile sind sie unzertrennlich. Auch Judy dachte nicht daran, einen Samburu-Mann zu heiraten, obwohl sie eine kleine Tochter hatte. Mit vierzehn sollte sie an einen fünfzig Jahre alten Mann verheiratet werden. »Er sah aus wie ein Affe«, wetterte sie. »Ich habe mich vor ihm geekelt und hätte mir nicht vorstellen können, ihn anzufassen.« Selbstbewusst strahlte sie Gladys an. Keine von uns hätte es gewagt, in dem Alter so zu sprechen. »Du hättest ihn zur Polizei schleppen sollen. Mit vierzehn bist du doch noch ein Kind«, erwiderte Gladys grinsend, froh, dass ihre Freundin den Weg nach Umoja gefunden hatte. Eine Nachbarin hatte ihr vom Dorf der Frauen erzählt. Das hatte Judy die Kraft gegeben, sich loszusagen und unser Frauendorf zu suchen.

Bald wurden wir in internationalen Reiseführern erwähnt. »Kein gewöhnliches Dorf«, hieß es. »Das Zusammenleben der Samburu-Frauen ist revolutionär in Afrika. Hier haben die Frauen das Sagen«, erklärten die Autoren. Die Emanzipation afrikanischer Frauen habe es bislang nur in den Städten gegeben, schrieben sie. Es handele sich um die ersten richtigen Feministinnen auf dem Land. Kaum eine von uns verstand die Bedeutung dieses Wortes. Nagusi, Naibala, Lucy und ich saßen kichernd vor meiner Hütte und lasen den Text. Wir machten also als Feministinnen Furore, obwohl wir die Bedeutung nicht einmal kannten.

Ich glaube, unser Lebensstil hat einfach etwas sehr Afrikanisches. Schon meine Mutter hatte dafür gesorgt, dass es den Frauen und Kindern im Dorf gut ging, und zwischen uns und den anderen Frauen meines Vaters bestand eine tiefe Verbundenheit. Diese Fürsorglichkeit unter den Frauen in meiner Jugend hat mich wohl für mein Leben geprägt und mich dazu gebracht, mich schon früh schützend vor schwächere Frauen zu stellen.

Während uns die Touristen bewunderten, flößten wir den Samburu-Männern Angst ein. Sie mieden uns und fanden uns nach wie vor merkwürdig. Vor allem mein Schwiegervater wetterte gegen uns. Die vielen Ausländerinnen hätten uns den Kopf verdreht und wir seien keine richtigen Samburu-Frauen mehr. Sie verstanden nicht, warum wir als ehemals Obdachlose es schafften, uns ein eigenes Dach über dem Kopf zu errichten. Außerdem waren sie neidisch, dass es uns finanziell immer besser ging. Unser Land wurde zudem immer wertvoller. Die Landpreise rund um Archer's Post schossen in die Höhe, und eines Tages wurde vor unseren Augen eine Asphaltstraße zu Archer's Post gebaut. Mit der Straße würden Waren kommen und unsere Leute würden leichter reisen können.

Seit ein paar Monaten arbeitete ein chinesisch-kenianischer Bautrupp an dem Ausbau der Straße. Jeden Tag näherten sich die Wasserwagen und Zementmischer mit chinesischen Schriftzeichen unserem Dorf ein Stück mehr. Es waren auch einige Samburus als Hilfsarbeiter und Wächter eingestellt worden. Die Männer arbeiteten von frühmorgens bis spät in die Nacht. Damit sie die harte Arbeit besser aushielten, spielte oft einer von ihnen auf einer Flöte traditionelle Samburu-Volkslieder. Zuerst ebneten sie den Weg, bauten Drainagen und dann rückten Wagen mit dampfend heißem Teer an.

Die alten Samburu-Männer lehnten in ihren rot karierten Tüchern auf ihren Stöcken am Straßenrand und beobachteten akribisch den Fortschritt der Bauarbeiten. Sie hatten ihr ganzes Leben auf die schwarze Straße gewartet und konnten es kaum glauben, dass sie nun endlich gebaut wurde. In ihren ausgetretenen schwarzen Gummilatschen liefen sie ungläubig über den frisch gegossenen, dampfenden Asphalt. Eine »richtige« Straße war ihnen von den Regierungen in Nairobi immer wieder versprochen worden, jedes Mal, wenn in den letzten Jahrzehnten gewählt wurde. Doch die internationalen Hilfsgelder, die für den Bau der Straße vorgesehen waren, waren bislang immer in dubiosen Kanälen versickert.

Jetzt endlich machte die kenianische Regierung mit ihrem ehrgeizigen »Straßenerweiterungsplan 2030« Ernst und baute die Straße mithilfe chinesischer Ingenieure und Facharbeiter quer durch den Samburu-Distrikt bis nach Äthiopien. Endlich wurde unsere abgelegene Region an den Rest des Landes angegliedert. In Zukunft werden unsere jungen Hirten ihre Herden in wenigen Stunden in Pick-ups oder Lieferwagen zu den unterschiedlichsten Märkten Kenias fahren können und für Touristen würde die Fahrt zum Nationalpark angenehmer werden. Der Wandel kündigte sich schon damals durch den zunehmenden Verkehr an – immer mehr Matatus fuhren jetzt auf der Strecke zwischen Isiolo und Archer's Post.

Auch wir in Umoja profitierten von der neuen Straße, weil es für uns leichter wurde, Lebensmittel einzukaufen. Früher waren wir damit fast den ganzen Tag beschäftigt, jetzt konnten wir unsere Großeinkäufe in Isiolo an einem Vormittag bewältigen. Ich war jedenfalls glücklich mit dem, was wir in den letzten Jahren erreicht hatten, und schaute zufrieden auf unseren Dorfplatz, als ich an diesem Samstagmorgen mit einer Tasse Tee in meine Shuka gehüllt vor meiner Manyatta saß. Gerade morgens genoss ich es, den Tag mit einem Tee zu beginnen, und beobachtete gerne, wie die ersten Sonnenstrahlen langsam über die Berge lugten und den Boden erwärmten. So geborgen wie hier in Umoja hatte ich mich nur als Kind in unserer Manyatta in den Hängen von Wamba gefühlt. Wir Umoja-Frauen standen jetzt auf eigenen Füßen und konnten gelassen in die Zukunft schauen. Wir bewältigten unseren Alltag ganz ohne die Hilfe von Männern. Endlich lebten wir nicht mehr von der Hand in den Mund und unser Plan, uns über den Tourismus ein selbstständiges Leben aufzubauen, schien aufzugehen. Jedenfalls hatten wir keine finanziellen Sorgen mehr.

Uns war klar geworden, dass der Tourismus unsere einzige Chance war, als Frauen zu überleben. Wir hatten gehört, dass einige Massai in der Massai Mara eigene Safarianlagen hatten. Sie nannten es Ökotourismus. Ich hatte mir das Camp und die Lodge in der Massai Mara angeschaut und war völlig begeistert. Dieses Konzept passte auch zu uns, ermunterte ich die Frauen und reichte Fotos und eine Broschüre herum. Auch wir hatten großen Respekt vor der Natur und diese Einstellung war Teil unseres Lebens. Diese Einstellung den Touristen nahezubringen, machte Sinn und fiel uns nicht schwer.

Jeden Samstag durchkämmte ich mit den Kindern unser Dorf, um es sauber zu halten, so auch an diesem Samstag. Meistens begannen wir auf dem Schulhof und durchforsteten dann die Akazienbüsche, in denen sich Plastiktüten verfingen, die der Wind von der Straße zu uns hinübergetragen hatte. So wollte ich das Umweltbewusstsein der Kinder schärfen und ihnen beibringen, Verantwortung zu übernehmen. Sie sollten stolz sein auf Umoja, aber auch lernen, dass man dafür hart arbeiten muss.

Bevor ich gleich mit den Kindern gehen würde, machte ich mich ganz in meine Gedanken versunken auf einen Erkundungsgang durch das Unterholz am Campingplatz. Als ich kurze Zeit später wieder am Campingplatz ankam, fiel ich aus allen Wolken, als ich dort auf eine Gruppe aufgebrachter Frauen stieß. Sie gestikulierten wütend und sprachen wild durcheinander. »Dein Mann war gerade mit einem Gewehr hier. Er hat dich gesucht«, erklärte mir Nagusi. »Er will dich umbringen. Er war völlig außer sich und hat unsere ganzen Vorräte und unsere Einnahmen mitgenommen.« Ich war sprachlos. Das würde ich mir nicht bieten lassen. Eine unbändige Wut stieg in mir auf. »Ich lasse mich nicht wie eine Hündin von meinem eigenen Land verjagen«, erklärte ich und schaute zornig in die Runde meiner Mitstreiterinnen.

»Aber du musst dich in Sicherheit bringen. Jetzt ist nicht die Zeit zu kämpfen«, erklärte Nagusi gefasst. Warum jetzt?, fragte ich mich. Warum musste mein Mann ausgerechnet jetzt alles kaputt machen, wo alles so gut lief? Wie konnte mein eigener Mann es wagen, mich von dem Land zu vertreiben, in das ich mein ganzes Herzblut investiert hatte? Ich sah ein, dass es besser war unterzutauchen und mich in Nairobi in Sicherheit zu bringen, aber ich würde den Kampf nicht aufgeben. Niemals.

Wütend und enttäuscht, aber nicht völlig am Boden zerstört, verließ ich Umoja. »Ich werde zurückkehren, Schwestern«, erklärte ich lächelnd. »Ich bin stark. Ich werde mich nicht unterkriegen lassen, so viel steht fest.« Ich ahnte, dass mir nun in Nairobi eine harte Zeit bevorstand. Doch ich hatte keine Vorstellung, wie beschwerlich die nächsten Wochen sein würden.

# AUF DER FLUCHT: DIE GROSSSTADTNOMADIN

Das Hotel in der Innenstadt, in das Nagusi und ich mit letzten Kräften flüchteten, war ein schmuckloser Sechzigerjahre-Kasten. Hier wohnten die Menschen übereinandergestapelt, nur durch hauchdünne Wände voneinander getrennt, sodass wir unfreiwillig zu Zeugen von Streitereien zwischen Drogendealern und Junkies wurden und das Geflüster junger Liebespaare aufschnappten. Viele Gäste waren knapp bei Kasse und schoben sich mit gesenktem Blick an uns vorbei durch die dunklen Hotelgänge, die nur durch flackernde Glühbirnen spärlich beleuchtet wurden. Keiner schaute einem in die Augen. Es war, als ob die meisten hier ein Geheimnis hüteten und mit Fremden nicht gerne ins Gespräch kamen. Oft hörten wir auch nur die gedämpften Stimmen von Menschen, die wir nie zu Gesicht bekamen, und wir erahnten die Dramen, die sich hinter den Wänden abspielten. Neben uns schluchzte und betete eine somalische Frau. Aus ihren Stoßgebeten schloss ich, dass sie wegen des anhaltenden Bürgerkriegs aus ihrer Heimatstadt Mogadischu fliehen musste. Gerne hätte ich ihre Geschichte gehört, doch sie verließ nie ihr muffiges kleines Zimmer und jammerte bis tief in die Nacht. Nagusi und ich rätselten noch lange herum und versuchten uns auszumalen, wie sie hierhergekommen und was ihr wohl widerfahren war.

Nie hätte ich mir träumen lassen, dass ich einmal freiwillig in einem dunklen Loch untertauchen würde, in das kaum

Tageslicht gelangte, nur wenige Sonnenstrahlen von einem Hinterhof, in dem ein paar junge Männer Holzmasken mit dunkler Schuhcreme einbalsamierten, damit die Touristen sie für dunkles Ebenholz hielten. Sobald die schwarze Creme eingetrocknet war, räumten sie die Masken in einen großen Plastiksack und schleppten sie weg, um sie auf den Straßenmärkten der Stadt zu verkaufen. Dabei lachten sie sich ins Fäustchen und machten sich über leichtgläubige Touristen lustig.

Ich wollte auch wieder lachen können. Nagusi und ich munterten uns gegenseitig mit Geschichten aus unserer Kindheit auf. Doch zwischendurch fühlte ich mich immer wieder niedergeschlagen. Die dicken gusseisernen Gitter vor den Fenstern wirkten einfach zu bedrückend. Die Enge in dem winzigen Zimmer war unerträglich. Nach ein paar Tagen fühlte ich mich wie in einem Gefängnis: eingesperrt. Immer wieder schweiften meine Gedanken in die Ferne, in die herrliche Halbwüste der Samburus. An einem blauen Sommertag kann man dort bis zum Horizont schauen. Jeder Dornenbusch, jede Schirmakazie zeichnet sich ab. Die freudig meckernden Ziegen und die Hirten in ihren leuchtend blau-roten Shukas wirken wie bunte Federn, die durch die dornige Halbwüste schweben.

Hier in der Innenstadt von Nairobi konnte man seinen Blick nicht in die Ferne richten, er prallte an den Hochhäusern ab. Immer wieder schwebte Plastikmüll durch die Luft, die wie eine Glocke schwer über der Stadt hing. Wenn Nagusi und ich in unserem kleinen Refugium nicht über die guten alten Zeiten redeten, summten wir Lieder aus unserer Kindheit. Stundenlang schaute ich aus dem schmuddeligen Bau zwischen riesigen Werbeplakaten auf den dichten Verkehr, der sich laut hupend durch die enge Straße quälte. Zwischen stinkenden Sammeltaxis zwängten sich zerlumpte Träger mit ihren voll beladenen Karren durch das Gewühl und ein paar junge Samburu-Männer in traditionellen Tüchern schlichen umher, als seien sie auf der Pirsch. Normalerweise suchten sie Touristen, um sich ihnen als Guide, als Touristenführer, anzubieten. Doch diese Morani stellten merkwürdig viele Fragen.

Jeden Abend legte sich die Dunkelheit schlagartig wie ein Schleier über die Stadt. Die Sonne versank in diesem Betondschungel völlig unspektakulär. Anders als in Archer's Post, wo die Sonne wie in einem opulenten Gemälde in einem Feuerwerk an Farben in den Fluss taucht.

Nach tagelangem Einerlei riss mich der Klingelton meines Handys aus meinen Gedanken. Nagusi und ich schreckten hoch. »Ihr müsst da sofort verschwinden und ein neues Hotel suchen«, rief Nanyimoi, die nach Jahren als treues Hausmädchen längst zu einer Vertrauten geworden war. Sie hatte viele Konflikte und Gewaltausbrüche zwischen mir und meinem Mann miterlebt. »Warum?«, wollte ich wissen. Ich war verwirrt. »Es ist viel zu gefährlich, in dem Hotel zu bleiben«, flehte sie mich an. Ich konnte sie kaum verstehen. Ihre Worte überschlugen sich. Sie war völlig aufgebracht. Mein Mann und einige seiner Freunde seien auf dem Weg nach Nairobi, warnte mich Nanyimoi. Außerdem lasse er nach mir suchen. Nanyimoi war außer sich vor Angst. Wie ein Lauffeuer habe sich in den Kneipen und Dukas von Archer's Post die Nachricht verbreitet, dass ich mich in Nairobi in einem Hotel versteckt hielte.

Jetzt erst wurde uns klar, dass die jungen Samburu-Männer da draußen nicht auf Touristen aus waren. Sie suchten mich. Mein Mann hatte scheinbar ein ganzes Heer junger Samburus mobilisiert, um mich aufzuspüren. Rund um unser Hotel reihte sich eine Billigabsteige an die andere. Die Morani hatten das Terrain rund um die berüchtigte River Road wohl in seinem Auftrag systematisch durchkämmt. »Seid vorsichtig, aber verschwindet da so schnell wie möglich«, ermahnte uns Nanyimoi.

Wortlos packten wir unsere paar Habseligkeiten und schlichen zur Hintertür hinaus. Ohne zu zögern gingen wir zu einem anderen, etwas teureren Hotel, das auch auf dem Zettel stand, den uns die Frauen in Umoja zum Abschied in die Hand gedrückt hatten. Mitarbeiterinnen des kenianischen Frauennetzwerks Urgent Action Fund hatten uns die Namen genannt. Auf ihren Rat hin nisteten wir uns im Grand Holiday Hotel ein, einem ähnlich kantigen Bau wie das andere Hotel. Vor dem Haus stand ein Safaribus hinter dem anderen – bis zum Ende der Straße. Sie fuhren mitten in der Nacht mit den völlig übermüdeten Touristen los, um gleich frühmorgens in den Nationalparks zu sein. In dem mehrstöckigen Gebäude kostete das Zimmer doppelt so viel wie im Dalmar, dafür stand aber auch nachts ein Wächter, ein Askari, vor der Tür. Außerdem hatten wir hier eine eigene Toilette und ein Bad im Zimmer, sodass wir nicht ständig über einen dunklen Flur schleichen mussten und uns etwas sicherer fühlten als im Dalmar.

Neben all den Rucksackreisenden kehrten hier afrikanische Geschäftsleute und Händler aus allen Teilen Kenias ein. Morgens im Frühstücksraum schaufelten sie riesige Berge deftiger Würstchen und Ugali-Maisbrei in sich hinein und tauschten sich angeregt über ihre Geschäfte aus. Sie starrten genauso verwundert wie ich auf ein überdimensioniertes Aquarium, in dem Fische an künstlichen Algen und Anemonen vorbeischwammen. Ich fragte mich, warum man sich so eine bizarre Unterwasserlandschaft mitten in den Raum stellt, obwohl es in Nairobi weit und breit kein Meer gibt. Wie kommt man nur darauf, seine Umgebung mit solch unnötigem Ballast zu schmücken? Vielleicht mochten das die Touristen?

Von meinem Fenster aus blickte ich auf einen Gardinenladen, in dem ein Schneider auf seiner ratternden Singer-Nähmaschine im Akkord bunte Stoffe verarbeitete. Ein Haus weiter wurden grüne und blaue College- und Schuluniformen wie am Fließband geschneidert. Ich wünschte mir, dass auch unsere Umoja-Kinder eines Tages eine eigene Schuluniform tragen würden oder zumindest die Kinder in Archer's Post. Doch bislang gab es dort noch immer keine staatliche Schule. Eine

Kirche der Evangelikalen nebenan schien die hämmernden Nähmaschinen und die restliche Zivilisationskakofonie mit einer Dauerbeschallung dröhnender Gospelgesänge übertünchen zu wollen. Der Krach war unerträglich. Zu allem Überfluss knarrte auch noch mein Bett. Ich kam kaum zur Ruhe, schlief schlecht und hatte kaum Appetit.

»Ich will mich nicht mehr verstecken«, erklärte ich eines Morgens grimmig. »Ich muss hier raus.« Seit Tagen schauten Nagusi und ich nur noch durch die trüben Hotelfenster. Jetzt wollte ich es mit diesem lärmenden Moloch aufnehmen. Und so zogen wir los und marschierten staunend an Hochhausriesen mit spiegelnden Glas- und Stahlfassaden vorbei, hinter denen sich Banken und Versicherungen verbargen, aus denen mittags schlagartig gut gekleidete Angestellte strömten. Eigentlich lassen sich die vier Quadratkilometer Innenstadt leicht zu Fuß erforschen, doch die mehrspurigen großen Straßen flößten uns Respekt ein. Wir mussten uns regelrecht einen Ruck geben, sie zu überqueren, denn keiner schien die Verkehrssignale ernst zu nehmen und der Verkehr rollte unermüdlich an gelangweilten Polizisten vorbei.

Gnadenlos schob sich die Blechlawine über den sechsspurigen Uhuru Highway vorbei an zwei Bettlerinnen, die verzweifelt versuchten, die Fahrer der großen Karossen dazu zu bewegen, ihnen ein paar Münzen aus dem Fenster zuzuwerfen. Ein Poliokranker rutschte auf seinen dürren, verdrehten Gliedmaßen über den blanken Teer durch die stinkende Abgaswolke. Ein anderer ruderte auf seinem Rollstuhl durch den dichten Verkehr der Drei-Millionen-Metropole, sobald ein Fahrer an der Ampel sein Fenster herunterkurbelte. Der Anblick war beklemmend. »Keiner kümmert sich hier um den anderen«, flüsterte mir Nagusi entsetzt zu. »Die Menschen sind immer beschäftigt«, staunte sie. »Selbst beim Laufen tippen sie noch Nachrichten in ihre Handys oder telefonieren, während sie durch die Straßen hasten.« Fassungslos schauten wir auf die

Massen, die sich in teuren Anzügen und adretten Kleidern in die Bürogebäude, Ministerien, Geschäfte und Hotels der gehobenen Preisklasse pressten. Morgens strömten sie in die Megacity hinein und abends kehrten sie abgekämpft wieder zurück in die Vororte und Slums, in denen sie wohnten. Nachts war die pulsierende City wie ausgestorben.

Am nächsten Morgen riss mich das Telefon aus dem Schlaf. Mein Puls schnellte hoch. Panisch griff ich nach meinem Handy. Weitere Hiobsbotschaften konnte ich jetzt nicht verkraften. Es war Lucy – und sie hatte eine frohe Nachricht. Ich war erleichtert. Beim Workshop in Umoja hatten die Frauen viel Schmuck verkauft. Lucy hatte im sogenannten M-Pesa Point in Archer's Post Geld eingezahlt und per Handy überwiesen. Jetzt müssten Nagusi und ich zu einem M-Pesa Point in Nairobi gehen und uns das Geld in bar abholen. Davon könnten Nagusi und ich uns eine ganze Zeit lang über Wasser halten. Fast jeder zweite Kenianer nutzt mittlerweile das sogenannte Mobilgeld. Wir kicherten und hofften, dass uns jemand das Prozedere erklären könnte.

Tagsüber gingen wir jetzt manchmal in ein Internetcafé um die Ecke und schickten den Frauen von Umoja und der Hilfsorganisation Vital Voices kurze Lebenszeichen. Sie alle setzten sich für mich ein. Manchmal nahm ich auch Bestellungen von Boutiquen für neuen Perlenschmuck entgegen und leitete diese per SMS an die Frauen nach Umoja weiter. Wir blieben mit ihnen so gut es ging in Kontakt. Ich versuchte, auch von Nairobi aus die Fäden in der Hand zu behalten.

Doch eines Morgens sichtete Nagusi wieder junge Samburus vor unserem Hotel, die bei den Fahrern in ihren Safarianzügen und den Händlern in ihren Läden Erkundigungen einzogen. Wir beschlossen sofort, das Hotel zu verlassen. Auch dieser Unterschlupf schien aufgeflogen zu sein. Wahrscheinlich hatte man uns gesehen und mein Mann hatte wieder eine gezielte Suche in Gang gesetzt. Gefasst packten wir in unserem spärlich eingerichteten Hotelzimmer unsere paar Kleidungsstücke ein. Das Frauennetzwerk Urgent Action riet uns, in ein großes Safarihotel am Stadtrand von Nairobi zu gehen. Sie erklärten sich bereit, für die Unterkunft zu zahlen. Urgent Action ist ein Netzwerk, das sich für Frauen einsetzt, die häuslicher Gewalt ausgesetzt sind. Nach einem langen Gespräch, in dem ich meine Lage ausführlich geschildert hatte, wollten sie mir bis auf Weiteres unter die Arme greifen.

Draußen in der grellen Mittagssonne tobte längst wieder das alltägliche Großstadtchaos, als wir schließlich im Bus saßen. Wir verabschiedeten uns nun endgültig von den Billigpensionen der Innenstadt. Hier lauerte man uns auf und es war sicherlich nur eine Frage der Zeit, wann wir in einen Hinterhalt geraten würden. Wahrscheinlich würde ich nun alle paar Wochen meine Unterkunft wechseln müssen, fürchtete ich. Doch zunächst einmal verschwanden wir in der Anonymität eines großen Safarihotels.

Nagusi sah mitgenommen aus. Der Großstadtstress setzte ihr arg zu – mehr noch als mir. Der Krach und der Lärm waren Gift für die ansonsten zähe Halbnomadin. Ich spürte ihre innere Unruhe. Nagusi wollte am liebsten zu ihrer Tochter zurück. Sie wusste zwar, dass sich die Frauen um sie kümmerten, doch Nagusi hatte schreckliches Heimweh. Aus Rücksicht hatte sie bisher nur nichts gesagt. »Fahr zurück, dann ist wenigstens eine von uns da, wo sie hingehört«, erklärte ich und winkte ab, als sie zu protestieren versuchte. »Die Frauen in Umoja brauchen dich auch.«

Nun wohnte ich also in einem Safarihotel. Doch in der abgeschirmten Scheinwelt des Massentourismus hielt ich es nicht lange aus. Unter all den Pauschalreisenden, die fast täglich wechselten, kam ich mir völlig verloren vor. Menschen aus aller Welt, die sich am Pool aalten und abends die Tänze der Massai begafften, bekamen nichts vom wahren Leben in Kenia mit. Das Safarigehabe der Tourmanager und ihrer Kunden, die mit den feinsten Outdoor-Klamotten ausgerüstet waren und dabei kaum die Busse verließen, gingen mir schon nach kurzer Zeit auf die Nerven. Meine Flucht entwickelte sich zur wahren Odyssee. Wohin sollte ich nun gehen?

Nach einem Krisentreffen mit den Helfern von Urgent Action beschlossen wir, dass ich den Hotelkasten am nördlichen Stadtrand von Nairobi verlassen und in ein leer stehendes Haus in einem weißen Vorstadtviertel ziehen sollte. Doch auch hier fühlte ich mich wie ein Fremdkörper. Von meinen Nachbarn hörte und sah ich nichts. Das Haus war riesig, viel zu groß für mich allein. Langsam wurde das Leben als moderne Nomadin im Großstadtdschungel zum Albtraum. Ich nahm ab. In dem großen Haus bekam ich einfach keinen Bissen runter, da ich es nicht gewohnt war, allein zu essen.

So oft wie möglich besuchte mich eine der Umoja-Frauen und leistete mir für ein paar Tage Gesellschaft. Doch dann musste sie wieder zurück in ihr Leben. Ich fragte mich manchmal, wo meines geblieben sei. War das ein richtiges Leben? Wie lange konnte man so etwas durchhalten? Alles, was ich besaß, passte in meinen kleinen schwarzen Rucksack und seit Wochen hangelte ich mich von Hotel zu Hotel, von Haus zu Haus. Am Ende wusste ich gar nicht mehr, wo ich war. Ich fühlte mich entwurzelt. Das ständige Flüchten machte mich krank. Umgeben von hohen Mauern, kam ich mir manchmal vor, als säße ich in Isolationshaft. Wie sollte es weitergehen? Die Ungewissheit nagte an mir und hielt mich nächtelang wach.

Die Frauen vom Netzwerk Urgent Action und die Helfer der amerikanischen Hilfsorganisation Vital Voices versuchten mich aufzubauen. Sie machten mir Mut, weil sie wussten, wie sehr ich mich nach einer Nacht auf einem Kuhfell unter freiem Himmel und den Witzeleien der Umoja-Frauen sehnte. Sie rieten mir, noch nicht nach Umoja zurückzukehren. Mein Mann drohte mir immer noch. Er schien einen perfiden Plan zu verfolgen. Das Land von Umoja war auf meinen Namen registriert, obwohl es eigentlich den Frauen gehörte. Somit war das Land nach dem traditionellen Verständnis der Samburus Familienbesitz. Ich war sicher, dass mein Mann dahintersteckte. Als Ratsherr hatte er die Möglichkeit, den Eintrag im Grundbuch auf meinen Namen zu verändern.

Mittlerweile war ich davon überzeugt, dass das der Grund war, warum mein Mann mir nach dem Leben trachtete. »Er will mich umbringen, damit das Land an ihn übergeht.« Mir blieb nicht anderes übrig, als das vor Gericht zu klären. Die Anwälte des Frauennetzwerks ermunterten mich, die Grundbucheintragung ändern zu lassen – doch das ist ein Verwaltungsakt, der in Kenia mehrere Jahre dauern kann.

Anfangs traute ich mich im weißen Vorstadtviertel nicht vor die Tür, doch ich wollte mich nicht länger eingesperrt fühlen. Ich unternahm nach einer Weile Gewaltmärsche durch die grünen Vororte von Nairobi und staunte über die protzigen Villen der Mzungus. Inder, Schwarze und Weiße lebten hier im Westen der Stadt, wo die besseren Wohngegenden sind, fein säuberlich voneinander abgegrenzt. Manchmal trennten nur wenige Meter Villenviertel von Slums. Die Gegensätze in Nairobi sind krass. Dazwischen ragten Kräne wie Kraken in den Himmel. Überall entstanden neue Apartmentblöcke für die wachsende Mittelschicht in Nairobi. Doch wo war mein Platz in dieser boomenden Megacity? Anfangs machten mir die schroffen Brüche Angst.

Als Tochter von Nomaden bin ich schon immer gern gelaufen, es gehört für mich zum Leben dazu. Lange Entfernungen machen mir nichts aus. Dabei kann ich nachdenken und meine Gedanken ordnen. Außerdem wollte ich die Stadt kennenlernen, in der ich nun wohl oder übel noch länger bleiben musste. Wenn mir der Krach und der Staub Kopfschmerzen bereiteten, ging ich im Uhuru-Park, dem Freiheitspark am Rande der Innenstadt an der größten Verkehrsachse Nairobis, spazieren. Unter riesigen Bäumen, die Kenias Freiheitskämpfer verkörpern, setzte ich mich oft ins Gras, schaute in die Baumkronen und tankte auf. Die Menschen, für die diese Bäume stehen, sind für ihr Freiheitsideal gestorben. Sie haben für das Mehrparteiensystem, für die Demokratie in Kenia und für diese pulsierende Stadt, deren Silhouette erhaben vor mir lag, gekämpft. Wenn ich doch nur ihre Überzeugung und ihre Ausdauer hätte, dachte ich oft, wenn die untergehende Sonne die herrliche Skyline orange färbte und sich in den mächtigen Glasfassaden wie ein großer Ball spiegelte.

Eines Tages fällte ich einen Entschluss, der schon lange überfällig war: Ich würde mich scheiden lassen. Wahrscheinlich war ich die erste Samburu-Frau, die sich offiziell scheiden ließ. Selbst die Frauen, die jahrelang geschlagen wurden und sich von ihren Männern trennten, ließen sich am Ende nicht scheiden. Eine Samburu-Frau, die die Scheidung einreicht, war undenkbar, da sie durch die Hochzeit zum Besitz des Mannes wird. Es war an der Zeit, sich darüber hinwegzusetzen. Außerdem wollte ich mich von meinem Mann und seiner Familie lossagen. Ich wollte einen Schlussstrich unter meine Ehe ziehen. In der Einsamkeit des großen Hauses hatte ich immer wieder darüber nachgedacht und mir war klar geworden, dass ich den Bruch zwischen ihm und mir nun auch formal vollziehen musste. Ich wollte nicht mehr als seine Frau gelten, auch nicht auf dem Papier. Er hatte mich gedemütigt, bedroht und von meinem eigenen Land verjagt. Es gab keinen Weg zurück. Nanyimoi würde seine Gewaltausbrüche bezeugen, da war ich mir sicher. Als unser Kindermädchen hatte sie erlebt, wie mich mein Mann geschlagen hatte. »Ich werde das bezeugen«, sicherte sie mir bei ihrem letzten Besuch zu. »Ich werde ihnen erzählen, wie unberechenbar er ist, wenn er getrunken hat.«

Es würde sicherlich kein leichter Weg werden, denn mein Mann würde sich in seiner Ehre und in seinem Stolz als Familienoberhaupt gekränkt fühlen. Auch wenn ich selbst noch in dieser Familientradition aufgewachsen war und bis heute für die Kultur der Samburus kämpfe, wusste ich: Diesen Teil unseres Erbes müssen wir beerdigen, denn er lähmt uns Frauen. Mir wurde klar, dass ich das nun alles hinter mir lassen musste. Wenn die Frauen mich nicht geschützt hätten, wäre ich vielleicht jetzt nicht hier. Sie waren nun meine Zukunft. Die Frauen in Umoja. Allein der Gedanke an unser herrliches Dorf hielt mich am Leben. Ich wollte meinem Mann zeigen, dass ich mich nicht von ihm unterkriegen lassen würde. Nicht von seiner Familie, seinen Gewaltausbrüchen und seinen Drohungen. Ich würde mich scheiden lassen, um endlich wieder ein selbstbestimmtes Leben führen zu können.

Mein Mann war außer sich vor Wut, als er die Scheidungsunterlagen von meinem Anwalt Julius erhielt. Empört schickte er mir eine SMS, in der er mich als Lesbe beschimpfte. Ich solle es nicht wagen, nach Archer's Post zurückzukehren, warnte er mich. Ich befürchtete, dass er mich nicht in Ruhe lassen würde. Er hatte das riesige Potenzial unseres Frauendorfes erkannt. Nachdem es nun die Teerstraße gab, entstanden in Archer's Post gerade die ersten richtigen Geschäfte, und der Bauboom wirkte sich auch auf die Grundstückspreise aus. Außerdem kamen immer mehr Touristen in die Gegend, weil die Fahrt auf der neuen Straße angenehmer und sicherer geworden war. Meine älteren Kinder warfen mir vor, ich hätte den Verstand verloren und sei nicht mehr ganz bei Trost. Sie verstanden nicht, warum ich mich von ihrem Vater scheiden lassen wollte. Nur meine jüngste Tochter Sylvia, die am Stadtrand von Nairobi ein katholisches Gymnasium besuchte, hielt zu mir.

Doch nicht nur die Scheidung stand im Raum. In einem gesonderten Verfahren wollte meine Anwältin Awinja Okwomi vor dem Obersten Gericht in Nairobi auch die Landfrage klären. In einem der schicken Cafés in der Nähe des Gerichtsgebäudes ging ich mit der ehrgeizigen jungen Frau noch einmal die Unterlagen durch. Wir waren umgeben von Afrikanern und Europäern, die auf ihren Laptops schrieben und Caffè Latte schlürften. Hier gab es drahtloses Internet wie mittlerweile in vielen Cafés im modernen Nairobi. Ich wollte das Land von Umoja auf den Namen unserer Fraueninitiative registrieren lassen. Awinja berichtete mir, dass wir nach kenianischem Recht beweisen müssten, dass wir das Land gemeinsam bezahlt hatten und es somit uns allen zusammen gehörte.

»Immer wieder sind wir mit altersschwachen Bussen über die Staubpisten bis nach Maralal in die Bezirkshauptstadt gefahren, um unsere Raten abzuzahlen«, erklärte ich der jungen Frau im Kostüm. »Dafür haben wir jahrelang gearbeitet, ganze Perlenberge aufgefädelt und verkauft, bis wir den Gesamtpreis von hunderttausend kenianischen Schilling abbezahlt hatten.« – »Ihr müsst Zeugen finden, die das bestätigen«, antwortete sie. Das dürfte kein Problem sein. Ich war erleichtert. Am Telefon bat ich die Frauen, alle Unterlagen, die mein Mann an jenem Samstagmorgen nicht mitgenommen hat, zusammenzusuchen, alle Quittungen und Geschäftsberichte.

»Das wird ein zäher Kampf«, prophezeite mir Awinja. »Afrikanische Männer haben ein äußerst emotionales Verhältnis zu ihrem Land. Er wird alles daransetzen, das Frauendorf an sich zu reißen.« Ich sollte mich auf einen langen Rechtsstreit einstellen, meinte Awinja. Die Klärung mancher Landfragen dauere Jahrzehnte. So war auch unser Fall am High Court in Nairobi erst am Morgen vertagt worden. Zwei Richter waren auf unabsehbare Zeit erkrankt. Awinja musste nun um einen neuen Termin kämpfen.

Beide Verfahren erwiesen sich als zäh. Sie liefen nur stockend an. Immer wieder wurden Gerichtstermine verschoben und auch die Beweisführung war schwierig, sowohl im Scheidungsverfahren als auch bei der Landfrage. Die Warterei war nervenaufreibend. Selbst nach Monaten war es weder mir noch meinem Anwalt gelungen, die Akte »Lolosoli« aus Archer's Post zu bekommen, in der die Frauen zu Protokoll gegeben hatten, dass mein Mann sie mit dem Gewehr bedroht hatte und mich töten wollte. Die Akte blieb unauffindbar. Julius, der Anwalt für meine Scheidung, wurde immer wieder vertröstet. Ich vermutete, dass der örtliche Polizist die Akte hatte verschwinden lassen, da er auf der Seite meines Mannes stand. Er hatte ihm zwar sein Gewehr abnehmen müssen, doch mich gewarnt. Falls ich zurückkehren würde, müsste er meinem Mann die Waffe zurückgeben.

Das Nomadenleben in der Großstadt war kompliziert und verbrauchte all meine Energie. Der Alltag fraß mich auf und manchmal wollte ich dem Vagabundieren am liebsten ein Ende bereiten. »Ich will zurück nach Umoja«, jammerte ich jetzt immer häufiger. Beatrice, die lange unseren Kindergarten geleitet hat, und Lucy, die den Überfall miterlebt hatte, kamen so oft sie konnten nach Nairobi. Es fiel mir immer schwerer, sie gehen zu lassen. Ich war verzweifelt. Beatrice versuchte mich zu trösten. Sie hatte mich immer nur als die starke Dorfgründerin erlebt und mich noch nie so deprimiert gesehen. Doch ich wurde langsam müde von dem kräftezehrenden Versteckspiel.

»Dann soll er mich eben erschießen«, platzte es eines Tages aus mir heraus. »So bin ich ständig auf der Flucht, schlage Haken wie ein Hase, der seine Spur verwischen will. Ich bin es leid. Ich will nach Umoja zurück.« Ich konnte nicht mehr an mich halten. Ich war zwar völlig erschöpft, aber eine Nacht durchzuschlafen gelang mir kaum. Beatrice war froh, dass sie den weiten Weg nach Nairobi auf sich genommen hatte. »Die Zeit wird kommen. Sie ist noch nicht reif. Du tust das hier für uns alle«, beteuerte sie und sang mir ein Lied über die stolzen Samburu-Frauen. In dieser Nacht schlief ich zum ersten Mal seit Langem gut und fühlte mich am nächsten Morgen wie neugeboren.

Und wieder stand ein Umzug an. Die amerikanische Hilfsorganisation Vital Voices mietete für mich ein Apartment in einer Gegend an, in der die schwarze Mittelklasse wohnt, damit ich mich nicht so isoliert fühlte. Dort sollte ich mir ein eigenes Leben aufbauen. Eine scheinbar perfekte Lösung. Doch auch hier verfiel ich nach ein paar Wochen in Depressionen. Meine Nachbarn hasteten an mir vorbei. Hinter den dicken Mauern konnte ich sie weder hören noch sehen. Die meisten gingen frühmorgens wie aus dem Ei gepellt zur Arbeit und kamen erst spätabends nach Hause. Sie arbeiteten in den Banken, Versicherungsgebäuden oder Ministerien der City. Ich kam mit ihnen kaum ins Gespräch. Dennoch, der Anblick der vielen gut gekleideten Kenianerinnen ermutigte mich. Ich begann ihnen nachzueifern. Ich wünschte mir, dass es eines Tages auch viele Samburus unter ihnen in dieser aufstrebenden Mittelschicht gebe. Im Nachhinein bin ich froh, dass ich diesen Teil der kenianischen Gesellschaft erlebt habe, doch am Ende zog es mich weiter.

Endlich fand ich eine eigene Lösung. Eine junge Samburu-Frau, deren Schulausbildung ich finanziell unterstützt hatte, bot mir Unterschlupf in ihrer Wohnung im wohl größten Slum des Kontinents: in Kibera, was so viel heißt wie »Dschungel« oder auch »Chaos«. Ich war noch nie dort gewesen, doch ich hoffte, endlich auf eigenen Füßen stehen zu können. Hier müsste ich kein Geld mehr von Hilfsorganisationen annehmen. Mir fiel ein Stein vom Herzen, als ich mit meinen paar Habseligkeiten in meinen Rucksack im Matatu saß. Als wir dann jedoch tiefer ins Gewusel von Kibera fuhren, beschlichen mich allerdings erste Zweifel. Immer dichter wurden draußen die Menschentrauben, an denen sich das Matatu vorbeischob. Da es heftig geregnet hatte, versanken die Behausungen im Schlamm und die Menschen mussten durch braune Rinnsale voller Dreck und Abfall waten. Die Dreckstraßen wurden von wackeligen Holzbuden gesäumt, über denen ein Wirrwarr an Leitungen schwebte. Mühsam schoben wir uns durch dieses Chaos. Das sollte mein zukünftiges Zuhause sein? Ich war verunsichert. Doch dann ging ich die letzte Strecke zu Fuß, folgte der Beschreibung, vorbei an einer Kirche für Evangelikale und an einer Moschee und stand plötzlich vor einem der wenigen Apartmentblocks in diesem Meer von Bretterverschlägen und Wellblechdächern. Hier wohnte die junge Samburu-Frau. Ich war erleichtert und beeindruckt. Sie hatte es zu etwas gebracht in Nairobi. Letztlich auch mit meiner Hilfe. Ich war glücklich. Hier würde ich mich wohlfühlen, das spürte ich. Obwohl es in Kibera ständig nach Müll stank, atmete ich auf. Endlich spürte ich wieder Leben in mir. Die Vitalität der Menschen steckte mich an. Wie ich kämpften auch sie ums Überleben. In der kleinen Wohnung der Samburu-Frau fühlte ich mich zwischen weißen Häkeldeckchen und schweren Polstersesseln mit Zebramuster zum ersten Mal seit Monaten wieder geborgen.

Mittlerweile regelte ich aus der Ferne die Geschäfte von Umoja und es funktionierte ganz gut. Ich wollte immer ganz genau wissen, wie es allen im Dorf ging. Nanyimoi und Lucy besuchten mich weiterhin und als sie wieder einmal da waren, saßen wir in meinem winzigen Schlafzimmer mit ausgestreckten Beinen auf dem Fliesenboden, umgeben von Kisten, Schüsseln und Plastiktüten voller Perlen. Seit den frühen Morgenstunden fädelten wir unermüdlich in dem kahlen Zimmer Ketten und sangen und lachten dabei. An einem Einbauschrank hingen die bereits gefädelten Perlenstränge.

Auf einem Tisch stand ein Laptop, auf dem gerade eine Bestellung für fünfzehn Sonderanfertigungen per Mail angekommen war. Ein Laden in Amerika hatte aufwendig verschlungene Colliers für Abendkleider bei uns bestellt. Darin hatten wir mittlerweile Übung: Träume aus Eleganz, im Slum aufgefädelt. Wir grinsten. Nanyimoi hielt die Perlenfäden, während wir die Querstränge aufzäumten. Endlich hielt ich wieder die Fäden in der Hand – sowohl im wörtlichen als auch im übertragenen Sinn. Ich strahlte die beiden an. Meine Verzweiflung war wenigstens für ein paar Momente wie weggeblasen. Fast fühlte ich mich wie in Umoja unter unserer großen Schirmakazie.

»Wieder eine Kette fertig.« Nanyimoi umarmte mich. »Wir werden sie morgen zur Post bringen und zusammen mit den anderen, die wir aus Umoja mitgebracht haben, nach Amerika schicken.« So langsam kehrte für mich wieder so etwas wie Normalität ein. Es war merkwürdig, aber hier im Slum, in Kibera, fühlte ich mich erstmals heimisch, seit ich nach Nairobi geflüchtet war. Endlich spürte ich wieder Leben um mich herum. Trotz der Armut da draußen genoss ich das Stimmengewirr schreiender Händler, singender selbst ernannter Prediger und plärrender Transistorradios.

Völlig unerwartet kündigte sich eines Tages mein Sohn Tom an. Ich wusste gar nicht, wie ich ihm entgegentreten sollte. Was er wohl wollte? Auf mich einreden? Mich zur Vernunft bringen? Meine Gedanken überschlugen sich und mein gesamtes Leben flimmerte wie ein innerer Film an mir vorbei, vor allem die Streitereien mit meinem Mann. Als ältester Sohn hatte Tom immer zu seinem Vater gehalten. Wann immer mich mein Schwiegervater in die Schranken gewiesen hatte, hatte er seinem Großvater beigepflichtet. Er war ihm hörig, stand hinter ihm als dem vermeintlichen Wächter unserer Familientradition.

Seit mehr als einem Jahr hatte ich ihn nicht mehr gesehen. Er hatte mich bekämpft wie kein anderer in meiner Familie. Er hatte mich beschimpft, mir vorgeworfen, Schande über die Familie gebracht zu haben. Manchmal war Tom noch unerbittlicher als mein Mann gewesen. Und nun stand er vor mir: wohlgenährt, in einem T-Shirt, das die passende Aufschrift trug: »Where old men rule« – »Wo alte Herren regieren«. Wollte er mich damit provozieren? Mit seiner Jeans und seinen neuen Turnschuhen kam man nicht auf die Idee, dass er einst als kleiner Junge rund um Archer's Post in traditionellen Samburu-Tüchern Ziegen gehütet hatte. Er trug den perfekten Nairobi-Look.

Tom grinste mich an. Er umarmte mich, als wäre nichts gewesen. Ich wusste nicht so recht, wie ich mich verhalten sollte. Wenn ich nur wüsste, was er wirklich von mir will, dachte ich. Nach alter Nomadenart dauerte die Begrüßung minutenlang. Tom erzählte unaufgefordert von allen in der Familie. Es gehe allen gut, auch seinem Vater und seinem Opa, berichtete Tom, obwohl ich mich gar nicht nach ihnen erkundigt hatte. Zunächst war ich äußerst zurückhaltend. Wollte Tom mich aushorchen? Irgendwann hörte ich auf, jedes Wort auf die Goldwaage zu legen. Stolz erzählte er mir, dass er nun für eine Firma das Webdesign machte. Er sprach in einer Sprache, der ich nur schwer folgen konnte.

Tage später präsentierte er mir stolz seine gut aussehende, schlanke Freundin Fiona, die in Nairobi in der Computerbranche arbeitete. Als er von seiner Kindheit erzählte, strahlte er sie an. »Mutter war schon immer eine mutige Frau. Sie hat nie ein Blatt vor den Mund genommen und hat Dinge ausgesprochen, die andere Frauen sich gar nicht getraut hätten. Deswegen ist sie auch immer angeeckt«, erklärte Tom ihr grinsend. »Aber sie ist auch die sozialste Frau, die ich kenne, und hat sich immer für Gerechtigkeit eingesetzt, solange ich denken kann. Wenn jemand in unserem Dorf hungrig war, dann hat sie ihm etwas zu Essen gegeben. Das hat sie auch uns Kindern beigebracht.« Tom war sichtlich stolz. »Aber leider mussten wir sie immer mit anderen teilen. Immer kamen Menschen zu uns nach Hause und fragten Rebecca um Rat. Sie war wie ein Chief und hat sich ganz selbstverständlich über alle Konventionen hinweggesetzt.«

Überrascht registrierte ich, mit welcher Anerkennung er vor seiner Freundin von mir sprach. »Ich war noch sehr jung, als mir klar wurde, dass meine Mutter anders ist als die anderen Samburu-Frauen«, fuhr er fort. »Während sich die anderen über Tiere, Wetter und Kinder unterhielten, ging meine Mutter auf Konferenzen, bei denen Frauenrechte erörtert wurden. Sie mischte sich ein, wenn jemand in Bedrängnis kam. Stellte sich vor allem immer schützend vor andere Frauen und zog damit den Ärger der eigenen Familie auf sich.« Ich war überwältigt. Mein Sohn sah mich positiver, als ich es je für möglich gehalten hatte. Auf ihn hatte ich wohl wie eine Art Politikerin gewirkt, die wie eine Löwin für die Rechte der Frauen kämpft. »Ich will menschenwürdige Lebensverhältnisse für Frauen und Kinder schaffen«, entgegnete ich, »und dafür werde ich alles tun. Denn nur so kann ich die wirtschaftliche Entwicklung unserer Heimat vorantreiben.«

Fiona hörte uns gebannt zu. Vor Aufregung bekam sie keinen Bissen herunter. Ab und zu ließ Tom durchblicken, dass er mich vermisst hatte. Ich war völlig überwältigt, traute aber diesen neuen Tönen nicht ganz. Schließlich hatte er immer zu seinem Vater gehalten, mich schlechtgemacht. Argwöhnisch nickte ich nur.

In den folgenden Tagen besuchte er mich noch öfter. Stundenlang saß er in dem engen, gefliesten Schlafzimmer an meinem Computer und chattete mit seinen Freunden. Gemeinsam mit anderen jungen Samburus hatte er die Plattform Samburu Eastern Development Forum aufgebaut, um über die Probleme der Samburus zu diskutieren. Während der Dürre 2009 hatten sie sich auf diesem Weg über Weidegründe, Wasserressourcen und Seuchen ausgetauscht und konnten die Not mit ihren gegenseitigen Ratschlägen wenigstens etwas lindern. Während der Unruhen nach den kenianischen Wahlen im Jahr 2007 organisierten die jungen Leute eine Friedenskarawane, um für die Verbrüderung und Annäherung der verfeindeten Volksgruppen zu werben.

Tom sah in diesem Forum die Zukunft der Samburus. Immer mehr junge Männer haben wie Tom einen Schul- oder gar Universitätsabschluss. In ihrem Netzwerk wollen sie Experten, potenzielle Investoren und die Sprecher der Gruppenfarmen der Samburus zusammenbringen. So wollen sie in den nächsten Jahren die wirtschaftliche Entwicklung im Samburu-Distrikt vorantreiben. Tom war stolz auf dieses Forum und einer der Wortführer im Internet. Voller Euphorie sprach er mit mir über seine Pläne. Ich hatte den Eindruck, dass er die Führungsqualitäten von seinem Vater und von mir geerbt hat. Wie mir ging es ihm darum, die wirtschaftliche Lage der Samburus zu verbessern, wobei ich mich auf die Situation der Frauen konzentrierte. Ich würde mich also weiter um die Zukunft der Frauen kümmern, während er es sich zur Aufgabe gemacht hatte, seine Generation gebildeter Samburus zu mobilisieren.

Den schwelenden Familienkonflikt vermieden wir anzusprechen. Ich spürte, dass Tom alles dafür tun wollte, seinen Vater und mich wieder zusammenzubringen. Das entsprach ganz seinem Naturell. Tom war schon immer ein guter Stratege gewesen. Er hatte gewartet, bis sich die Gemüter beruhigt hatten, bevor er Kontakt zu mir suchte – in der Hoffnung, dass er uns so wieder versöhnen könne.

Doch mein Entschluss stand fest. Ich hatte mir in Kibera langsam auch ein eigenes Leben aufgebaut und setzte mich nun auch hier im Slum für die Rechte der Frauen ein. In ein paar Wochen wollte ich mit kenianischen Aktivistinnen am Weltfrauenmarsch im Ostkongo teilnehmen und gegen die Massenvergewaltigungen in dem anhaltenden Konflikt demonstrieren. Doch zunächst einmal mussten wir das Geld für die Reise zusammenbekommen.

# DER WELTFRAUENMARSCH IM OSTKONGO

Wie jeden Samstagabend wühlten sich die Menschen in Kibera durch den aufgeweichten Matsch der engen Gassen. Rauch stieg aus den Schornsteinen und von kleinen Feuerstellen auf und legte sich wie ein Schleier über die Bretterverschläge des riesigen Elendsviertels. Vor den schmierigen Bratrostbuden standen die Leute Schlange, um sich wenigstens am Wochenende ein Stück gegrilltes Fleisch, Njama Choma, zu gönnen, das Lieblingsgericht der Kenianer. Ein paar in enge Drahtkäfige gezwängte Hühner krähten jämmerlich, als wüssten sie, dass es ihnen in dieser Nacht an den Kragen gehen sollte. Trotz der Armut freuten sich die Menschen auf das Wochenende. Manche ertränkten dann ihre Sorgen in selbst gebranntem Changaa, dessen Wasser aus dem völlig verdreckten Nairobi-Fluss stammt. Innerhalb von ein paar Stunden waren die meisten betrunken. Deshalb huschte ich nun hastig mit meinen drei Samburu-Freundinnen Beatrice, Lucy und Nanyimoi durch die verwinkelten Dreckpisten an fensterlosen winzigen Räumen vorbei, in die ganze Familien gepfercht lebten. Der Gestank war widerlich. Junge Männer, die auf alten Holzkarren ganze Sofagarnituren durch den Slum schoben, kamen uns ächzend entgegen.

Wir eilten leise tuschelnd mit unseren traditionellen Röcken, an denen kleine Glöckchen im Rhythmus bimmeln, an Frauen vorbei, die vor den stinkenden Kloaken ihre Haare für das

Wochenende flochten. Staunend musterten sie unseren prächtigen Schmuck und die leuchtenden Farben unserer Shukas. Wir hatten uns für eine Benefizgala für vergewaltigte Frauen im Ostkongo herausgeputzt und sollten in einem Hotel in der Innenstadt einem Großstadtpublikum die Geschichte von Umoja erzählen. So wollten wir Geld für unseren geplanten Weltfrauenmarsch nach Bukavu sammeln, mit dem wir auf die Massenvergewaltigungen im Ostkongo aufmerksam machten.

Uns war etwas unheimlich zumute, als wir an einer dunklen, meterhohen Mauer vorbeigehen mussten, vor der ein Brand schwelte. Verzweifelte Slumbewohner verbrannten hier Plastiktüten, die sich vor der Mauer meterhoch aufgetürmt hatten. Der beißende Rauch legte sich auf alles. »Das muss die Grenze des Slums sein«, meinte Beatrice. »Die Stadtverwaltung will wohl die Armut mit allen Mitteln eindämmen und Slumbewohner vom Rest der Gesellschaft abkapseln«, erklärte ich. Diesen Teil der Stadt schien sie abgeschrieben zu haben. »Wie kann man zulassen, dass diesen armen Menschen der Müll über den Kopf wächst?«, fragte ich und rümpfte angewidert die Nase. »Hier achtet keiner mehr die Natur«, stellte Beatrice fest. »Schaut euch nur den Nairobi-Fluss in der Innenstadt an. Er riecht wie eine faulige Latrine.« Wie kann die Stadtverwaltung das nur zulassen?, fragten wir uns.

Lucy, Beatrice, Nanyimoi und ich klapperten die grünen M-Pesa Points ab. Doch keine der kleinen Buden hatte genug Bargeld in der Kasse, um die zehntausend Kenia-Schilling auszuzahlen, die mir meine amerikanische Freundin Wendy geschickt hatte. »Top up – Füll dein Handy auf.« Mit giftgrünen Schildern lockten die Buden Kunden an, ihre Handys aufzuladen. »You want airtime?«, zischten sie uns zu. In der Innenstadt, wo ich schon lange nicht mehr gewesen war, wurden wir endlich fündig. Als ich Sylvia Dowllar das Geld in dem Hotel überreichte, fiel mir die resolute Organisatorin der Gala um den Hals. Sie freute sich, dass wir an dem Marsch teilnehmen wollten. »Wenn die Kongolesinnen von eurem Dorf erfahren, werden sie Mut schöpfen.« Junge Aktivistinnen aus dem ganzen Land waren gekommen. Sie alle wollten mit und hatten aus ihren Regionen und Projekten etwas Geld mitgebracht. Am Ende reichte es für zwanzig Frauen und einen Bus, der uns quer durch Kenia, Uganda und Ruanda bis in den Ostkongo fahren würde. Wir waren erleichtert. Mit dieser Delegation würden wir zeigen können, dass wir Kenianerinnen es ernst meinten im Kampf für Frauenrechte im Ostkongo.

In den nächsten Tagen folgten die Behördengänge. Wir sprachen im sogenannten Nyayo House vor. Zunächst schickte man uns nach Hause. Traditionelle Kleidung sei hier unerwünscht. Ich war entsetzt und eigentlich nicht gewillt, meine Herkunft zu verleugnen. Diese Reaktion zeigte mir, dass sich manche meiner Landsleute wohl für ihre traditionellen Wurzeln schämten. Doch ich wusste, dass es nichts bringen würde, sich mit dem Wächter anzulegen. Wir brauchten einen Pass für Lucy. Also kehrten wir um und kamen in modernen Blusen zurück. Das ockerfarbene, heute eher graue Gebäude war früher als Folterkammer des ehemaligen Präsidenten Moi verschrien. Inzwischen befanden sich in dem Sechzigerjahre-Gebäude diverse Behörden, darunter auch die Passstelle.

Da ich mir nicht mehr sicher war, wie und wann man unseren Antrag bearbeiten würde, gingen wir an den Warteschlangen vorbei direkt zu dem einzigen Samburu-Beamten, der hier arbeitete. Er gelobte, sich für uns einzusetzen und den Vorgang zu beschleunigen. Die Zeiten, da man Beamte schmieren musste, um als Kenianer überhaupt einen Pass zu bekommen, waren zwar schon damals vorbei, doch unser persönlicher Kontakt soll den Vorgang beschleunigen. Nur drei Tage später hatte Lucy einen eigenen kenianischen Pass. Stolz hielt sie ihn in die Luft. »Jetzt bin ich eine moderne Kenianerin«, rief sie uns lachend zu. Wir waren begeistert. Früher hätten wir die Genehmigung ihres Mannes gebraucht, hätte die Ausstellung

Monate gedauert. Seit den letzten Wahlen war viel passiert. Immer mehr Kenianer pochten auf ihre Bürgerrechte.

Wir trafen uns im Uhuru-Park, in dem ich schon lange nicht mehr gewesen war. Für die Aktivistinnen, mit denen wir in den Ostkongo fahren werden, hatte der Park eine besondere Bedeutung, denn dort stehen Bäume, die die Freiheitskämpfer Kenias repräsentieren. Für ihren Erhalt hatte einst die Friedensnobelpreisträgerin Wangari Maathai mit ihren Anhängerinnen gekämpft und so die grüne Lunge Nairobis bewahren können. Präsident Moi wollte nämlich im Uhuru-Park Apartmentblöcke errichten. Wangari Maathais Einsatz war der Anfang der grünen Bewegung Kenias. Für mich persönlich war dieser Park früher der einzige Ort, an dem ich tief durchatmen konnte und die Entscheidung gefällt hatte, die Scheidung einzureichen. Jetzt beteten wir an der »Freiheitsecke«, der sogenannten Freedom Corner, zwischen jauchzenden Kindern, Liebespaaren und Musikern bei herrlichem Wetter. Die Sonne schien, keine einzige Wolke trübte den strahlend blauen Himmel. Ich blickte hoch in die mächtigen Baumkronen und saugte die Kraft ein, die diese Riesen auf mich ausstrahlten. Jeder einzelne steht für das unbändige Streben nach Freiheit. Stolz ragten sie in den Himmel und erinnerten mich daran, wie klein mein Einsatz bisher gewesen war. Meine Vorfahren hatten ihr Leben für ihre Überzeugung geopfert. »Möge ich doch nur einen Hauch ihres Mutes aufbringen«, wünschte ich mir und schwörte, ihrem Vorbild nachzueifern.

»Möge Gott, Ngai, uns die Kraft geben für die lange Fahrt durch den Norden Kenias, durch Uganda, Ruanda bis nach Bukavu«, beteten wir gemeinsam im Kreis und hielten uns fest an den Händen. »Möge er uns dabei unterstützen, den Kongolesinnen, die seit Jahren von Milizen und Regierungssoldaten brutal missbraucht werden, Mut zu machen.« Mit unserem Marsch durch Bukavu wollten wir einen Aufschrei der Empörung um die Welt schicken: »Stoppt die Massenvergewaltigungen«, so lautete unser Appell an Politiker, Soldaten, Milizen und Warlords, die alle vom Krieg profitierten.

Es war noch dunkel und ungewöhnlich still im Geschäftsbezirk von Nairobi, als sich der altersschwache, knallrot angemalte Nissan-Bus, der Kampala-Express, mühsam in Gang setzte. Die ersten dunklen Gestalten, Männer in Anzügen und Krawatten und Frauen in Kostümen, huschten eilig in die Bürotürme, während sich hupende Matatus an den Straßenecken in Position brachten und ihren Kampf um Kunden mit einem lautstarken »Bepa, Bepa« aufnahmen: »Steigt ein, steigt ein.« Unweit von hier hatte ich die ersten Wochen in düsteren Absteigen verbracht. Damals kannte ich keine Menschenseele außer Nagusi, inzwischen war ich von lauter Kenianerinnen umgeben, die ähnlich dachten wie ich.

Ein paar Wochen zuvor hatte ich zum ersten Mal vom Weltfrauenmarsch gehört, jetzt war ich eine der kenianischen Delegierten und reiste zum ersten Mal in meinem Leben quer durch Afrika. Ich fühlte mich erschöpft vom vielen Vagabundieren, aber bester Laune. Über Thermoskannen voller dampfendem Chai, die die Runde machten, erzählten die Frauen von ihren Familien, die sie zurückgelassen hatten, und auch mich holten meine Alltagssorgen ein. Meiner Tochter Sylvia, die in Rongai, im Süden Nairobis, zur Schule ging, drohte der Schulausschluss, wenn wir die Gebühren nicht aufbringen könnten. Bis spät in die Nacht hatte ich am Tag zuvor verzweifelt herumtelefoniert und am Ende meine sechzehnjährige Tochter gebeten, ihren Vater selbst um Geld zu bitten. Jetzt musste er sich kümmern. Die Kneipe, die er inzwischen in Archer's Post betrieb, lief gut. Doch ich wollte nicht mit ihm sprechen. Nach all dem, was geschehen war, würde ich ihn jetzt nicht um Geld bitten. Ich hatte Sylvia um Verständnis gebeten.

Eine laute Lobeshymne auf die Frauen Kenias, Afrikas und im Ostkongo riss mich aus meinen düsteren Gedanken. »Wir werden euch beistehen in eurem Kampf für Freiheit und Gerechtigkeit, wir, die Mütter Afrikas«, sangen die Frauen im Bus. Dabei strahlten sie und schaukelten in ihren Sitzen zum Rhythmus des fahrenden Busses. »Wir wollen euch Kraft geben.« Ein Wunsch, der naiv wirkte, denn bislang ist es keinem gelungen, den Krieg im Ostkongo zu beenden, und solange er anhielt, konnten Milizen und Soldaten die reichen Bodenschätze der Region wie Diamanten, Gold und Coltan ungehindert abbauen und damit den ganzen Landstrich ausbeuten. »Die Kraft afrikanischer Frauen kann Berge versetzen«, so das Lied der Frauen. Und schon sprangen Lydiah und Limo, zwei angehende kenianische Sängerinnen, in den Mittelgang des Busses und äfften mit ihren kraftvollen Stimmen zum tosenden Beifall der Frauen korrupte Politiker und eitle Militärs nach. Bald tobte der ganze Bus.

So ausgelassen hatte ich mich seit Tagen nicht mehr gefühlt. Der Stress der Großstadt, der Lärm und der Gestank im Slum, die Sorge um meine Zukunft – alles war wie weggeblasen. Gestern war ich noch niedergeschlagen und abgekämpft vor dem Haus, in dem ich wohnte, auf einer kleinen Steinmauer gesessen und hatte auf das Meer von Wellblechhütten in Kibera geschaut. Ich fühlte mich gefangen im Armenhaus Nairobis, in dem ich mich monatelang vor meinem Mann versteckt gehalten hatte. An solchen Tagen schien die Situation völlig verfahren und aussichtslos. Ich wusste keine Antworten mehr, obwohl ich zäh bin, und blickte niedergeschlagen auf die stinkenden Abwässer, um die junge Samburu-Frau und ihren Freund auch mal allein in ihrer Wohnung zu lassen. Ich hatte Umoja vor mehr als einem Jahr verlassen und fühlte mich wie die vielen Gehetzten, die durch Kibera eilten und ihren Lebensunterhalt zusammenkratzten. Ich überlegte immer wieder verzweifelt, wie ich diesem Wettrennen gegen die Zeit endlich ein Ende bereiten konnte.

Der laute Gesang der Frauen riss mich aus meinen trüben Gedanken. Lucys Gesicht neben mir hellte sich auf. Sie strahlte. Ich lehnte mich in dem roten Plüschsitz zurück, als Kekse, Wasserflaschen und Bücher die Runde machten. Entspannt schaute ich aus dem Fenster auf die saftigen Felder, die an uns vorbeiflogen. »Mama Mutig« nannten mich die anderen Frauen und umarmten mich. Ich war erleichtert. Endlich fielen meine Sorgen von mir ab. Wir lachten gemeinsam. Mein Mut sei größer als der der meisten Menschen, schwärmten meine Mitstreiterinnen.

Als ich das Umoja-Frauennetzwerk in meinem kleinen Laden aufgebaut hatte, waren einige dieser Aktivistinnen Anfang der Neunzigerjahre für das Mehrparteien-System in Kenia auf die Straße gegangen. Ich war froh, mich endlich mit ihnen und mit jungen Kenianerinnen austauschen zu können, die studiert hatten und in Slumprojekten für die Frauenrechte arbeiteten. »Ich bewundere dich seit Jahren«, sagte Sylvia Dowllar, die Organisatorin unserer Gruppe. »Ich bin froh, dass du dabei bist. Wir brauchen Frauen wie dich.« Das war wie Balsam für meine angeschlagene Seele. Es gab also doch ein paar Menschen in Nairobi, die wahrgenommen hatten, was wir im abgelegenen Norden Kenias auf die Beine gestellt hatten. Ein kenianischer Journalist hatte in einem Artikel über Afrikas starke Frauen geschrieben, ich sei schon eine Feministin gewesen, bevor ich das Wort überhaupt gekannt hätte.

»Ich bin mit diesem Gemeinschaftssinn unter den Frauen in Wamba aufgewachsen«, erkläre ich Sylvia. »Bei uns blieb früher keiner hungrig auf der Strecke.« Ich erinnere mich noch genau: In der traditionellen Samburu-Gesellschaft haben wir Frauen schon immer aufeinander aufgepasst. So hatten sich auch meine Stiefmütter, die Frauen meines Vaters, um mich gekümmert. Bei einer von ihnen bekam ich immer etwas zu essen. Frauen, die sich gegenseitig helfen – das ist mein Leben. Das Leben, das ich liebe. Ein Leben im Frauen-Netzwerk. Ich lehnte mich zurück, lächelte Sophie zu und genoss den Ausblick auf die Landschaft.

Zum ersten Mal seit Wochen verblasste meine Furcht vor der Zukunft. Sie verflüchtigte sich in den Weiten des afrikanischen Grabenbruchs, der sich plötzlich vor uns öffnete, als sich der Bus ächzend über einen steilen Kamm schob. Der erhabene Anblick des mächtigen Rift Valley verschlug mir die Sprache. Ich war überwältigt. Ich hatte bisher wenig von Afrika gesehen und auch Kenia kannte ich eigentlich kaum. Diese großartige Landschaft erfüllte mich mit Stolz. Auf einmal wurde mir klar: Es gibt Größeres als die Samburus und ihre Traditionen. Ich beschloss, meine eigenen Probleme wenigstens für ein paar Tage auszublenden. Eine Woche lang wollte ich endlich einmal nicht über meine Entwurzelung, die ständigen Wohnungswechsel, meine Geldsorgen und den bevorstehenden Scheidungsprozess gegen meinen Mann nachdenken. Endlich einmal nicht auf der Flucht sein – hier unter den Frauen fühlte ich mich geborgen.

Ich genoss den Ausblick auf die herrlichen Maisfelder, auf die Dukas am Wegesrand und auf die Frauen, die dicke Kartoffeln, Mangos und Avocados im Überfluss anboten. Die Landschaft wurde immer abwechslungsreicher, je weiter der Bus in Richtung Nakuru fuhr. Wir Samburu-Frauen aus der staubigen Halbwüste staunten über die sattgrünen Felder. Über den dichten Wäldern stiegen Nebelschwaden auf. Glücklich schlummerte ich ein. Als ich wieder aufwachte, säumten dichte Teefelder den Wegesrand. Wie Samtkissen schmiegten sie sich an die Hügel. Es roch nach Regen.

Der Bus der Kampala Coach schlängelte sich durch die Teefelder von Kericho, als der Gestank von verbranntem Gummi immer stärker wurde. Nach vier Stunden war die Fahrt im klapprigen alten Bus erst einmal zu Ende. Wir legten einen Zwischenstopp ein in einer schmierigen Autowerkstatt im heruntergekommenen Straßendorf Kericho, der Hauptstadt des Tees. Schnell nahmen wir Frauen den kleinen Truckerstopp New Masha Allah in Beschlag, in dem die Hühnergerichte in allen Variationen wie Chicken Masala oder Kuku Chapati nur siebzig Kenia-Schilling kosteten, umgerechnet etwa einen Euro siebzig – verlockend günstig.

Müde Lastwagenfahrer, die sich stundenlang über die Holperpiste gequält hatten, schaufelten stumm in Soße getränkten Reis in sich hinein und starrten auf den Fernseher, der in einer Ecke des kahlen Raums in einen Metallkäfig eingeschlossen für Unterhaltung sorgte. Kichernd ließen wir Frauen uns nieder und bestellten gebratenes Hühnchen. Wer wusste schon, wann es das nächste Mal etwas zu essen geben würde? Manche der Frauen kamen aus den Slums von Nairobi und hatten keinen Cent dabei, andere besaßen ein paar Kenia-Schilling, die sie geschwisterlich mit den anderen teilten. Sylvia hatte das Geld für den Bus nur mit Mühe und Not zusammenbekommen.

Bald hockte die gesamte Belegschaft der Werkstatt vor dem rechten Hinterrad des Busses. Sie schweißten ohne Schweißerbrille, hämmerten und klopften, doch die Reparatur schien komplizierter als gedacht. Jedes Mal, wenn eine der Frauen durch den aufgeweichten Schlamm und das Chaos spielender Kinder und meckernder Ziegen zu den Männern watete, schauten die sorgenvoll auf das rechte hintere Radlager des Busses. Grinsend vertrösteten sie uns. Es gehe gleich weiter, hieß es immer wieder.

Doch dann zogen schwarze Wolken über dem Hochland auf und binnen weniger Minuten kam ein gewaltiger Wind auf. Einem lautstarken Wolkenbruch folgte ein Hagelsturm. Wahre Sturzbäche prasselten auf das Wellblechdach nieder – typisch für die Regenzeit. In letzter Sekunde brachten die fünf Mechaniker sich und ihr Werkzeug in Sicherheit. Es dauerte vier Stunden, bis die Männer das Radlager in der völlig aufgeweichten Freiluftwerkstatt ohne Schutzbrillen wieder zusammengeschweißt hatten. Unterdessen war es fast Abend geworden. Die Busgesellschaft gab ein Abendessen als Entschädigung aus. Bestens gelaunt dachte ich: Das ist Glück im

Unglück. Der Regen ist ein gutes Omen. Es wird bestimmt ein fantastischer Frauenmarsch in Bukavu.

Nach dem Essen ging es weiter durch das glitzernd grüne Hochland, in dem sich eine Teeplantage an die andere reihte. Die Teesträucher waren alle auf dieselbe Länge gestutzt. Das erleichtert das Pflücken der Blätter auf dem sogenannten Picking table, dem Pflücktisch, und verleiht den Hügeln ein zurechtgestutztes Aussehen. Dieser Eindruck verstärkte sich noch, als die Sonne nach dem schweren Regenguss herauskam und die Hügel giftgrün schimmern ließ.

Bald darauf war die erste Reiseetappe geschafft. Wir waren am kenianisch-ugandischen Grenzübergang Busia angekommen. Ich zeigte zuerst meinen Samburu-Freundinnen, wie man die Ausreiseformulare ausfüllt, und half dann einer Frau aus dem Slum, die nicht schreiben konnte. Freie Einreise für uns Kenianerinnen – wir brauchten kein Visum für Uganda. Viel würden wir von Uganda aber nicht zu sehen bekommen. Der Bus fuhr in die Nacht hinein. Summend richteten wir uns mit unseren bunten Kikoi-Stoffen und Shukas in den plüschig gepolsterten Sitzen des Kampala Coach zum Schlafen ein. Das Geschaukel des großen Busses wiegte uns in den Schlaf.

Am nächsten Morgen schob sich der Bus durch dichten tropischen Wald im Süden Ugandas. Hier wuchs alles üppiger, als ich es je für möglich gehalten hatte.

Dann erreichten wir das Land der tausend Hügel: Ruanda. Ganze Völkerwanderungen von Menschen schoben sich über die Straßen. Männer transportierten riesige Bananenstauden und Baumaterialien auf ihren Fahrrädern. Ich war tief beeindruckt. Die Hügel wirkten extrem aufgeräumt und die Menschen schienen den ganzen Tag geschäftig über die Berge zu hasten. Manche liefen, andere fuhren Rad. Hier saßen die Männer nicht unter den Bäumen wie bei uns. Mir kam es vor, als führe ich auf gut asphaltierten Straßen durch einen riesigen, gut gepflegten Gemüsegarten. Dabei schweiften meine Gedanken in die glutheiße Halbwüste der Samburus nach Archer's Post. Ich hoffte, dass die neue Teerstraße, die die Chinesen gerade bauten, auch uns Samburus Aufwind bringen würde.

Ich staunte über das Land der tausend Hügel. Ich hatte noch nie solch fein säuberlich angelegte und gepflegte Terrassen gesehen. Kleine Plantagen mit Bananenstauden klebten an den Hügeln und reihten sich ordentlich an grüne Maisfelder. Über die mit Teebüschen bewachsenen Hügel schritten Frauen erhobenen Kopfes, ihre Körbe gefüllt mit Teeblättern. In diesem Land wirkte alles perfekt geordnet und sortiert. Alles schien an seinem Platz. Wahrscheinlich war meine Sehnsucht nach Ordnung seit meiner Flucht besonders groß geworden. Ich wünschte mir, dass in meinem Leben auch wieder alles an seinem Platz wäre.

»Das liegt sicherlich daran, dass hier mehr Frauen im Parlament sind als in jedem anderen Land Afrikas«, spekulierte ich grinsend. Lucy stieß mir vielsagend ihren Ellbogen in die Seite und lachte. »Siehst du. Wann legst du endlich los? Es wird Zeit.« Lucy unterstützte mich seit vielen Jahren und versuchte mich schon lange zu überreden, in die Politik zu gehen. »Schau dir die sauberen Steinhäuser an. Hier liegt nirgendwo Müll«, staunte ich. In diesem kleinen, kompakten Land schien jeder strebsam seiner Arbeit nachzugehen. »Das müssen wir eines Tages auch hinbekommen«, wünschte sich Lucy. »Dann müsst ihr aber Wahlkampf für mich machen«, erklärte ich. Lucy fiel mir um den Hals. »Ich kann es kaum erwarten!« Zufrieden grinste sie mich an.

Die nächsten Wahlen für den Gemeinderat finden 2012 statt. Ich denke, ich werde mich als Gemeinderätin aufstellen lassen. Ich will dafür sorgen, dass es in Archer's Post endlich eine Schule gibt, auf die auch Mädchen gehen dürfen.

Ich musste an zu Hause denken. Die Frauen im fernen Umoja waren mit dem Bau des Hühnerstalls etwas überfordert. Es sollte ein Steinhaus werden und für die Frauen, die sich zwar im Bau von Manyattas aus Kuhdung bestens auskannten, bedeutete das Neuland. Die Handwerker und Steinelieferanten forderten mehr Geld. Immer wieder bekam ich kurze Textnachrichten. Die Frauen brauchten meinen Rat. Per SMS teilte ich ihnen mit, dass sie eine Anzahlung machen sollten. Ich würde mit den Männern verhandeln, wenn ich wieder in Kenia wäre. Dazu würde ich nach Umoja fahren müssen. Eine Reihe von Problemen war aufgelaufen. Auch mein Scheidungstermin stand bald an. Ich würde eine Stippvisite in mein geliebtes Frauendorf machen, um dort nach dem Rechten zu sehen. Wenigstens eine Nacht wollte ich in Umoja bei den Frauen verbringen.

Doch jetzt ging es erst einmal nicht weiter mit unserer Reise – es war zu spät, um den Grenzübergang Gisenyi an der ruandisch-kongolesischen Grenze zu passieren. Die Zöllner waren um acht Uhr abends nach Hause gegangen, jetzt war es zehn Uhr. Also übernachteten wir in einer katholischen Mission in der Nähe des Schlagbaums. Wir waren jetzt seit zwei Tagen unterwegs, ziemlich erschöpft und dankbar, dass uns die katholischen Nonnen aufnahmen. In den kleinen, bescheidenen Zimmern schliefen wir sofort ein. Endlich konnten wir uns ausstrecken. Meine drei Samburu-Freundinnen und ich schätzten uns schon glücklich, nicht noch eine Nacht im Bus schlafen zu müssen.

Am nächsten Morgen zogen träge Nebelschwaden über die dichten Hänge des Nyungwe-Waldes. Der Wind wehte durch die langen braunen Bärte, die von den Wipfeln der Baumriesen herabhingen, als wir zu Fuß zur Grenze aufbrachen. Die Begrüßung auf der anderen Seite überwältigte uns. Noch etwas müde stiegen wir den Hügel zum kongolesisch-ruandischen Grenzübergang Rusizi/Gisenyi hoch. Wir stapften an UN-Containern vorbei, die die Welthilfsorganisation Tausende von Kilometer ins Land bringen ließ. Für den Preis, den der Transport dieser Container kostete, hätte man ein ganzes Dorf bauen können. Wir gingen weiter. Wie Vorboten des Krieges saßen Kriegsgeschädigte in Rollstühlen und auf selbst gebauten Rollwagen unter einem großen Feigenbaum. Da sie als Kriegsversehrte keine Steuern zahlen mussten, profitierten sie vom Grenzverkehr.

Dahinter hockte eine Gruppe Kongolesinnen mit Bananenstauden und Holzkohle. Sie warteten auf die Öffnung der Schranke, um ihre Waren ins Krisengebiet hinüberzutragen. Sie kauften ihre Waren im bürgerkriegfreien Ruanda ein und verkauften sie dann mit Gewinn im bürgerkriegsgeschüttelten Ostkongo, wo alles teurer und knapper war. Als sie uns Kenianerinnen erblickten, standen sie auf. »Was macht ihr denn hier?«, fragten sie auf Suaheli. Ich war erstaunt, dass sie unsere Sprache sprachen. »Wir sind hier, um euch zu besuchen. Wir wollen euch helfen und werden für euch durch Bukavu marschieren«, antwortete ich auf Suaheli. Ein Freudenschrei schallte durch das Tal. Die Kongolesinnen begannen zu singen und zu tanzen. Einige von ihnen weinten hemmungslos. Sie fielen mir und den anderen Frauen um den Hals und bedankten sich überschwänglich für die Menschlichkeit, die wir ihnen entgegenbrachten. Unsere gemeinsame Sprache Suaheli erwies sich als ein Segen. Einige Kongolesinnen schütteten uns gleich ihr Herz aus, erzählten mit sorgenvollen Gesichtern von dem Leid, das die Milizen ihnen zufügten. Es schien so, als hätten sie eine Ewigkeit auf diese Begegnung gewartet. Endlich hörten ihnen Frauen aus einem anderen Teil Afrikas aufmerksam zu. Sie waren zu Tränen gerührt.

Eine herzlichere Begrüßung hätte ich mir gar nicht wünschen können. »Geht nur«, riefen sie. »Zeigt es den Soldaten da drüben.« Wir wurden von kongolesischen Grenzbeamten in ein kleines, dunkles Büro gebeten. Einige der Frauen hatten keine Visa. Nach ein paar Telefonaten stand fest, dass die Frauen einreisen durften. Madame Olive Lembe Kabila, die Gattin des kongolesischen Präsidenten, war Schirmherrin des internationalen Frauenmarsches. Zähneknirschend mussten sie uns ziehen lassen, ohne Geld für die Visa zu bekommen. Eine Sonderregelung von höchster Stelle. Beatrice und ich waren noch ganz gerührt, als wir wieder in den Bus stiegen. Die Begegnung mit den kongolesischen Frauen hatte uns aufgewühlt.

Beatrice nahm seit Tagen Malariatabletten, um die Schübe, die sie seit vier Nächten hatte, zu unterdrücken. »Jetzt geht es mir gleich besser«, erklärte sie mir beschämt. »Wenn man diese Frauen sieht, dann sind unsere Probleme doch wirklich nichtig. Ihnen geht es so viel schlechter als uns.« – »Lasst uns ihnen etwas von unserer Kraft geben«, schlug ich vor. Sofort stimmten wir im Bus ein Lied über Afrikas starke Frauen an. Binnen kurzer Zeit bebte der rote Kampala-Express und unser lauter Gesang schallte über den ganzen Markt von Bukavu, als wir durch die Kreishauptstadt rollten. Sofort horchten die Marktfrauen auf und sangen mit, nachdem sie für einen Moment staunend auf das laute knallrote Gefährt mit der kenianischen Flagge gestarrt hatten. So etwas hatten sie noch nie gesehen. Ein Bus voller grölender Kenianerinnen mit Kopftüchern und Vuvuzelas in den kenianischen Nationalfarben. Die Männer guckten skeptisch. Die Frauen tanzten gleich los. »Bukavu gehört uns«, schrien die Händlerinnen plötzlich über den Marktplatz, bevor der rote Bus in Richtung Kivu-See abbog und uns zu unseren Unterkünften im Kulturzentrum Amani brachte.

Auch dort wurden wir äußerst herzlich begrüßt. Als wir singend aus dem Bus stiegen, kam im Frauencamp Stimmung auf. Die Delegierten aus Pakistan, den USA, Kanada, Liberia und Mali waren sich einig. »Euch kann wohl so schnell nichts erschüttern«, riefen sie uns zu. Obwohl wir die letzten drei Tage und Nächte im Bus und an der Grenze verbracht hatten, kamen wir in bester Laune im Camp an. »Von euch können wir lernen«, meinte Laurel, eine amerikanische Delegierte. »Ihr werdet den Kongolesinnen guttun.« Lautes Gelächter.

Auch wenn die letzten Monate hart waren: Alles, was ich gemacht hatte, ergab in diesem Moment endlich einen Sinn. Wenn ich auf meine Mitstreiterinnen und die Frauen aus aller Welt blickte, spürte ich, dass es richtig war, sich aus den traditionellen Fesseln zu befreien. Wenn mich mein Mann nicht aus meinem Dorf getrieben hätte, hätte ich diese Frauen nie kennengelernt und säße jetzt nicht hier als kenianische Delegierte, um mich für die geschundenen Frauen des Ostkongo einzusetzen. Die Erfahrung mit den Vergewaltigungsopfern in Umoja gab mir die Möglichkeit, den Kongolesinnen Wege aufzuzeigen, die wir selbst einst beschritten hatten.

In den nächsten Tagen führte ich viele Gespräche mit Frauen, die immer wieder ähnlich brutale Geschichten erlebt hatten. Entweder waren sie von Regierungssoldaten oder von Milizen vergewaltigt worden. Wenn sie Glück hatten, konnten sie ihre Töchter davor bewahren, aber oft nicht. »In unseren Dörfern können wir nicht bleiben«, erzählte mir eine zwanzigjährige Mutter. »Unsere Männer und Familien wollen nichts mehr von uns wissen. Wo sollen wir hin, wenn uns keiner Schutz gibt?« Also hausten sie in den Hängen rund um Bukavu. Die Provinzhauptstadt wollte keine Flüchtlingslager. Deshalb tauchten immer mehr Frauen in eilig zusammengebauten Bretterverschlägen unter, wenn ihre Familien sie verstoßen hatten. Aus Scham schwiegen sie, begruben ihre fürchterlichen Erfahrungen in ihren Herzen. Selbst die Nachbarn durften nichts von ihrem Schicksal wissen. Sie wollten keine »geschändeten Frauen« in ihrer Mitte leben lassen. Es ging ihnen genauso wie den Frauen rund um Archer's Post. Auch sie waren Verstoßene in der eigenen Gesellschaft.

Der Marsch sollte auf das Schicksal der Frauen hinweisen. Die vielen Vergewaltigten stellten neben den Kindersoldaten eine der größten Herausforderungen für die kongolesische Gesellschaft dar. Die Hilfe internationaler Organisationen entsprach nur einem Tropfen auf den heißen Stein. Ich war entsetzt. So viel Leid an einem Ort! Ich hatte viel über den schwelenden Krieg im Ostkongo gehört. Doch hier in den Holzhütten hätte ich vor Wut schreien können. »Wie Raubtiere fallen sie über uns her. Es ist ihnen egal, ob wir achtzig Jahre alt sind oder acht«, erzählte uns die zwanzigjährige Eugenie, eine Mutter von zwei Kindern.

Wir hangelten uns immer tiefer den Berg runter. Hier gab es weder Straßen noch Strom noch fließend Wasser. »Es wird immer schwieriger, ein Dach über dem Kopf für die Opfer von Vergewaltigungen zu finden«, erzählte uns eine kongolesische Sozialarbeiterin. Die Nachbarn hätten oft kein Verständnis. Die Hütten im Tal habe es früher nicht gegeben. Hier wohnten jetzt Menschen, die vor dem Krieg geflohen waren, vor allem Frauen. Wir vier Samburu-Frauen in unseren roten Shukas und Perlenketten fielen überall auf. In den Hängen hieß es bald »die starken roten Frauen kommen«. Viele hielten uns auch für Massai.

Bevor es dunkel wurde, kehrten wir in die kleine Hütte von Marenzi ein. Marenzi, eine zweiundvierzigjährige, schmächtige Kongolesin, Mutter von drei Kindern, hatte sich mit letzter Kraft nach Bukavu geschleppt. Draußen in ihrem kleinen Dorf wäre sie um ein Haar verblutet, nachdem ruandische Milizen sie vergewaltigt hatten.

»Immer wieder sind sie vor den Augen meines Mannes über mich hergefallen«, erzählte die Zweiundvierzigjährige der Sozialarbeiterin. Ich war fassungslos. Auf der Flucht waren sie in die Hände von Milizen gefallen. Die hatten dann ihre Tochter vergewaltigt, ein zwölfjähriges Mädchen. Davon wird sich die schmächtige Frau wohl nie erholen. Ich versuchte sie zu trösten und erzählte von Umoja und den Frauen, die dort Schutz suchen, und von den britischen Soldaten, die Frauen vergewaltigten, obwohl in Kenia kein Krieg herrscht.

Mit weit geöffneten Augen hörte sie uns zu. »Gott sei Dank gibt es hier keine Beschneidung«, meinte Marenzi. »Dennoch, wenn man uns hier schützen wollte, müsste man gleich eine ganze Stadt gründen, so groß wie Bukavu«, sagte sie niedergeschlagen. Wo wollte man hier anfangen? All das Leid. Es nahm kein Ende.

Die Gespräche wühlten mich auf. »Für die Opfer ist es wichtig, über das Schreckliche zu reden«, sagte die kongolesische Sozialarbeiterin. »Die Frauen müssen das Erlebte irgendwie verarbeiten. Sonst grübeln sie die ganze Zeit und gehen dabei vor die Hunde«, erklärte sie uns. »Es tut ihnen gut, dass ihr sie besucht und euch mit ihnen ausgetauscht habt. Euer Mut gibt ihnen vielleicht Kraft, sich wieder aufzurichten.« Sie staunte, dass wir ein eigenes Dorf gegründet hatten und unseren Lebensunterhalt mit dem Verkauf von Perlenketten finanzierten. »Ihr müsst euch gegenseitig unterstützen«, rieten wir den Frauen. »Nur so könnt ihr euch über das Schreckliche hinwegsetzen.« Voller Bewunderung hörten die Kongolesinnen zu, wie wir uns gegen unsere Männer behaupteten. Neben all den anderen Aktivistinnen fielen wir Samburu-Frauen nicht nur durch unsere Kleidung auf, sondern auch durch unsere praktische Art, die Dinge anzugehen.

Das Einzige, das Marenzi am Leben hielt, waren ihre Kinder. Jedes Mal, wenn sie ihre Tochter anschaute, müsse sie weinen, erklärte sie mir. Sie wünschte sich, diese Gräueltat ungeschehen machen zu können. Im Augenblick könne sie sich noch nicht vorstellen, damit zu leben. »Aber eines Tages wirst du es können«, versicherte ich ihr. »Du wirst es tun, für deine Tochter.« Sobald die Frau so weit wäre, wollten die Sozialarbeiter versuchen, eine kleine Beschäftigung für sie zu finden. Doch jetzt musste sie erst einmal ihren Lebenswillen wiederfinden, wie so viele Frauen, die am Straßenrand Gemüse, Lebensmittel oder Haushaltswaren verkauften. Mit Mikrokrediten von umgerechnet vierzig oder fünfzig Euro hatten sie den Neuanfang geschafft. Die meisten waren Bürgerkriegsflüchtlinge und ernährten ganze Familien. Sie waren in diesem Krieg zur

Zielscheibe geworden, weil mit ihnen die ganze Gesellschaft zerstört werden sollte. Gewalt gegenüber Frauen war in den fünfzehn Jahren Krieg zum Alltag geworden, so unsere traurige Erkenntnis nach vier Tagen im Ostkongo. Die Männer hatten gelernt, dass sie sich ungestraft holen konnten, was sie wollten.

Langsam rückte der große Tag, auf den wir alle gewartet hatten, näher: Der Marsch durch Bukavu. Im letzten Jahr waren erstmals die Vergewaltigungsopfer selbst auf die Straßen von Bukavu gegangen, berichtete mir eine Frau. Das hatte es im Krisengebiet Ostkongo noch nie gegeben. Zwar demonstrierten auch damals nur ein paar Hundert Frauen, aber es war der Anfang einer Friedensbewegung der Opfer. Jetzt sind es Tausende Frauen aus aller Welt. »Stoppt die Gewalt«, forderten wir und schwenkten unsere Transparente, als sich die riesige Menschenmenge durch die mediterran anmutende Stadt am Kivu-See schob.

Inmitten Tausender Frauen, die alle bunte Shukas trugen, schrien wir uns die Seele aus dem Leib. Die Plakate waren so unterschiedlich wie die Verbände, aus denen die Frauen stammten. »Nein zum sexuellen Terrorismus« stand auf einem Spruchband, »Hilfe, wir gehen unter« auf einem anderen. Mein Körper vibrierte. Ich fühlte mich wie elektrisiert, als ich in einer Menschentraube zum Gouverneurssitz marschierte. Die feurigen Reden der Kongolesinnen dort rissen uns alle mit. »Die Täter müssen bestraft werden«, forderten sie. »Gebt den Frauen ihre Würde zurück, damit sie sich wieder erheben können, nach allem, was ihnen widerfahren ist.« Ich schaute auf die Frauen neben mir, auf Gewerkschafterinnen, Bäuerinnen, Politikerinnen und Unternehmerinnen, und war unendlich stolz, Afrikanerin zu sein. Jetzt gab es kein Zurück. Für mich stand fest: Ich werde in die Politik gehen. Ich werde mich der Herausforderung stellen.

Ich war noch völlig beseelt von der Kraft und der Macht, die ich in meinem Körper während des Marsches gespürt hatte, als wir nach Kenia zurückkehrten. Voller Zufriedenheit traten wir die Heimreise nach Nairobi an. Zum ersten Mal empfand ich so etwas wie Freude beim Anblick der Hochhäuser, die auf einmal Stabilität und Sicherheit ausstrahlten. Ein wohliges Gefühl machte sich in mir bei dem Gedanken breit, dass ich mich als einfache Samburu-Frau vom Lande in dieser modernen Metropole durchgeschlagen hatte. Zum ersten Mal kam mir die Hochhauskulisse Nairobis mit den Versicherungen, Banken und Luxushotels nicht mehr bedrohlich vor. Ich, Rebecca Lolosoli, die Tochter des großen Samburu-Chiefs Ditan Lasangurikuri hatte hier meinen Platz gefunden. Ich hatte hart dafür gekämpft und ich würde weiterkämpfen. Es war noch längst nicht alles geschafft. Aber ich würde mich nicht unterkriegen lassen. Denn die nächste Etappe stand gleich an: mein Scheidungsprozess.

# BIS DASS DER TOD UNS SCHEIDET

Ich konnte es kaum erwarten, nach Umoja zurückzukehren. Endlich hatte der sandfarbene Geländewagen, der einem Freund meines Sohnes gehörte, die dreckigen Vororte von Nairobi hinter sich gelassen und steuerte durch eine der größten Baustellen Kenias an chinesischen Ingenieuren und Bauwagen vorbei, die in rasender Geschwindigkeit die Straße ausbauten. Tom zeigte nach draußen auf das riesige Gelände der Kenyatta University, an deren gemauertem Steinbogen und kenianischem Wappen wir vorbeirauschten. »Ab hier gehörte das Land so weit das Auge reichte einer einzigen Familie, den Kenyattas«, erklärte er verbittert. »Wir Samburus müssen viel aufholen.« Bis heute hielten uns die Politiker in Nairobi für primitiv. Sie hatten uns abgeschrieben und glaubten, dass der Lebensstil der Nomaden sowieso dem Untergang geweiht sei. Sie hielten unser Land für eine Randzone, und das wollten wir ändern.

Ich war erstaunt über den Kampfgeist meines Sohnes. Er schien sich einiges von seinem Vater und mir abgeguckt zu haben. Im Augenblick investierte Tom viel Energie in sein Wirtschaftsforum im Internet. »Wir jüngeren Samburus wollen uns nicht mehr mit dieser Außenseiterrolle abfinden. Man hat uns immer von den Machttrögen fern gehalten. Damit muss Schluss sein«, sagte er. Seine Worte beeindruckten mich. »Dann verstehst du jetzt, mein Sohn, was mich antreibt«, entgegnete ich. »Auch ich kämpfe für bessere Lebensbedingungen. Deshalb will ich in die Politik gehen. Ich werde bei den nächsten Wahlen für den Gemeinderat kandidieren.« Meine Worte verschlugen Tom die Sprache.

Gemächlich kurvten wir durch das regenreiche Hochland an den saftigen Feldern der Kikuyu-Bauern vorbei. Als plötzlich der mächtige Mount Kenya stolz vor uns emporragte, hüpfte mein Herz vor Freude. Endlich ging es nach Hause. Bald lief das neue schwarze Asphaltband schnurgerade mitten durch das Grasland. Am Horizont tauchten zwei junge Samburus auf. Ihre roten Tücher waren auf ihrer Brust überkreuz gebunden. Lässig lehnten sie am Straßenrand auf ihren Speeren, ihren Mpere, und wirkten dabei wie die Hüter dieser unendlich weiten Halbwüste. Um sie herum sahen wir beim Näherkommen dann die ersten Ziegenherden. Einige der Tiere reckten sich auf zwei Beinen in die Baumkronen der Akazien, um so die saftigsten Blätter abzupfen zu können. Daneben grasten friedlich ein paar Rinder und Kamele zogen würdevoll durch den warmen Sand.

Es handelte sich um Rendile-Hirten, die ihre Tiere an andere Nomaden verkaufen wollten – vertraute Szenen, die mir im Großstadtgewühl gefehlt hatten. Ich hätte einen Luftsprung machen können vor Freude. Akazien, so weit das Auge reichte. Als die ersten vulkanischen Gebirgsketten am Horizont dieser flachen Landschaft auftauchten, wusste ich, dass es nun nicht mehr weit war. Zwischen den Sträuchern huschten ein paar kleine Samburu-Hirten in roten Shukas ihren Tieren hinterher. Wie sehr hatte ich mich nach all dem gesehnt. Mir schossen Tränen in die Augen.

Bei einem kurzen Zwischenstopp in Isiolo eine Stunde vor Archer's Post war es schon brütend heiß. Vor der großen Moschee am Ortseingang beteten Somalis und Borana. Ein vertrauter Anblick. Auf dem Markt von Isiolo inmitten der Bauern und Nomaden wurde unser Auto gleich von Händlern bedrängt. Manche gebärdeten sich sehr aufdringlich, andere kannten mich noch von früher, als ich hier immer eingekauft hatte, und freuten sich, mich zu sehen. Gierig saugte ich die unterschiedlichen Düfte von frischem Gemüse und Obst aus dem fruchtbaren Hochland rund um den Mount Kenya auf. Wie sehr hatte ich diese Gesichter, das Geklapper und die Gerüche vermisst. Seit Monaten war ich nicht mehr hier gewesen. Mit allen Sinnen nahm ich das alles in mir auf. Isiolo war schon immer die Nahtstelle zwischen dem traditionellen Norden und dem modernen Kenia. Hier vermengte sich das Alte mit neuen Ideen, manchmal auf sehr chaotische Weise.

In wenigen Minuten war ich von aufgeregt schwatzenden Samburu-Frauen in ihren blauen Shukas, auf deren Schultern schwerer Schmuck lastete, umgeben. Die meisten waren auf dem Weg nach Archer's Post. Sie quetschen sich in unseren Landcruiser – ab hier wird ein Auto zum Kleinbus, vor allem wenn man so viele Bekannte hat wie ich. Es war ganz selbstverständlich, dass man so viele Leute wie möglich mitnahm. Frauen aus dem gesamten Umkreis umarmten mich, wollten mit mir reden und fragten, was ich jetzt mache. Manche wussten, dass ich in Nairobi untergetaucht war, andere fielen aus allen Wolken. Nach altem Nomadenbrauch tauschten wir uns ausgiebigst aus.

In dem Geländewagen ging es jetzt zu wie in einem Hühnerstall. Laut lachend erzählten die Frauen die jüngsten Neuigkeiten. Eng zusammengepfercht hockten sie mit ihren Einkaufstüten um mich herum und starrten mich erwartungsvoll an. Der Wagen glich nun einem vollgestopften Kleintransporter. Ich strahlte. Ich genoss das laute Geplapper. Fiona war völlig überwältigt. Sie ist zwar auch eine Samburu, kam aber aus dem hohen Norden Kenias und lebte schon seit Jahren in Nairobi. Tom und Fiona hatten sich über das Internet kennengelernt. Mein Sohn und seine hüsche Freundin wirkten wie zwei Städter aus einer anderen Welt.

Als wir die kleine Stahlbrücke über den Uwaso-Fluss nach Archer's Post passierten, wurde mir etwas mulmig. Langsam fuhren wir auf der Hauptstraße durch den Ort. Erinnerungen wurden in mir wach. In diesem staubigen Straßendorf hatte ich jahrzehntelang mit meiner Familie gelebt. Wenige Meter von hier wurde ich einst in meinem Laden verprügelt. Jetzt führte mein Mann in dem Laden eine Kneipe, The Acacia. Früher war der Laden ein Refugium für Frauen gewesen, jetzt tranken am gleichen Ort Männer aus der gesamten Umgebung ihren Alkohol. Stattdessen hatte ich Umoja als einen Zufluchtsort für Frauen geschaffen und ich würde jetzt dafür kämpfen, so schnell wie möglich dorthin zurückkehren zu können. Übermorgen würden mein Mann und ich uns das erste Mal seit mehr als einem Jahr wieder gegenüberstehen, und zwar vor Gericht. Endlich stand unser Scheidungsprozess in Isiolo an. Ein paarmal schon war der Termin vertagt worden. Jetzt hatten wir alle Papiere beisammen. Mein Anwalt Julius gab sich zuversichtlich.

Samburu-Frauen lassen sich eigentlich nicht scheiden. Die meisten Frauen in Umoja hatten ihre Männer verlassen, ohne sich je formal scheiden zu lassen. Ich glaube, ich werde die erste geschiedene Samburu-Frau sein.

Doch bevor ich diesen Gedanken weiter nachgehen konnte, war unser überfüllter Geländewagen umlagert von früheren Nachbarn, die mich alle überschwänglich begrüßten. Einige der Frauen stiegen aus, andere sprangen in den Wagen und der Rest lief nebenher, als wir von der Hauptstraße auf den Sandweg in Richtung Umoja abbogen. Ganz friedlich zeichneten sich die Konturen unserer Manyatta im zarten rosa Abendlicht ab. Vor den Hütten tobten die Kinder in den letzten Sonnenstrahlen. »Mama Rebecca. Mama Mutig ist wieder da!«, schrien sie. Die Freude war groß und das Geschnatter ebenso. Ein paar Ziegen meckerten aufgeregt, als wollten sie sich beschweren, nicht auch begrüßt zu werden.

Bis tief in die Nacht saß ich mit meinen langjährigen Wegbegleiterinnen in unserem kleinen Lokal auf dem Campingplatz, direkt am Ufer des Uwaso in der herrlich warmen Brise. Staunend hörten sie zu, als ich ihnen von meiner abenteuerlichen Odyssee quer durch Nairobi und von unserer Reise in den Ostkongo erzählte. Nagusi war zutiefst gerührt, als ich die Begegnung mit den Kongolesinnen beschrieb, die aus Dankbarkeit für unser Mitgefühl geweint hatten. Erschüttert durch so viel menschliches Leid, wollten sie mehr wissen über diesen Krieg um Rohstoffe und die Massenvergewaltigungen der Frauen. »Verglichen mit diesen Frauen geht es uns doch gut«, erklärte Nagusi. »Wir sollten unserem Schöpfer danken, dass wir auf eigenen Füßen stehen.«

Am nächsten Morgen fuhren wir zu meinem Anwalt Julius in den Nachbarort Meru. Der sandige Boden der Halbwüste um Archer's Post verwandelte sich auf dem Weg nach Meru unmerklich in rotbraune Muttererde. Die Menschen stapften in Anoraks und Gummistiefeln über ihre frisch gerodeten Felder. Ich würde alles dafür geben, in Umoja Obst und Gemüse anzupflanzen, doch nichts schien bislang zu funktionieren. Wir hatten es immer wieder probiert. Weder Zwiebeln noch Tomaten waren angegangen. Wie hatten sich die Menschen in Meru den Boden nur so urbar gemacht?, fragte ich mich. Überall pflanzten Frauen und Männer mit großen Holzhacken Kartoffeln an. Saftige Bananenstauden und herrliche Avocadobäume gediehen hier, während wir in Umoja noch nicht einmal unsere Akaziensetzlinge durchbekamen, obwohl die beiden Orte keine hundert Kilometer auseinanderliegen.

Es wurde Zeit, dass ich nach Umoja zurückkehrte. Die Frauen brauchten mich, um den sandigen Boden gründlich zu bearbeiten. Erst kürzlich hatten sie versucht, Tomaten und Sukoma, eine Art Spinatgewächs, anzupflanzen, doch nun lag das Feld brach, und das, obwohl die Frauen ständig gewässert hatten. In der Trockenheit war alles eingegangen. Ich wollte außerdem Bäume pflanzen und beweisen, dass wir Samburus diesem mageren Boden etwas abtrotzen konnten.

»Wenn wir Hühner hätten und Gemüse anbauten, könnten wir die Touristen verpflegen, ohne ständig einkaufen zu müssen. Den Rest könnten wir sogar verkaufen«, sinnierte Lucy pragmatisch. Doch wir hatten keine Erfahrung mit Hühnern. Aber die Frau meines Anwaltes hatte uns versprochen, uns in die Kunst der Hühnerzucht einzuweisen. Eingekeilt auf einer mit rotem Samt bezogenen Holzbank zwischen ein paar Gestalten, die schon seit Stunden auf Julius warten, hörte ich zu, wie Lucy und Nanyimoi über ihre neue Geschäftsidee schwärmten. Sie wollten zehn Schilling pro Ei verlangen und die Hühner am liebsten so schnell wie möglich kaufen. Doch zuvor musste der Hühnerstall noch fertiggestellt werden.

Julius Mbaaba war nicht nur Anwalt, für viele seiner Klienten spielte er auch den Lebensberater. Zwar forderte ein Schild in seinem kleinen Wartezimmer seine Mandanten auf, sein Beratungshonorar von fünfhundert Schilling, also etwa fünf Euro, bar zu zahlen. Doch einige seiner Mandanten konnten sich selbst das nicht leisten und Julius erließ ihnen die Zahlung, wenn er merkte, dass ihre Familie nichts zu essen hätte, wenn sie ihm ihr ganzes Geld brächten. Er galt längst als ein Anwalt mit sozialem Gewissen, der sich gerne mit den Mächtigen in der Region anlegte.

In seinem ansonsten schmucklosen Wartezimmer hingen Cartoons des kenianischen Karikaturisten Gado. Während Gado Afrikas Machthaber durch den Kakao zog, half Julius den Menschen in der Provinz, ihr Recht zu bekommen. »Wir Afrikaner begegnen unseren Politikern und Richtern mit viel zu viel Ehrfurcht«, erklärte uns Julius mit einem breiten Lachen, als er endlich vor uns stand. »Genau das will ich durchbrechen. Ihr dürft euch vom Richter nicht ins Bockshorn jagen lassen«, ermutigte er uns. »Der Richter und der Anwalt deines Mannes werden bestimmt unangenehme Fragen stellen.«

Mit meinem Scheidungsfall schwamm Julius wieder einmal gegen den Strom und legte sich mit der traditionellen Männergesellschaft an. Als Frau ließ man sich hier auf dem Lande nicht scheiden, vor allem nicht als Samburu-Frau. Hier gingen die Uhren anders oder gar nicht. Die Uhr, die in Julius' Wartezimmer neben dem obligatorischen Präsidentenporträt hing, war stehen geblieben. Doch das störte hier keinen. Wer Julius sprechen wollte, musste lange warten, ob mit oder ohne Termin, und da machte es auch nichts, wenn man auf die stehen gebliebenen Zeiger starrte. Kurz vor zwölf zeigten sie an. Das war sicherlich einer von Julius' Gags. Die meisten hier waren froh, wenn sie der wortgewaltige Jurist überhaupt vertrat.

Ich fühlte mich bei dem etwas übergewichtigen Anwalt gut aufgehoben. Wenn Julius lachte, bebte sein ganzer Körper. Er freute sich diebisch, wenn er Anekdoten aus Prozessen erzählte, in denen er den kleinen Mann gegenüber einem mächtigen Gegner zu seinem Recht verholfen hatte. In meinem Fall wollte er den Richter davon überzeugen, dass das moderne kenianische Scheidungsgesetz, wonach eine zerrüttete Ehe von einer Frau aufgehoben werden kann, auch in einer Traditionsgemeinschaft relevant sei.

Gemeinsam gingen wir den Übergriff meines Mannes auf unserem Campingplatz noch einmal durch. Lucy konnte sich noch haarklein an jedes Detail an jenem Morgen erinnern, als mein Mann mit dem Gewehr in Umoja aufgetaucht war und mich umbringen wollte. Nanyimoi waren ganze Dialoge zwischen uns noch im Gedächtnis geblieben. Sie hatte unsere Streitereien miterlebt und gesehen, wie er mich in der Öffentlichkeit beschimpft hatte. Das wollte sie vor Gericht schildern. Mein Mann wehrte sich mit allen Mitteln. Eine Scheidung komme für ihn nicht infrage, ließ er mich wissen. Sein offizieller Grund: Als Katholik, der von den Missionaren in Archer's Post getauft worden war, werde er durch eine Scheidung exkommuniziert.

Als wir an diesem Abend wieder in Umoja in unserem kleinen Restaurant saßen, redete mein Sohn Tom noch lange auf mich ein. Im Licht einer Gaslampe saßen wir in der kühlen Brise an einem Holztisch auf dem Campingplatz am Fluss. Es war fast schon früher Morgen, als Tom aufgab. Immer wieder nahm er einen neuen Anlauf, mich davon zu überzeugen, die Scheidung rückgängig zu machen. Als ältester Sohn und Stammhalter der Familie Lolosoli wollte er nichts unversucht lassen, die Ehre der Familie zu retten. Tom litt unter unserer Trennung. Auch wenn er mich früher bekämpft hatte, jetzt wollte er alles dafür tun, uns wieder zusammenzubringen. Doch ich hielt an meinem Entschluss fest. Es war einfach zu viel passiert. Mein Schmerz saß zu tief. Ich hatte schon lange mit meiner Ehe abgeschlossen und erklärte ihm, dass es Grenzen gebe, die man nie überschreiten dürfe. Dabei schaute ich ihm tief in die Augen. Sein Vater könne sich bestimmt ändern, appellierte Tom. »Es ist zu spät. Ich werde mich nicht nur scheiden lassen. Ich werde mir auch meinen Anteil holen.« Tom war schockiert.

Am nächsten Morgen saß Tom mit gesenktem Kopf über einer Tasse Tee genau auf demselben Platz wie bei unserer nächtlichen Unterhaltung, so als habe er die ganze Nacht dort auf dem Plastikstuhl mit Blick auf den Fluss und den Mond verbracht. Er wirkte niedergeschlagen und müde, wahrscheinlich hatte er die ganze Nacht kein Auge zugetan. Plötzlich wurde mir klar, dass er genau da saß, wo mir sein Vater vor zwei Jahren nach dem Leben getrachtet hatte. Wortlos ging ich an ihm vorbei zum Geländewagen. Er ließ mich sichtlich schweren Herzens ziehen. Ich sah noch, wie seine Freundin Fiona sich zu ihm setzte. Sie würde ihn trösten.

Ich war froh, als wir die beiden hinter uns gelassen hatten. Ich musste jetzt an mich denken und nicht mehr an meine Familie. Sie hatte schon zu lange mein Leben bestimmt. Versonnen betrachtete ich den ausgedörrten Landstrich während der

Fahrt. Am Ortseingang der Kreishauptstadt Isiolo hasteten die letzten Nachzügler in ihren grünen Schuluniformen eilig in ein großes Backsteingebäude. Ich will alles dafür tun, dass es in Archer's Post auch eines Tages eine richtige öffentliche Schule gibt, dachte ich. Im Augenblick gingen die Kinder aus dem gesamten Umkreis in die Vorschule von Umoja. Eine Schule für Archer's Post war längst überfällig und wäre der wichtigste Baustein für die Entwicklung unserer Gegend. Ich würde all meine Erfahrungen einbringen, um dieses Ziel in den nächsten Jahren zu erreichen, und mich dafür einsetzen, dass auch Mädchen schulisch gefördert werden. Allein schon deswegen wollte ich mich bei den Gemeinderatswahlen als Kandidatin aufstellen lassen. So wahr mir Gott helfe, schwor ich mir.

Ich fühlte mich hin und her gerissen zwischen Lampenfieber und Vorfreude, als wir vor dem flachen Steingebäude standen, vor dem einige Moslems aufgeregt auf und ab liefen. Mein Mann hatte sich in einem hellen Anzug hinter einer Zeitung verschanzt. Ihm war das Ganze offensichtlich sehr peinlich. Er würdigte mich keines Blickes. Es herrschte Eiseskälte zwischen uns, obwohl es an dem Tag brütend heiß war. Vor uns prangte das kenianische Wappen mit den gekreuzten Speeren und ich gab mir einen Ruck. »Lasst uns reingehen.« Ohne zu zögern ging ich mit Lucy und Nanyimoi an ihm vorbei in den Gerichtssaal, der mit Somalis und Boranas in ihren langen Gewändern überquoll. »Du wirst es schaffen«, flüsterte mir Lucy zu, als wir zwischen verschleierten Frauen und Männern in langen Anzügen Platz nahmen.

Plötzlich sprangen alle auf – der junge Richter hatte die Tür aufgerissen und betrat den Gerichtssaal. Nach einer zackigen Begrüßung nahmen seine Schriftführer, die Justizgehilfen, der Staatsanwalt und die Anwälte vor ihm auf den Steinbänken Platz. Es folgte eine stundenlange Litanei im juristischen Jargon. Ein Fall nach dem anderen wurde aufgerufen: Betrugsdelikte, Schuldenfälle oder Rinderdiebstähle. Es ging um Summen zwischen umgerechnet zwanzig und zehntausend Euro. Die monotonen Stimmen, mit denen die Anwälte ihre Plädoyers hielten, wirkten nach einer Weile fast einschläfernd auf mich. Geduldig brachte der Richter den endlosen Wortschwall zu Papier, während draußen im Innenhof weiße Reiher und Marabus laut zeternd ihre Nester in den mächtigen Feigenbäumen bauten.

In Gedanken war ich weit weg, als ich plötzlich unsere Namen hörte. »Lolosoli gegen Lolosoli.« Die Stimme des Richters ging mir durch Mark und Bein. Mein Herz stockte. Monatelang hatte ich auf diesen Moment gewartet. Die Welt schien stehen zu bleiben. Meine Beine fühlten sich plötzlich bleiern an. Wie in Zeitlupe setzte ich eines vor das andere und schritt zum Zeugenstand. Als ich dort oben angekommen war, verschwammen die Menschen im Saal zu einem großen Farbfleck. Für einen kurzen Moment schloss ich die Augen und holte tief Luft. Ich spürte, wie sich die Blicke meines Mannes in meinen Rücken bohrten, und fühlte Genugtuung bei dem Gedanken, dass er mir hier oben nichts anhaben konnte. Ich wusste, dass er mich in diesem Moment am liebsten niedergebrüllt und mir verboten hätte, mich so aufzuführen. Doch er konnte daran nichts ändern, würde stillhalten und zuhören müssen. Das musste eine Höllenqual für ihn sein.

Mein Leben und die ewigen Streitereien rauschten noch einmal an mir vorbei. Ich wusste, dass es jetzt darauf ankam: Ich musste mein Bestes geben. Möge der heilige Ngai mir beistehen und mir die Kraft geben, den Richter zu überzeugen. Als ich die Augen wieder öffnete, schwebte ein kleiner afrikanischer Spatz, der sich in den Gerichtssaal verirrt hatte, um meinen Kopf herum. Der zierliche kleine Vogel zog elegant und voller Energie wie ein Bote aus einer anderen Welt über den Köpfen der Anwesenden seine Kreise.

Warum ich nicht mehr im Hause meiner Familie lebe, wollte der Rechtsanwalt meines Mannes wissen. Das möge ich doch bitte einmal dem Gericht erklären, forderte er mich auf. Es klang wie ein Vorwurf. Er unterstellte mir, ich hätte nicht genug für meine Ehe gekämpft. Eine gute Mutter müsse alles für ihre Familie tun, sagte er und legte eine gewichtige Pause ein, um sich die Zustimmung des Publikums zu holen.

»Welches Ziel verfolgt eine Organisation wie Urgent Action Fund?«, wollte der Anwalt wissen. »In meinem speziellen Fall oder generell?«, fragte ich zurück. Doch er wartete meine Antwort gar nicht ab. »Ich glaube, ich kann Ihren Fragen nicht folgen«, erklärte ich. Ohne darauf einzugehen, führte er das Kreuzverhör fort. »Welches Interesse hat diese Organisation an Ihnen?«, bohrte er weiter. »Wieso hat dieses Netzwerk Sie über Monate in Nairobi versteckt gehalten? Was haben Sie dafür tun müssen?« Ohne die Mithilfe dieser modernen Organisation hätte ich womöglich gar nicht so viel Zeit in Nairobi verbracht, mutmaßte der Anwalt. Mit dieser Unterstellung versuchte er den Verein zum Schutz von Frauen zu verunglimpfen und mir einzureden, dass dieser mich in Wirklichkeit gegen meinen eigenen Mann aufgehetzt habe. Erst jetzt verstand ich, worauf er hinauswollte. Der Anwalt im hellbraunen Samtanzug und glänzend polierten Lederschuhen verunsicherte mich. Seine bohrenden Fragen brachten mich aus dem Konzept. Aus den Augenwinkeln sah ich, wie der kleine blau schimmernde Spatz aufgeregt vor den Oberlichtern hin und her flatterte. Er suchte verzweifelt einen Ausgang. Ich wollte diesem erniedrigenden Gehabe vor Gericht am liebsten ein Ende bereiten.

Als ich schilderte, wie mein Mann mir verboten hatte, meine Kinder zu sehen, versagte mir die Stimme. Ich fing an zu schwitzen. Mir wurde etwas schwindelig. Aber ich versuchte, mir nichts anmerken zu lassen, und schaute immer wieder zu den Oberlichtern hoch, um in dem düsteren Raum ein Stück Himmel zu sehen und mitzuverfolgen, ob der Spatz den Ausgang finden würde. Er wollte frei sein – genauso wie ich. Am liebsten hätte ich die Fenster aufgerissen, um ihm die Freiheit zu schenken. Doch ich musste mich konzentrieren und genau hinhören, um wieder Herr der Lage zu werden. Der Vogel war mittlerweile völlig außer Puste und setzte sich auf einen Fensterrahmen, um Luft zu schnappen, bevor er weitere Runden auf der Suche nach einem Schlupfloch flog.

Zynisch hakte der Anwalt immer wieder nach. Dabei lehnte er sich auf den Zeugenstand und starrte mir minutenlang in die Augen. Anfangs wich ich seinem Blick aus. Er lehnte sich bei der Befragung so weit zu mir hinüber, dass ich seinen schlechten Atem riechen konnte. Der Platz einer Frau sei an der Seite ihres Ehemanns. »Oder etwa nicht?«, fragte der korpulente Mann und drehte sich mit großer Geste zum Saal, als wollte er eine Rede vor großem Publikum halten. Für ihn stand fest, dass mein Mann versucht hatte, mich mit allen Mitteln, selbst mithilfe eines Gewehrs, zur Familie zurückzuholen. Da habe er vielleicht etwas übertrieben. Das müsse man ihm aber als verständnisvolle Ehefrau verzeihen, erklärte er jetzt dem jungen Richter.

Der Anwalt schritt mit verschränkten Armen noch einmal gewichtig durch den Gerichtssaal und referierte aus den Akten: Im Jahr 1994 hätte ich schließlich das gemeinsame Schlafzimmer verlassen und sei erst in das Kinderzimmer unserer jüngsten Tochter und dann in ein Frauendorf gezogen. Also trage ich eine Mitschuld.

Über uns spähte der kleine Spatz mittlerweile sehnsuchtsvoll durch die trüben Oberlichter, während ihn draußen die anderen Spatzen mit ihrem Gezwitscher lockten. Er hatte es immer noch nicht geschafft. Ich wäre jetzt auch lieber da draußen gewesen. Ich solle mich nicht so anstellen, fuhr der Anwalt meines Mannes fort. Es sei normal, dass man in einer Ehe streite. Seine Anspielungen machten mich wütend. Langsam gewann ich wieder Boden unter den Füßen. Julius hatte mich gewarnt. »Er ist ein rhetorisch geschulter Jurist. Er wird versuchen, dich aus der Fassung zu bringen. Er wird dich unterbrechen und dein Selbstbewusstsein damit untergraben.« Julius hatte recht. Ich schaute hoch zu dem kleinen Spatzen. Er hatte sich mittlerweile auf einem Fensterrahmen niedergelassen und blickte neugierig zu uns herunter.

Ich gab mir einen Ruck, schaute dem Anwalt fest in die Augen und antwortete – ich hatte beschlossen, mich auf keinen Fall mehr von ihm unterbrechen zu lassen. »Ich weiß nicht, wie Sie sich fühlen würden, wenn Sie jemand vor Ihren eigenen Kindern erniedrigt. Mein Mann hat mich zudem geschlagen und mit einem Gewehr gedroht, mich umzubringen. Damit ist doch wohl die Basis für eine Ehe unwiderruflich zerstört! Das können doch wohl auch Sie verstehen?«, hakte ich noch einmal nach.

Als ich wieder hochschaute, schlüpfte der glänzende Vogel gerade durch einen Fensterspalt. Er hatte den Ausgang gefunden. Ich war erleichtert. Der Anwalt meines Mannes ließ plötzlich von mir ab, als habe er die Lust an diesem Verhör verloren, jetzt, wo ich mich gefangen hatte.

Später knöpfte er sich meine beiden Freundinnen Nanyimoi und Lucy auf ähnliche Weise vor. Sie waren als Zeuginnen geladen, um die Entfremdung zwischen meinem Mann und mir zu beschreiben. Lucy spricht eigentlich nur Samburu. Ihre Suaheli-Kenntnisse sind rudimentär und Englisch versteht sie kaum. Die Fragen des Anwalts waren viel zu kompliziert. Deswegen antwortete sie manchmal unangebracht mit einem »Ja« oder »Nein«, worauf sich der Anwalt lustig über sie machte. Er versuchte ihre Glaubwürdigkeit infrage zu stellen, sie in Widersprüchlichkeiten zu verstricken. Manchmal wirkte sie völlig verloren. Ich hätte ihr das gerne erspart. Doch ihre Aussage war wichtig für mich.

Nanyimoi hatte zwar keine Sprachprobleme, dafür unterstellte der Anwalt ihr, dass sie von mir abhängig sei, da sie früher für mich als Hausmädchen gearbeitet habe. Nanyimoi schilderte detailliert die ständigen Streitereien zwischen meinem Mann und mir. Sie erinnerte sich an Details, die mir längst entfallen waren. Ohne sich aus der Ruhe bringen zu lassen, beschrieb sie, wie er mich öfter geschlagen hatte, wenn er betrunken nach Hause gekommen war und das Essen nicht auf dem Tisch stand. Dann war auch dieser Spuk vorbei. Jetzt begann die Zeit des langen Wartens. Ich empfand es als Folter. Selbst Julius konnte mir nicht sagen, wie lange es bis zur Urteilsverkündung dauern würde. Die Ungewissheit machte mich unruhig. Mein Leben lief wieder wie im Leerlauf.

Vor dem Gerichtssaal wartete ein kenianischer Journalist, der seit Tagen versucht hatte, mich zu erreichen. Er hatte den Prozess mitverfolgt und war entsetzt. Das Gericht verfolge die altertümliche Sicht einer Männergesellschaft. Der Journalist aus Nairobi machte eine Sendereihe über außergewöhnliche afrikanische Führungspersönlichkeiten, die in ihren Gemeinden einen Wandel herbeigeführt haben, und wollte mich unbedingt dafür porträtieren. So eine Serie hatte es im kenianischen Fernsehen noch nie gegeben. In Nairobi wäre das anders gelaufen, erklärte er. Da gehöre ein Scheidungsprozess längst zur Tagungsordnung. Hier auf dem Land seien die Gerichte noch sehr konservativ.

Doch ich sollte lernen, dass das nicht nur hier so ist. Selbst in Europa gibt es noch Gegenden, wo die Männer das Sagen haben. Ich war eingeladen, auf einem Menschenrechtsfestival in Neapel zu sprechen.

## REBECCA, DIE WELTBÜRGERIN

Endlich saß ich im Flieger nach Italien. Wie klein unser Land aus der Luft wirkte. Kibera, das riesige Elendsviertel, in dem ich monatelang abgetaucht war, türmte sich wie eine braune Müllhalde mitten in Nairobi auf. Die Hütten mit ihren verrosteten Wellblechdächern wirkten von hier oben wie Kartons, die der Wind einfach wegblasen könnte. Auf Stadtkarten war das Armenviertel bislang gar nicht eingezeichnet. Ein weißer Fleck, in dem es keine Müllabfuhr, keinen Strom, kein fließend Wasser gibt – ein offiziell unbebauter Stadtteil, für den sich die Stadtverwaltung nicht verantwortlich fühlt, obwohl sich die Menschen dort stapeln. Auch die vielen Hilfsorganisationen, die sich seit Jahrzehnten in Kibera tummelten, hatten es nicht geschafft, die miserablen Lebensbedingungen zu verbessern. Wir brauchen starke Gemeindepolitiker, die sich den Mund nicht verbieten lassen und die für die Rechte der Armen kämpfen so wie ich für das Wohl der Frauen im Samburu-Distrikt.

Auch ich hatte die Erfahrung gemacht, dass, wenn es dunkel wurde, man sich in dem braunen Schandfleck der Stadt nicht mehr nach draußen trauen konnte. Jugendliche zogen in Banden bewaffnet durch den Slum. Die wenigen Samburus, die ich dort kannte, sind fast alle schon in ihren wackligen Verschlägen überfallen worden. Die Diebe nahmen alles mit: ihre selbst zusammengezimmerten Möbel, die Öllampen und sogar das verbeulte Blechgeschirr. Auch in dem dunklen Apartmentblock, in dem ich wohnte, war es nicht sicher. Manchmal tauchten Männer mit fingierten Ausweisen auf. Die Samburu-Frau, der das kleine Apartment gehört, hatte mich gewarnt: »Lass keinen herein. Sie geben sich als Polizisten aus, befehlen dir, dich auf den Boden zu legen, und rauben dich aus.« Wenn ich allein war, verbarrikadierte ich mich. In Umoja dagegen konnte ich die Tür fast immer offen stehen lassen und nachts konnte ich unter freiem Himmel schlafen, wenn ich das wollte.

In den letzten Monaten war ich in Kibera oft mit Frauen ins Gespräch gekommen, die an vorbeifahrenden Tankwagen Wasser kauften oder vor den Türen ihrer Hütten saßen und auf ihre Wäsche schauten, wenn sie sie zwischen den Wellblechdächern trockneten. Sie alle klagten über dieselben Dinge: Sie zahlten horrend hohe Mieten an sogenannte Landlords, denen das Land gar nicht gehörte. Manche von ihnen waren kenianische Politiker, die mehrere Hundert oder gar Tausend Slumwohnungen besaßen, obwohl ihnen das Land nicht gehörte, denn offiziell ist Kibera »unbebautes Land«. Doch sie saßen an den Hebeln der Macht und würden alles dafür tun, um den Status quo zu erhalten. Konnte ein Mieter seine Miete nicht mehr zahlen, schickten sie ihm ihre Thugs – ihre »Gangster-Handlanger« – mit verspiegelten Sonnenbrillen vorbei, um das Geld mit Gewalt einzutreiben. Hier oben im Flugzeug über den Dingen schwebend, wurde mir klar, dass ich so schnell wie möglich nach Umoja zurückkehren musste, denn ich wollte meine Stimme erheben. Ich wollte in den nächsten Regionalwahlen antreten. Doch nun war ich erst einmal gespannt, was mich in Italien erwartete. Schon das Gefühl, das erste Mal in einem Flugzeug zu sitzen, war überwältigend. Und Italien, Europa, klang in meiner Vorstellung verheißungsvoll. Ein Land der Freiheit, des Reichtums, der Gleichberechtigung zwischen Mann und Frau, eine Art heile Welt … so dachte ich.

Von meinem kleinen Balkon über den Dächern von Neapel schaute ich den Nachbarn auf die Wäsche. Dabei stiegen mir herrliche Küchengerüche in die Nase. Zweieinhalbtausend Jahre europäische Geschichte lagen mir zu Füßen. Ich konnte es kaum fassen, all die herrlichen antiken Kirchen und Paläste, mit denen die Italiener in die Kulturgeschichte eingegangen sind, waren zum Greifen nah. Menschenmengen schoben sich unter mir durch ein dichtes Labyrinth aus engen Gassen an bröckelnden Fassaden vorbei, während drinnen in der geschmackvoll eingerichteten Wohnung unserer Gastgeberin, einer reichen Neapolitanerin, Menschenrechtsaktivisten aus aller Welt heftig debattierten.

Ich musste Luft schnappen, denn die Geschichte einer achtzigjährigen Argentinierin, die in den Siebzigerjahren ihre beiden Kinder verloren hatte, war mir sehr zu Herzen gegangen. Vermutlich waren sie von der Militärjunta umgebracht worden oder aber sie wuchsen in einer anderen Familie auf. Die grau melierte alte Dame hat mich zutiefst beeindruckt. Wo nimmt sie nur die Kraft her?, fragte ich mich. Voller Ehrfurcht hörte ich zu, wie die gepflegte Frau vom Leid der vielen Großmütter, Mütter und Kinder in Argentinien erzählte, die bis heute nicht wissen, was aus ihren Verwandten geworden ist, die vom damaligen Militärregime aus dem Weg geräumt worden waren. Kinder wurden ihren Eltern entrissen und in regimetreue Familien gegeben, in denen sie dann aufgewachsen waren. Bis heute fordern die Frauen auf dem Plazo de Mayo die Aufklärung dieser Gräueltaten.

Als ich sah, wie resolut die alte Dame vor dem Kamin, umgeben von feinsten Gemälden, über ihr Schicksal sprach, beschämte mich das. Ich hatte nicht annähernd so viel Leid erlebt und verzagte doch manchmal. Sie setzte sich auch im hohen Alter über ihren Schmerz hinweg und verfolgte ein klares politisches Ziel. Sie kämpfte für die Wahrheit und schöpfte daraus Kraft, um weiterzumachen. Ich war dankbar, sie kennengelernt zu haben. Wenn sie sich nicht unterkriegen ließ, dann durfte auch ich mich nicht aus der Bahn werfen lassen. Ich musste weiterkämpfen. Sie schenkte mir einen Anhänger und ich ihr ein Perlenarmband aus Umoja. Ein Zeichen unserer Verbundenheit und unseres gemeinsamen Ziels.

Am nächsten Morgen erblickte ich am Horizont das Mittelmeer, doch viel Zeit zum Erforschen der Stadt hatte ich nicht, denn ich war zum alljährlichen Menschenrechtsfestival eingeladen, um in einer italienischen Schule über das Leben in Umoja zu referieren. Beim Frühstück beschrieb der irische Aktivist Paul O'Connor, Mitglied einer Menschenrechtsgruppe in Nordirland, seine Erfahrungen mit dem britischen Militär, bevor er zu seinem Vortrag über die Menschenrechte in Nordirland nach dem offiziellen Ende des Bürgerkriegs losstürmte. Paul hatte wie ich in dieser noblen Wohnung übernachtet. Völlig erkältet trank er einen heißen italienischen Milchkaffee, um seine Stimme zu ölen. Er wollte erklären, warum er für eine Wahrheitskommission kämpfe, die den jahrzehntelangen Konflikt in Nordirland aufarbeiten sollte.

Paul hat mir ein paar konkrete Ratschläge im Umgang mit der britischen Militärpolizei mit auf den Weg gegeben. Bis heute sind die Samburu-Frauen, die von britischen Soldaten vergewaltigt wurden, nicht entschädigt worden. Paul hatte jahrelang dafür gekämpft, dass Schusswechsel zwischen britischen Soldaten und nordirischen Zivilisten nicht nur von der Militärpolizei untersucht wurden. »Ihr müsst dafür sorgen, dass sich auch die kenianische Polizei oder unabhängige Organisationen um diese Fälle kümmern, sonst kommt nichts dabei herum«, meinte Paul.

Mir wurde klar, dass es richtig gewesen war, dass ich 2003 darauf bestanden hatte, bei den Befragungen der vergewaltigten Samburu-Frauen in meinem Bezirk dabei zu sein und die Verhöre mit einem Übersetzer stattfinden zu lassen. Die älteren Männer von Archer's Post hatten das für übertrieben gehalten. Sie meinten damals, ich wolle die Dinge unnötig kompliziert machen, auch wenn sie grundsätzlich von meiner

Courage beeindruckt waren. Doch wenn ich diesen irischen Menschenrechtsaktivisten jetzt reden hörte, fühlte ich mich bestätigt. Ich hatte immer gespürt, dass es den Soldaten nicht darum ging, die Wahrheit ans Tageslicht zu bringen.

Kurze Zeit später holte mich Patrizia, eine resolute Italienerin, die eine Schneiderlehrwerkstatt für junge Italienerinnen leitet, die auf die schiefe Bahn geraten sind, zu meiner Veranstaltung ab. Gut gelaunt schob ich mich mit vollem Samburu-Schmuck in einem roten Kleid vorbei an alten Damen in knielangen Röcken und schwarzen Strickjacken durch die Gassen von Neapel. Sie musterten mich prüfend und nickten mir dann wohlwollend zu. Ganz Neapel schien auf den Beinen zu sein. Die Menschen starrten neugierig auf meine bunten Ketten und meinen Kopfschmuck und lächelten mich an. In der Spaccanapoli, einer Gasse, die quer durch Neapel läuft und die Stadt teilt, türmten sich die Müllberge und verbreiteten einen Geruch, den ich eigentlich nur aus Kibera kannte. Ich war erstaunt, dass es das auch in einem europäischen Land gab.

Unweit von hier reihte sich in der Via San Gregorio Armeno so kurz vor Weihnachten ein Stand an den anderen. Händler aus Westafrika boten grinsend tanzende Weihnachtsmänner an, während neben ihnen alte italienische Schnitzer ihre filigranen Holzkrippen, Glitzersterne und Rauschgoldengel mit Schildern wie »No China« an den Mann brachten. Wie um den Müllgestank zu übertünchen, verbrannten sie Myrrhe und Weihrauch und der herrliche Duft hatte sich über die alten Kuppeln gelegt. Sie waren stolz auf ihr Kunsthandwerk und wollten sich vom grellen Ramsch aus Fernost absetzen. Einige der Senegalesen verneigten ehrfurchtsvoll den Kopf vor mir. »Mama Afrika, Mama Mutig«, riefen sie mir strahlend zu.

»Wieso lasst ihr den Putz und die herrliche rote Farbe von den Fassaden bröckeln?«, wollte ich wissen. »Weil die Stadt kein Geld hat, um sie zu restaurieren«, erklärte mir Patrizia. »Hier herrscht Anarchie. Hier zahlt kaum einer Steuern, hier zahlt man Schutzgelder an die Camorra.« Das organisierte Verbrechen stelle eine andere Form von Staat dar, fügte sie hinzu. Doch die Camorra kümmere sich nur um ihre eigenen Leute. Deshalb nahm Patrizia in ihrer Werkstatt junge Mädchen an die Hand, die drohten, auf der Straße zu landen. Bei ihr können sie eine Ausbildung machen, um sich ein eigenes, unabhängiges Leben aufzubauen. Patrizia und ich sind aus demselben Holz geschnitzt.

Das Festival war außergewöhnlich, da es nicht nur Filme zum Thema Menschenrechte zeigte, sondern auch Diskussionen innerhalb der Bevölkerung anstoßen wollte. Die ganze Stadt stand im Zeichen der Menschenrechte. Während wir in einer Schule mitten in Scampia, einem berüchtigten Vorort von Neapel, Filmausschnitte über unser Frauendorf sahen, standen draußen vor der Tür Carabinieri Wache, denn auch hier regierte die Camorra, die organisierte Kriminalität. Zwischen den Betonsilos verkauften Minderjährige Kokain, Heroin und alle erdenklichen Designerdrogen.

Vor mir saßen Frauen aus Frauenhäusern, die von ihren Männern geschlagen wurden, und Mädchen, die mit zwölf oder dreizehn Jahren Babys zur Welt brachten, obwohl sie selbst noch halbe Kinder waren. Sie wuchsen mit dem einen Ziel auf, Kinder zu bekommen. Ihre Väter saßen im Knast und ihre Brüder ebenso – zumindest mit einem Bein. Täglich erschütterten mehrere Morde die Stadt am Vesuv. Ordentliche Arbeit hatte hier kaum jemand. Ihre Schilderungen schockierten mich. Abgründe taten sich auf. Ich war sprachlos.

Die Organisatoren des Festivals hatten mich eingeladen, damit ich den Mädchen und Vertreterinnen von Frauenhäusern und Initiativen Mut mache. Ich sollte ihnen erklären, wie wir es geschafft hatten, uns in einer traditionellen Männergesellschaft wirtschaftlich und mental unabhängig zu machen. Wie bei uns hatten hier in Scampia die Männer das Sagen. »Woher hattet ihr den Mut, ein Frauendorf zu gründen?«, wollten die schüchternen jungen Italienerinnen wissen. »Wir hatten keine andere Wahl. Für einige von uns ging es um Leben und Tod«, erklärte ich ihnen. »Wenn wir es schaffen, auf eigenen Füßen zu stehen, dann schafft ihr Europäerinnen es auch.«

Wenn da nicht die unterschiedlichsten Drogen wären. Kokain aus Südamerika und Spanien. Heroin aus Albanien und Afghanistan. In den zugigen Fluren der Betonburgen waren sie billiger als überall sonst in Europa, erklärte mir Pater Fabrizio, der örtliche Priester, schnörkellos. Wenn der Jesuitenpater, der neben mir auf dem Rednerpodium saß, am Sonntag in der Kirche Santa Maria della Speranza seine Messe hielt, versuchten auch da die Carabinieri die Dealer zu verscheuchen, die auf Kundschaft warteten.

»Die Mädchen hier werden viel zu schnell erwachsen«, erzählte mir Pater Fabrizio. »Entweder werden sie Hausmädchen oder Mütter, ohne Hoffnung auf ein besseres Leben.« Wir sollten aufhören, über die Versäumnisse der anderen zu lamentieren, und uns nun um diese heranwachsende Generation kümmern, ermutigte er die Vertreterinnen der Frauenverbände und die Schüler und zeigte auf mich. »Schaut, was diese Frauen auf die Beine gestellt haben.« Applaus. Die Leute verbeugten sich vor mir. Wenn Nagusi das sehen könnte. Ich wünschte, sie wäre hier ...

Von Patrizias Apartment mitten in Scampia schaute man direkt auf die berüchtigte Hochhaussiedlung Le Vele. In ihrer vollgestopften Siebzig-Quadratmeter-Wohnung hatte die Sozialarbeiterin ihre vierköpfige Familie durch alle Höhen und Tiefen des sozialen Brennpunkts gebracht. Ihr dreiundzwanzigjähriger Sohn Marcello studierte Architektur und wollte die Betonwüste von Scampia, die Sünden von Stararchitekten, die nie hier gelebt hatten, am liebsten niederwalzen. Der Traum vom sozialen Wohnungsbau, das italienische Vorzeige-Experiment der Siebzigerjahre, an das seine Eltern als Sozialisten geglaubt hatten, war gescheitert. Drei der sieben pyramidenartigen Hochhäuser waren bereits abgerissen worden. Anfangs wollte Patrizia in eine Gegend ziehen, die abends beleuchtet ist und in der man auch mal ins Kino gehen kann. Doch was wäre dann aus den Mädchen und jungen Frauen in dieser gesichtslosen Vorstadt geworden? So versuchte sie ihnen in ihrer Werkstatt eine gute Ausbildung zu geben, damit sie hier ihr Leben meistern oder sogar Aussicht auf eine Stelle hätten, obwohl ihre Adresse »Scampia« lautete.

Als wir abends wieder in die Innenstadt fuhren, drohte mein Weltbild aus den Fugen zu geraten. Verkehrte Welt. Plötzlich erschien mir diese moderne Gesellschaft viel ärmer als unsere. Diese Erkenntnis schockierte mich. Hier mitten in Europa gab es nicht nur Mädchen, die als Kinder Mütter wurden, sondern auch Menschen, die so arm waren, dass sie inmitten des Mülls, der sich auf den Straßen stapelte, schlafen mussten. Doch das schien keinen zu stören. Es war Samstagabend und ganz Neapel schien auf den Beinen zu sein. Vor der kleinen Pizzeria direkt neben meiner Pension stand eine riesige Menschentraube und wartete auf Pizza aus dem Steinofen.

Ansonsten beeindruckte es mich, wie sehr sich die jungen Helfer vom Festivalkomitee für andere einsetzten. Sie arbeiteten alle in unterschiedlichen Menschenrechtsvereinen. Einige von ihnen engagierten sich für junge Mädchen aus Afghanistan, andere für Sinti und Roma. Auf dem Weg zum Flughafen grüßten sie kleine Roma-Jungen, die an der Piazza del Gesù Gemüse verkauften.

Die Unterschiede zwischen Europa und Afrika erwiesen sich als viel kleiner, als ich gedacht hatte. Ich verstand die soziale Kälte und die Gegensätze, da ich das alles auch in Nairobi kennengelernt habe. Doch konnte ich die Situation in Neapel nicht näher kennenlernen, da mein Aufenthalt in dieser Stadt begrenzt war.

Kaum angekommen, saß ich also schon wieder im Flugzeug auf dem Weg in die Vereinigten Staaten, genauer nach Santa Fe und Washington. Die amerikanische Hilfsorganisation Vital Voices hatte mich eingeladen, um mich für meinen außergewöhnlichen Führungsstil auszuzeichnen. Doch zunächst fuhr ich auf eine Messe für Kunsthandwerk aus aller Welt nach Santa Fe. Voller Vorfreude bekam ich keinen Bissen herunter. Und auch die Anspannung der letzten Wochen, die Sorge um meine Scheidung wühlten mich auf.

Eine halbe Weltreise später stand ich im amerikanischen Santa Fe auf dem internationalen Markt für Volkskunst. Voller Euphorie spazierte ich an Ständen vorbei, die schwer behangen Schmuck aus aller Welt präsentierten, und unterhielt mich mit Händen und Füßen mit Händlern aus Peru, Nepal, Indien, dem Senegal und Mali. Frauen aus der ganzen Welt umgaben mich, die genau wie ich mit ihren Kollektiven vom Verkauf von Perlenschmuck lebten.

Alle machten ähnliche Erfahrungen: Die Menschen würdigten unseren Schmuck oft nicht genug und drückten unsere Preise gnadenlos. Die meisten Touristen hatten keine Skrupel und verhandelten mit uns, ohne die viele Arbeit, die Stunden und das Talent wertzuschätzen. Hier auf dem Markt hatten wir außerdem die Möglichkeit, uns mit Mitarbeitern der Hilfsorganisationen auszutauschen und auch mit Designern über Strategien zu sprechen, unsere Produkte aufzuwerten. Natürlich hofften die meisten, von internationalen Designern, die ethnische Muster in ihre Kollektionen einbauen, entdeckt zu werden.

Noch ganz im Rausch der Bilder fuhr ich am nächsten Morgen mit meiner amerikanischen Freundin Wendy, einer Künstlerin, nach Pennsylvania zu einer befreundeten Schamanin. Ich war neugierig, aber auch ein wenig skeptisch. Ich wusste nicht, was mich erwartete. Eine alte Heilerin in diesem modernen Land? Nach einer langen Autofahrt durch die Berge, vorbei an meterhohen Kiefern und tosenden Wasserfällen erreichten wir schließlich ein abgelegenes Tal, in dem eine

Holzhütte stand. Eine einsame Rauchwolke stieg in die Luft und wir hörten schon von Weitem den Gesang der Heilerin. Plötzlich stand sie vor mir. Eine alte Frau mit sonnengegerbter Haut, langen schwarzen Haaren und tiefen Furchen in einem freundlichen Gesicht. Zufrieden lächelte sie mich an und umarmte mich. »Schwester, ich bin froh, dass du den langen Weg zu mir auf dich genommen hast. Du bist stark. Das spüre ich gleich. Aber du hast Sorgen«, sagte sie mit tiefer Stimme. Ich nickte. In Kenia herrschte eine fürchterliche Dürre und ich war gekommen, um mit der alten Indianerin um Regen zu beten. »Lass uns unsere Energie bündeln«, bat ich sie.

Sie fasste meine Hand, führte mich auf ihr Land und begann mit mir, Holzscheite für ein Feuer zu stapeln. Als es brannte, erhob sie ihre Arme und lief mit mir um die lodernden Flammen. Einmal, zweimal, dreimal, viermal! Ich war verblüfft. Auch unsere weisen Samburus ziehen vier Kreise, wenn sie Kontakt zu den Ahnen aufnehmen. Wenn ich meine Augen schloss, hörte ich ihre Gesänge und sie klangen wie die der alten Indianerin. Unsere Stimmen verschmolzen zu einem Singsang und hörten sich dabei ganz ähnlich an. Dann reckten wir unsere Hände in den Himmel und beteten laut, jede in ihrer Sprache, und auch diese Melodien glichen einander.

Als ich Stunden später mit den Frauen in Umoja telefonierte, waren sie ganz aufgeregt. Es hatte geregnet. Ein Wunder oder doch Zufall? Hatten die Götter unseren Gesang erhört? Jedenfalls konnte es, wenn überhaupt, nur ein sehr großer Zufall sein. Nach einer fürchterlichen Trockenheit hatte es tatsächlich wie aus Kübeln gegossen. Ein Segen. Die Frauen erzählten mir, wie sie vor Freude tanzend und singend durch das ganze Dorf gezogen waren. Wendy, die Schamanin, und ich waren selig. In diesem Moment fühlten wir uns wie Schwestern. Ich grinste und strahlte die beiden an. Ich fühlte mich bestätigt: Umoja – zusammen können wir Großes erreichen, wenn wir nur alle an einem Strang ziehen.

Dann ging es weiter nach Washington. »Ich bin eine Frau. Hör, wie ich brülle.« Mit diesem Sprechgesang, wurden wir von einem begeisterten Publikum im Kennedy Center in Washington empfangen. Ich konnte es kaum fassen: Neben mir auf der Bühne stand Melinda Gates, die Frau des Microsoft-Herstellers. Genau wie sie wurde auch ich als besondere Führungspersönlichkeit von einem erlesenen Publikum geehrt. Vor mir saßen reiche Amerikaner. Männer in Smokings, Frauen in Abendkleidern und funkelndem Schmuck. Alle lächelten mich begeistert an.

»Frauen wie Sie verändern die Welt«, sagte die Moderatorin und strahlte. »Sie sind stark wie kaum eine andere Frau in Ihrer Kultur.« Als die Jury ihre Begründung vortrug, schwebte ich wie auf einer Wolke. Sie lobten meinen Mut, meine Weitsicht und die Menschlichkeit, die ich ausstrahle. »Sie verkörpern das Beste, das Afrika zu bieten hat, und haben einen Ort geschaffen, der zukunftsweisend für Afrika sein könnte.« Mit ein paar Filmausschnitten vermittelten die Organisatoren dem Publikum einen Eindruck vom Alltag in Umoja und von den Problemen, gegen die wir angekämpft hatten. Ich war erstaunt, wie selbstbewusst wir wirkten. Die riesigen Bilder auf der großen Leinwand zogen mich in den Bann. In Gedanken weilte ich bei den Frauen und hörte ihre Stimmen, wie sie frühmorgens kichernd vom Fluss kommen.

»Wir brauchen Frauen wie Sie. Mit starken Persönlichkeiten wie Ihnen können wir die Armut bekämpfen.« Mit diesen Worten holte mich die Moderatorin wieder zurück in die Realität. »Ihr habt gegen großen Widerstand euren eigenen Schutzraum geschaffen und ihn über viele Jahre, entgegen aller Prognosen, aufrechterhalten.« – Wenn ich diese Anerkennung doch nur zu Hause in Kenia bekäme, dachte ich still bei mir. Der Saal klatschte voller Begeisterung. Ein wunderbares Gefühl. Einflussreiche Amerikaner jubelten mir zu. »Wir investieren in euch Frauen auf der ganzen Welt, da wir glauben, dass Frauen wie Sie die Welt verbessern. So wollen wir unseren Teil dazu beitragen.« Tosender Beifall. Bevor ich mich versah, schüttelte mir eine Frau, die ich aus der Ferne schon immer bewundert hatte, die Hand: Außenministerin Hillary Clinton. Und auch die Sängerin Angelique Kidjo aus Benin gratulierte mir überschwänglich. Ich fühlte mich im siebten Himmel. Neben mir bekamen noch fünf andere Frauen aus Bahrain, Brasilien, Afghanistan und Pakistan einen Preis. Hillary Clinton hatte diese Auszeichnung als First Lady, zusammen mit Madeleine Albright, der ehemaligen US-Außenministerin, aus der Taufe gehoben, um damit Frauen zu ehren, die nach Freiheit und Demokratie streben. Der Applaus hallte noch lange nach. Selbst im Schlaf lächelte ich zufrieden weiter.

In Amerika hatte ich unendlich viel kennengelernt und erfahren, während Nagusi und die anderen schon sehnsüchtig auf meine Rückkehr warteten. Sie saßen erwartungsvoll unter unserer Akazie, als ich zurückkehrte. Aufgeregt fragten sie mich aus und wollten genau wissen, was ich erlebt hatte. Staunend starrten sie mich an, als ich von Gebäuden erzählte, die so hoch wie Berge sind. »Ich hatte Angst, dass sie auf mich herunterstürzen«, erzählte ich ihnen lachend. »Ich habe nicht gewagt, zu ihnen hinaufzuschauen. Diese Gebäude sind wie Türme. Sie ragen in den Himmel und schwanken.«

Auf dem Kunstgewerbemarkt in Santa Fe hatten wir richtig viel verkauft. Von dem Geld konnten wir endlich unsere Hypothek abbezahlen und weitere Schulbänke anschaffen und vielleicht auch einen Brunnen im Dorf finanzieren. Ich genoss es, nach Monaten endlich wieder auf meinem Kuhfell in meiner halbdunklen Manyatta in Umoja zu liegen. Durch die Akazienzweige fiel sanftes Licht von außen hinein, während draußen die Ziegen nach etwas Essbarem schnüffelten. Bis heute sind sie meine treuen Wegbegleiter geblieben. »Es ist, als wollten sie nah bei dir sein. Sie kommen immer nur zu deiner Hütte, wenn du in Umoja bist«, meinte Nanyimoi grinsend und kochte mir Chai, damit ich zur Ruhe käme und schlafen können würde. Denn der nächste Tag war äußerst wichtig: Ich musste nach Isiolo, dort wurde das Urteil in meinem Scheidungsprozess verkündet.

Als mich mein Anwalt Julius anrief, um mir den kurzfristig anberaumten Termin mitzuteilen, blieb mir fast der Atem weg. In all der Hektik der letzten Monate zwischen den Reisen quer über den gesamten Planeten hatte ich die Erinnerung an das erniedrigende Verhör des Anwalts meines Mannes so gut wie möglich verdrängt. Ich versuchte positiv zu denken. Ich konnte mir gar nicht mehr vorstellen, jemals wieder mit meinem Mann zusammenleben zu müssen. Ich hatte längst ein anderes Leben. Daran würde auch das Gerichtsurteil nichts ändern. Ich hoffte nur, dass der junge Richter das erkannt hatte.

Die ganze Nacht verfolgten mich wilde Träume. Die schnellen Ortswechsel, die vielen Gesichter, die starken Gefühle der letzten Wochen zogen noch einmal in rasender Geschwindigkeit an mir vorüber. Immer wieder schreckte ich hoch. In der Ferne schrie eine Hyäne. Ich war schweißgebadet. Die Anspannung entlud sich in bizarren Bildern, die in meinem Kopf explodierten. Vielleicht waren das auch die Vorboten von Malaria, die ich schon lange nicht mehr gehabt hatte. Um mich abzukühlen, nahm ich mein Kuhfell und legte mich nach draußen in die kühle Brise vor meiner Hütte. Ich wusste nicht, wie lange es her war, dass ich draußen im Freien gelegen und die Milchstraße, die wie ein Leuchtband am sternenklaren Himmel über mir wirkte, betrachtet hatte. Es war ein herrliches Gefühl, Teil dieser gewaltigen Szenerie zu sein, die der Mond hell ausleuchtete. In der Ferne machte ich ein paar heulende Hunde und die Glocken der Ziegen aus. Das Grummeln ihrer wiederkäuenden Mägen und ihrer mahlenden Kiefer lullte mich irgendwann dann doch in den Schlaf. Als ich am nächsten Morgen aufwachte, brauchte ich einige Zeit, bis ich wieder wusste, wo ich überhaupt war.

Kurze Zeit später saß ich neben Julius auf den unbequemen Steinbänken im Gerichtssaal von Isiolo. Wie bei dem ersten Termin ging plötzlich ein Ruck durch den Saal. Wir erhoben uns und richteten unsere Blicke voller Ehrfurcht auf den jungen Richter, der schwungvoll seinen Aktenberg auf den Tisch schleuderte. Bevor ich mich versehen konnte, hat er Lolosoli gegen Lolosoli aufgerufen. Etwas gehetzt erinnerte er noch einmal mit monotoner Stimme an die Stationen der Entfremdung und kam dann zum Urteil: die Ehe sei zerrüttet. Die Scheidung rechtskräftig. Es ging so schnell, dass ich erst gar nicht begriff, dass ich nun geschieden war. Das war alles?, fragte ich mich. Keine weiteren Belehrungen? Ich konnte es kaum fassen – und hätte vor Glück platzen können. In dem Moment sah ich, wie der kleine Spatz von der Gerichtsverhandlung in den Saal geflogen kam, geschickt eine Runde drehte und dann wieder durch einen Spalt nach draußen schlüpfte. Er war frei, so wie ich jetzt.

## MAMA REBECCA GEHT IN DIE POLITIK

Wir sind in der Jetztzeit angekommen. Ich habe alles Alte hinter mir gelassen und nun richtet sich endgültig all mein Handeln auf die Zukunft aus.

Ich bin erleichtert, als Nagusi und ich durch unseren Dornenwall ins Dorf einbiegen. Vor meiner Manyatta steht eine Traube von Frauen. Sie alle begutachten mein Dach, auf dem Lucy und die beiden anderen jungen Mädchen Judy und Gladys dreckverschmiert stehen. Als sie mich erblicken, lachen sie laut los. »Eigentlich sollte es eine Überraschung sein«, ruft mir Lucy grinsend zu. »Du bist zu früh gekommen. Wir sind noch nicht fertig.« Die Frauen kommen mir grölend entgegen und fallen mir um den Hals, während Lucy vor einem Wassereimer kniet, Lehm, Sand, Stroh und Kuhdung mit einem Stock zu einer Mischung vermengt, die weder zu körnig noch zu lehmhaltig sein darf. Schicht für Schicht streicht sie diese auf das Dach meiner Manyatta. »Das war längst überfällig«, fügt sie hinzu und führt die beiden jungen Mädchen in die hohe Kunst des Manyattabaus ein.

Eigentlich muss man die Dächer unserer Hütten immer wieder ausbessern. Da ich aber fast zwei Jahre in Nairobi gelebt habe, ist an meiner Hütte nichts mehr getan worden. »Du darfst nie wieder so lange wegbleiben«, erklärt Lucy lächelnd und springt mit diesen Worten wie eine Gazelle vom Dach und umarmt mich. »Endlich bist du wieder hier«, johlen die

Frauen. Ich hoffe, dass mein Vagabundenleben in Nairobi ein Ende gefunden hat. Da ich nun geschieden bin, kann mir mein Mann eigentlich nicht mehr viel anhaben. Die Landfrage wird geklärt werden, auch wenn dieser Prozess noch Monate dauern kann. Alles nimmt langsam neue Formen an.

Gladys und Judy kneten kichernd mit dem Stock weiter, während ihnen die erfahrenen Frauen immer wieder zur Hand gehen. Die Sonne sinkt als glühend roter Ball am Horizont ins Gebirgsmassiv, als sie die letzten Risse im Dach meiner Manyatta ausbessern. Zufrieden taste ich das frisch verputzte Dach ab. Über Nacht wird der neue Kuhdung einziehen und morgen wird alles wieder kräftig braun sein. In der Ferne zeichnet sich der Ol Doinyo Lengeyo ab, auf dem früher immer mein Vater gebetet hat. Ich bin froh, wieder hier zu sein und den Blick über die endlose Graslandschaft schweifen lassen zu können. Alles ist an seinem Platz. Hier weiß ich, wofür ich kämpfe.

Die Frauen haben schon ein Feuer angezündet, auf dem wir zu Feier des Tages eine Ziege grillen wollen. Unser Bestand ist merklich geschrumpft. Es wird Zeit, dass ich mich jetzt wieder um die Tiere kümmere und eine neue Herde aufbaue. Die Ziegen werden unsere eigene Umoja-Markierung tragen. Das rechte Ohr wird eingeritzt, das linke Ohrläppchen leicht verkürzt. Das habe ich mir überlegt, wenn mich das Heimweh zu arg packte. Ich werde ein paar Jungtiere in Isiolo auf dem Markt kaufen und sie in die Obhut unserer kleinen Jungen und Mädchen geben. Sie sollen sich um die Tiere kümmern, genau wie ich damals in Wamba. Sie sollen lernen, Verantwortung zu übernehmen.

Die ganze Landschaft glüht rot, als ich mit den anderen Frauen in Richtung Campingplatz zum Fluss gehe, um dort Wasser zu holen. Die Erinnerung an jenen Morgen, als mein Exmann hier mit seinem Gewehr auftauchte und mein ganzes Leben durcheinanderwirbelte, steigt zwar gleich wieder vor meinem inneren Auge auf, aber sie beunruhigt mich nicht mehr, denn ich fühle mich stark. Ungeheuer stark. Ich habe mich aufgerichtet nach dieser schrecklichen Erfahrung und bin in den letzten Monaten über mich selbst hinausgewachsen. Ich habe viel gelernt auf den langen Reisen quer über den Globus. Die Unterstützung all dieser Menschen und der Austausch mit ihnen haben mich aufgebaut.

Es war beruhigend zu sehen, dass es auch in anderen Teilen der Erde Frauen gibt, die für ihre Rechte kämpfen müssen. Mir ist klar geworden, wie viel wir erreicht haben. Jetzt will ich mit neuem Elan in Umoja weitermachen, neue Workshops anbieten, unter anderem zum Thema Landrecht. Meine Anwältin hat versprochen, uns zu erklären, wie die neue Verfassung Kenias die Provinzen stärkt und auch die Rechte der Frauen. Endlich haben auch wir einen Anspruch auf das Land unserer Vorfahren, da das traditionelle Erbrecht durch die neue Verfassung ausgehebelt wird. Das ändert zwar noch nichts am Denken der Samburus, aber steter Tropfen höhlt den Stein.

Der Uwaso führt in dieser Jahreszeit viel Wasser und bringt wertvollen Lehm aus den Bergen in die satte Graslandschaft. In der Abendsonne schimmert er glutrot, als sei in seinem Flussbett ein Schatz vergraben. Als das Ziegenfleisch auf dem Feuer brutzelt und seinen würzig-herben Geruch verströmt, bin ich glücklich wie schon lange nicht mehr. Am liebsten würde ich diesen Moment für immer festhalten. Das Gemurmel der Frauen, das Knistern des offenen Feuers und die laue Brise sind wie Balsam für meine Seele. Die Erinnerung an den üblen, fauligen Gestank von Kibera, an die hohen Mauern der Villen in Nairobi und an den ständigen Krach des Riesenmolochs fällt von mir ab. Ich sauge die Luft ein. Um nichts in der Welt würde ich Umoja für einen anderen Ort eintauschen wollen. Ich gehöre hierhin und werde mein Bestes geben, die ganze Gegend hier umzukrempeln.

»Unser Hühnerstall ist fertig«, erzählt mir Nagusi freudig. »Wir haben auf dich gewartet, bevor wir die ersten Hühner kaufen.« Sie kann es kaum erwarten, bis unsere Touristen unsere ersten eigenen Hühnereier essen werden. Der Strom lässt zwar noch auf sich warten, aber jetzt bin ich wieder hier und kann versuchen, etwas Druck zu machen. Ich will meine Scheidung feiern und nach vorn schauen.

Ich weihe die Frauen in meine Pläne ein. »Ich will in die Politik gehen«, verkünde ich. »Ich, Rebecca Samaria Ngai, Tochter unseres Gottes Ngai, will versuchen, einen Sitz im Gemeinderat der Samburus, im County Council, zu ergattern«, rufe ich lachend in den Abendhimmel. Ich kann es gar nicht oft genug sagen. »Und ihr, meine Schwestern, müsst mir dabei helfen.« Das Geschnatter der Frauen ist ohrenbetäubend. Ihr Zuspruch überwältigend. Den ganzen Abend sprechen wir über nichts anderes und schmieden Pläne. »Bald ist Weltfrauentag«, erkläre ich. »Warum machen wir nicht eine Kundgebung in Archer's Post, als Auftakt für meinen Wahlkampf?« Meine langjährigen Mitstreiterinnen strahlen mich an und singen laut los. Sie waren damals schon begeistert, als ich ihnen von unserem Marsch durch Bukavu erzählt habe.

Gleich am nächsten Morgen legen wir los. Die Gespräche mit den Ältesten verlaufen besser, als ich gedacht hätte. Sie erinnern sich noch gut an die Verhandlungen mit der britischen Armeeführung, bei denen ich mich nicht habe unterkriegen lassen. Ich glaube, das hat sie damals beeindruckt. Auch wenn sie einen derartigen Marsch für modernes Gehabe halten, zeigen sie sich nicht abgeneigt und versprechen, so schnell wie möglich eine Entscheidung zu treffen. Die Frauen haben derweil die ersten Telefonketten quer durch den Greater Samburu Distrikt gestartet. Sie sprechen mit Frauen, die am anderen Ende der Region weit verstreut in ihren Manyattas in den Bergen der Halbwüste wohnen, und erzählen ihnen von unserem geplanten Marsch.

Bis mittags hat sich die Nachricht wie ein Lauffeuer verbreitet. Unser Netzwerk funktioniert. Aus dem Stand können wir ganze Dörfer mobilisieren. Die Frauen im Umkreis wissen nun auch, dass ich wieder in Umoja bin. Mittlerweile haben sich uns Frauen in sechzig Dörfern im gesamten Greater Samburu Distrikt angeschlossen. Wir, die Umoja-Frauen, sind so etwas wie ein Dachverband geworden. Sie eifern uns nach, versuchen dort in ihren eigenen Dörfern Aufklärungsarbeit zu leisten, und kommen, so oft sie können, zu unseren Workshops. Mir ist es wichtig, dass wir die Aufklärungsarbeit auf viele Schultern verteilen. Ich will andere Frauen ermuntern, in ihren Dörfern Verantwortung zu übernehmen. In den Workshops müssen wir den Führungsstil unserer Frauen entwickeln. Sie aufbauen. Die Frauen, die wir ansprechen, sind begeistert und versprechen Plakate zu malen und andere zu mobilisieren.

Auch meine Tochter Sylvia sagt mir ihre Unterstützung zu. Sie ist aus Nairobi gekommen und will die nächsten Tage bei mir in Umoja bleiben. Wie ich liebt sie die frische Luft hier draußen und das Gemecker der Ziegen. Anders als meine anderen Kinder geht sie völlig natürlich mit der Scheidung um. Sie verbringt ihre Ferien in Archer's Post und pendelt entspannt zwischen unserem Frauendorf und ihrem Elternhaus hin und her, so wie ich das mit ihr schon als Kind gemacht habe. Sie ist in beiden Welten aufgewachsen.

Lauter Gesang hallt vom Schulgebäude zu uns herüber, als Sylvia und ich uns im Schatten der alten Akazie bei den Frauen niederlassen. »Head, shoulder, knees and toes, knees and toes, knees and toes«, singen die Kinder, begierig Englisch zu lernen. Sie machen große Fortschritte. Francis Lekanta, der Sohn meiner Schwester und Sylvias Cousin, hilft gerade an der Schule aus. Vor Jahren haben Sylvia und er ihre Schulausbildung hier in Umoja begonnen. Jetzt hat Francis einen Platz an einem College in den USA bekommen. Ein amerikanischer Tourist, der auf dem Campingplatz seinen Urlaub verbracht hat, hat die Schulausbildung des Jungen finanziert und will ihn nun nach Amerika holen. Francis spricht mittlerweile drei

Sprachen. Wenn ich ihn anschaue, muss ich schmunzeln. Ich habe ihn seinerzeit nach Archer's Post geholt, um auf meine Ziegen aufzupassen. Es gab keinen Besseren als Francis. Heute spricht er besser Englisch als ich und ist ein selbstbewusster junger Mann. Vom Ziegenhirten zum Ingenieur – offensichtlich ist das möglich.

»Ich will Anwältin werden«, eröffnet mir Sylvia und schaut mich erwartungsvoll an. »Dann kann ich mich noch viel besser für die Rechte der Frauen einsetzen.« Ich bin überwältigt. Und ans Heiraten denkt sie auch noch nicht. »Was soll ich mit einem Samburu-Mann?«, fragt sie scherzend. »Die meisten Samburus arbeiten in Nairobi als Askari, als Wächter vor den Häusern der Weißen. Das ist nicht gerade sehr vielversprechend. Da gehe ich doch lieber meinen eigenen Weg.« Ich bin beeindruckt. Meine Tochter hat viel klarere Vorstellungen von ihrem Leben als ich in dem Alter.

Eine kleine Gruppe amerikanischer Touristen ist mit einem Geländewagen vorgefahren. Geduldig zeige ich der Familie unser Dorf. Nach all der Zeit genieße ich den kurzen Rundgang mit ihnen. Unser Museum ist etwas verstaubt. Dennoch staunen sie über die prachtvollen Schmuckstücke und die Kalebassen, die wir dort ausgestellt haben. »Unsere Kultur ist im Umbruch«, erkläre ich. »Wir leben hier nicht im Museum. Die Zeiten des echten Nomadentums sind vorüber, denn heute zieht nur noch das Vieh von einem Ort zum nächsten, nicht mehr das Dorf und die Menschen. Nur noch wenige von uns führen ein traditionelles Nomadenleben, aber wir versuchen, das Gute dieser Kultur zu bewahren. Sie sehen hier ein Dorf im Wandel«, fahre ich fort.

An der Wand unseres kleinen Museums hängen internationale Zeitungsartikel, darunter ein Artikel der *Washington Post*: »Ein Ort, wo Frauen herrschen« beschreibt unseren Kampf um unser Frauendorf. »Wie habt ihr euch in dieser Männergesellschaft durchgesetzt?«, will die junge Frau wissen. »Indem wir aufgehört haben, uns als Opfer zu fühlen«, erkläre ich ihr. »Irgendwann haben wir entschieden, dass wir uns die Gewalt nicht mehr bieten lassen, und hart für dieses Dorf gearbeitet. Und bis heute haben wir den Glauben an uns, trotz aller Rückschläge, nicht mehr verloren.« Staunend schaut mich die junge Frau an. Gleich heute werden wir auch die Artikel über meine Auszeichnung für Global Leadership, für meinen außergewöhnlichen Führungsstil, anbringen.

Während ihre Eltern zum Auto zurückkehren, löst sich die junge Amerikanerin von ihnen, unter dem Vorwand, mir Medizin bringen zu wollen, und betritt meine Manyatta. »Ich spüre, dass Sie eine ganz besonders starke Frau sind«, wendet sie sich an mich. – »Ich will Ihnen etwas anvertrauen. Ich bin vergewaltigt worden.« Dabei laufen ihr Tränen über die Wangen. »Ich habe bisher mit niemandem darüber geredet. Es ist mein Geheimnis. Aber ich glaube, dass es bei Ihnen gut aufgehoben ist.« Wie in einer Beichte gesteht mir die junge Frau das schreckliche Verbrechen, das gegen sie verübt wurde. Es war ihr augenscheinlich ein Bedürfnis, mir diese fürchterliche Wahrheit anzuvertrauen. Ganz ähnlich wie die Samburu-Frauen, wie die Kongolesinnen in Bukavu fühlt auch diese junge Amerikanerin Scham und traut sich nicht, darüber zu reden, aus Angst, stigmatisiert zu werden. Ich umarme sie und wünsche ihr alles Gute. »Es wird leichter, wenn man darüber spricht«, sage ich ihr. »Du brauchst dich dessen nicht zu schämen. Die Zeit wird deine Wunden heilen.« Ich schenke ihr ein kleines Samburu-Armband zum Abschied. »Möge Ngai dich schützen.« Glücklich winkt sie mir noch einmal zu und läuft zum Auto.

Ich möchte die Zeit am liebsten anhalten, so sehr genieße ich meine Rückkehr und die Vorfreude auf den ersten politischen Marsch in Archer's Post. Ich kann es kaum erwarten und hoffe, bald die Zusage vom Ältestenrat zu bekommen. Fast jeden Abend gehe ich zum Ufer des Uwaso und kann mich gar nicht sattsehen an dem wunderschönen Panoramablick, für den Touristen viel Geld bezahlen.

Eines Abends kommt mir in der sanften Abendsonne ein Mann mit großen Schritten entgegen, während ich genüsslich auf einem Baumstamm sitze. Sein Gang kommt mir irgendwie bekannt vor. Doch die Sonne blendet mich und ich sehe nur seine Silhouette. Erst als er fast vor mir steht, erkenne ich ihn. Peter Paul Bagate, ein mächtiger Turkana, lächelt mich an. Auf seinem Rücken trägt der kräftige Mann Feuerholz, das er von Dorf zu Dorf transportiert. »Ich bin vorbeigekommen, um zu sehen, wie es dir geht, Rebbeca«, erklärt er mit seiner Reibeisenstimme und einem breiten Lachen. »Ich sehe, du genießt die Abendsonne.« Mit diesen Worten legt er sein Brennholz ab und setzt sich zu mir. »Nach all dem, was passiert ist, bin ich froh, dich wohlbehalten hier zu sehen.« Paul hat gehört, dass ich wieder in Umoja bin, und will sich selbst davon überzeugen, dass es mir gut geht. Wir kennen einander, seit ich klein bin. In dem Jahr, in dem ich geboren wurde, hatte mein Vater Peters Familie unter die Arme gegriffen. Ständig waren sie am Lake Turkana überfallen worden und nachdem ihnen ihr gesamtes Vieh gestohlen worden war, hatten sie sich auf den Weg in den Süden gemacht, ohne hier jemanden zu kennen. Als Chief nahm mein Vater sie auf, gab ihnen in Wamba etwas Land und drei Kühe als Starthilfe.

Mitte der Neunzigerjahre war Paul dann mit seiner Familie von Wamba nach Archer's Post übergesiedelt, als er hörte, dass ich hier ein Frauendorf gegründet hatte. Seitdem verkauft er in der Umgebung von Archer's Post Feuerholz und schlägt sich damit durch. Auch er wird mir beim Wahlkampf helfen. »Ich werde allen erzählen, was du für die Frauen getan hast und tust, sie müssen dich wählen«, prophezeit er glucksend. »Dein Vater war ein großer Mann«, erklärt er voller Bewunderung. »Er wäre bestimmt stolz auf dich. Du siehst ihm sehr ähnlich.« Ohne ihn hätten Paul und seine Familie nie unter den Samburus Fuß fassen können. »Wir haben in Umoja auch einer Reihe von Turkana-Frauen Unterschlupf gewährt. Im Augenblick wohnt eine Frau aus der Turkana-Region mit ihrem Baby bei uns«, erzähle ich ihm. Sie ist geflohen, weil es rund um den Turkana-See immer wieder zu Handgreiflichkeiten und bewaffneten Übergriffen zwischen verfeindeten Hirten kommt. In einer Nacht ist die ganze Herde ihres Dorfes geklaut worden. Paul verspricht, demnächst mit der Frau zu sprechen, denn wir verstehen nicht genau, was sie sagt. Doch wir wollen mit ihr über das, was sie erlebt hat, reden.

»Schau dir die Hirten an«, fährt er fort. »Die sind vielleicht auch bewaffnet.« Paul zeigt auf ein paar Samburu-Hirten, die unweit von uns in ihren rot karierten Tüchern im kühlen Abendwind unter den Akazien am Fluss stehen. Mit gekreuzten Beinen stützen sie sich auf ihre Hirtenstäbe und beobachten ihr Vieh. Sie haben ihre Herde durch unser Land zum Wasser getrieben, damit die Tiere trinken können. Sie strömen ins Wasser. Hier und da versetzen die Hirten den Ziegen mit langen, dünnen Zweigen einen Hieb, doch die Ziegen kennen die vertrauten Rufe ihrer Hirten ganz genau.

Früher waren die Samburus meistens unbewaffnet, heute tragen manche unter ihren Umhängen alte Kalaschnikows, Schnellfeuergewehre, obwohl das nicht erlaubt ist. Deshalb arten die Stammesfehden dann auch schnell aus und sind nicht mehr zu kontrollieren. Nicht selten gibt es Tote, denn selbst einfache Überfälle und Racheakte werden häufig mit schweren Waffen ausgetragen. Die Waffen stammen aus von Bürgerkriegen gebeutelten Ländern wie Somalia und dem Sudan. Die verheerenden Dürren und Überschwemmungen verschärfen den Streit um Vieh, Wasser und Weideland und die Spirale der Gewalt dreht sich immer weiter.

Damit muss jetzt Schluss sein. Als Councillor, als Gemeinderätin, würde ich gegen den Viehdiebstahl angehen. Ich würde versuchen, Jobs in der Region zu schaffen, um die Diebstähle zu unterbinden. Denn nur wenn einige dieser Männer arbeiten, werden die Konflikte aufhören.

Ich würde mich als Gemeinderätin dafür einsetzen, dass sich die Stämme aussöhnen und Frieden einkehrt. Oft verhandeln die Männer miteinander und während sie noch am Tisch sitzen und gute Miene zum bösen Spiel machen, haben sie längst junge Hirten losgeschickt, um die Herden der anderen zu stehlen. Frauen kommt das nicht in den Sinn, weil es letztlich unsere Söhne, Väter oder Männer sind, die bei diesen Auseinandersetzungen ums Leben kommen.

Mein Handy klingelt. Endlich, nach reiflicher Überlegung hat der Ältestenrat von Archer's Post seine Genehmigung für unseren Marsch erteilt. »An dir ist ein echter Chief verloren gegangen«, meint Paul lachend zum Abschied. »Ich fange dann schon mal mit deiner Wahlkampfkampagne an«, verspricht er grinsend und verschwindet in der Weite der Halbwüste.

Am nächsten Morgen kommen sie aus allen Winkeln des Samburu-Distrikts: Hunderte von Frauen fallen in Archer's Post ein wie Heuschrecken. Sie trällern und tragen selbst gemalte Plakate, auf denen sie gleiche Rechte für Männer und Frauen fordern. Ich bin begeistert und halte den Atem an, als sich plötzlich der Pulk von Frauen auf der Hauptstraße von Archer's Post in Bewegung setzt.

Ich erinnere mich noch genau, als wir hier früher wie Geächtete unsere Ziegen, die wir gekauft hatten, über die Staubstraße trieben. Alle reckten damals ihre Köpfe aus ihren Dukas und starrten uns an. Die Welt in Archer's Post blieb stehen. Die Männer hielten uns für unverfroren – wir liefen selbstbewusst mit unseren Ziegen durchs Dorf, während sie sich kein Fleisch leisten konnten. Ein schwer zu verdauender Tabubruch.

Auch jetzt, Jahre später, erstarren die Leute auf der Straße zu Salzsäulen. Ungläubig schauen sie zu, wie wir uns als lärmende, bunte Karawane durch das kleine Straßendorf schieben. Unsere Kundgebung zum Frauentag ist wie ein großer Showdown.

Der Ältestenrat hat gedacht, dass wir ein Volksfest feiern, eine Spaßveranstaltung für jedermann. Jetzt tauchen wir als politischer Zug für die Rechte der Frauen am Horizont auf und rollen über den frisch geteerten Asphalt. Eine Provokation. Wir, die Ausgestoßenen, haben mehr Menschen mobilisiert als unsere Lokalpolitiker im Wahlkampf. Archer's Post platzt aus allen Nähten. Selbst die Alten sind sichtlich überrascht.

Auf meiner Stirn strahlt mein silbernes Metallschmuckstück mit Zacken, das so viel bedeutet wie »die, die von den Sternen kommen«. Ich rücke es noch einmal zurecht, bevor ich anfange zu reden. »Einige Männer behaupten, wir dürfen kein Land besitzen, doch die neue kenianische Verfassung räumt uns dieses Recht ein. Es ist doch wohl unbestritten, dass sie auch hier im Samburu-Distrikt gilt«, rufe ich mit fester Stimme laut und deutlich in die Menge, die sich in der Nähe der katholischen Mission in Archer's Post versammelt hat. »Schaut auf Umoja – ein Dorf von Frauen für Frauen. Eine Oase in diesem von Dürren gebeutelten Landstrich. Das haben wir in fünfzehn Jahren harter Arbeit geschafft. Das Gleiche will ich für die gesamte Gegend schaffen.«

Ich blicke auf Nagusi, die wenige Meter vor mir steht und mich voller Stolz anschaut. Sie ist bis heute meine treuste Freundin. Schon einmal vor vielen Jahren, als wir uns kennenlernten, hat sie mich so erwartungsvoll angesehen. Damals habe ich in meiner ersten Rede bei den Jamhuri-Feierlichkeiten auf die Vergewaltigungen der Frauen hingewiesen und die Männer aufgefordert, sich schützend vor ihre Frauen zu stellen. Seither haben wir gemeinsam unser Dorf aufgebaut. Jetzt ist es an der Zeit, nach vorn zu schauen. Voller Zuversicht jubelt Nagusi mir zu.

»Bis heute haben uns die Politiker in Nairobi abgeschrieben. Sie glauben, dass wir Nomaden und Semi-Nomaden ein Leben am Rande der Gesellschaft führen, das ohnehin dem Untergang geweiht ist. Diese Haltung muss sich ändern. Wir müssen dafür sorgen, dass uns die Machthaber in Nairobi ernst nehmen. Dafür will ich alles tun. Ich will unseren einzigartigen Lebensstil retten. Das, was wert ist, muss überleben. Als junge Braut habe ich euch, den Ältesten, geschworen, mich für unsere Kultur einzusetzen, und das hat sich bis heute nicht geändert. Ich kämpfe für diese Kultur, aber anders, als ich mir das je hätte träumen lassen. Auch ihr habt euch meine Mission als Hüterin der Samburu-Kultur sicherlich nicht so ausgemalt.« Die Alten nicken und sind sichtlich beeindruckt.

»Unser Dorf macht international Furore, ob in New York, in Washington, in Großbritannien oder in Italien, die Menschen respektieren, was wir Frauen hier aufgebaut haben. Wir haben bewiesen, dass wir stark sind. Wir haben aus eigener Kraft ein ganzes Dorf aufgebaut. Lasst uns gemeinsam für die wirtschaftliche Entwicklung der gesamten Region kämpfen.« Ich spreche voller Selbstbewusstsein. Die Erfahrungen der letzten Monate beflügeln mich. Die Frauen feuern mich an, aber auch einige junge Samburus, die neugierig zugehört haben, und einige der alten Herren, die sich zunächst voller Skepsis unserem Marsch angeschlossen hatten.

Meine Odyssee ist vorbei. Ich habe viel gelernt auf meiner langen Reise. Der Kampf ums Überleben hat mich stark gemacht. Ich bin bereit, politische Verantwortung zu übernehmen. Als wir an diesem Abend nach Umoja zurückkehren, sitzen wir noch lange unter dem matten Licht einer Glühbirne in unserem kleinen Restaurant am Fluss. Mit dem Geld, das wir uns erarbeitet haben, haben wir all das geschaffen, eine Basis, auf der wir wachsen konnten. Doch wir haben uns auch durch die Ideen anderer Menschen weiterentwickelt. Ohne das, was wir von anderen gelernt haben, wären wir heute nicht da, wo wir sind. Umoja. Gemeinsam haben wir das geschafft. Unser Gesang zieht mit dem Wind, der aufgekommen ist, bis in die Berge zum Sitz des heiligen Ngai, der über all dem thront, und legt sich wie ein Zauber über diese herrliche Landschaft.